LOS CUENTOS INVEROSÍMILES DE GALDÓS
EN EL CONTEXTO DE SU OBRA

AUTORES, TEXTOS Y TEMAS
LITERATURA

Colección dirigida por Laureano Bonet

14

Alan E. Smith

LOS CUENTOS INVEROSÍMILES DE GALDÓS EN EL CONTEXTO DE SU OBRA

ANTHROPOS
EDITORIAL DEL HOMBRE

Los cuentos inverosímiles de Galdós en el contexto de su obra /
Alan E. Smith. — Barcelona : Anthropos, 1992. — 223 p. ;
20 cm. — (Autores, Textos y Temas, Literatura; 14)
Bibliografía p. 205-214. Índices
ISBN 84-7658-352-4

1. Pérez Galdós, Benito - Crítica e interpretación 2. Cuentos españoles -
S. XIX - Crítica e interpretación I. Título II. Colección
860Pérez Galdós, Benito2.06

Primera edición: abril 1992

© Alan E. Smith, 1992
© Editorial Anthropos, 1992
Edita: Editorial Anthropos. Promat, S. Coop. Ltda.
  Vía Augusta, 64. 08006 Barcelona
ISBN: 84-7658-352-4
Depósito Legal: B. 9.647-1992
Fotocomposición: Seted, S.C.L. Sant Cugat del Vallès
Impresión: Novagràfik. Puigcerdà, 127. Barcelona

Impreso en España - *Printed in Spain*

Todos los derechos reservados. Esta publicación no puede ser reproducida, ni en todo
ni en parte, ni registrada en, o transmitida por, un sistema de recuperación de información, en ninguna forma ni por ningún medio, sea mecánico, fotoquímico, electrónico, magnético, electroóptico, por fotocopia, o cualquier otro, sin el permiso previo por
escrito de la editorial.

Para León y Tulia

AGRADECIMIENTOS

Quisiera agradecer a mis amigos y colegas el tiempo y la atención que generosamente han dado a este trabajo y en especial al profesor Rodolfo Cardona, interlocutor imprescindible a lo largo de esta escritura con sus comentarios claros y eruditos, que tienen la virtud de enseñar y alentar a la vez. Quisiera también dejar testimonio del magisterio de Stephen Gilman en sus estudios fundamentales y su ejemplo vital inolvidable. Agradezco asimismo la ayuda material de Boston University, que facilitó la conclusión de este estudio.

NOTA PREVIA

Me recomienda una distinguida colega que presente una nota previa a este libro, donde pudiera exponer las premisas del mismo, un prólogo que, en sus palabras, «tuviera gancho» como reclamo para este estudio sobre unos textos poco leídos y menos estudiados. Sin embargo, estos cuentos no son completamente *Terra incognita*, pues un puñado de artículos y un par de tesis doctorales documentan reconocimientos anteriores. Pero apenas se ha empezado a dibujar su perfil.

Ni tesis preconcebida ni método imprescindible lastraron mi periplo inicial, cuya intención fue de mirar con la menor refracción posible aquel mundo de la imaginación. Sin embargo, pronto la naturaleza misma de los cuentos impuso, reclamó, ciertas maneras de ver, presentándose en su detalle ante algunas más que ante otras. Porque estos cuentos, en su mayoría, son vecinos de los sueños, y de aquellos sueños de ágora llamados mitos. Comparten con ellos formas y secuencias, y proclaman, como ellos, su pertinencia para la vida y su ascendencia en el inconsciente. Allí Galdós desató su fabular, revelando con mayor candor que en sus novelas y obras de teatro sus actitudes básicas ante la historia del ser humano y de aquellos que respondían al gentilicio de españoles.

La fuerza erótica de algunos de estos cuentos es emblemática del factor común que los une: la afirmación de la libertad, el cuestionamiento de la autoridad, bien sea ésta un diccionario o una biblia, o, por supuesto, el propio enunciado, pero no para condenarlos, sino para salvarlos y salvarnos. No sé si, al mencionar *eros*, resulta que este preámbulo tiene gancho, ni si la (tenue) alusión al psicoanálisis como ejemplo importante de los métodos que en este libro empleo, sirva más bien como señal de alarma para algunos lectores. Sí puedo decir que este mundo fabuloso galdosiano concierne a nuestro mundo; nos concierne como hombres y mujeres y como colectivo, por cierto, no menos fabuloso.

Boston, agosto de 1990

CAPÍTULO I

INTRODUCCIÓN

Texto y contexto

Benito Pérez Galdós publicó doce cuentos inverosímiles[1] —y ocho más en los cuales no hay elementos extraños a la naturaleza— entre 1865 y 1897. En orden de su primera publicación, los doce cuentos son los siguientes: «Una industria que vive de la muerte» (1865); «La conjuración de las palabras» (1868); «La novela en el tranvía» (1871); «La pluma en el viento» (1873); «La Mula y el Buey» [*sic*] (1876); «La princesa y el granuja» (1877); «Theros» (1877); «Tropiquillos» (1884); «Celín» (1889 [fechado 1887]); «¿Dónde está mi cabeza?» (1892); «El pórtico de la gloria» (1896); y «Rompecabezas» (1897).

Publicó, además, como queda señalado, otros ocho cuentos en los cuales las leyes físicas no se rompen: los cuatro relatos que publica en *La Nación*, en 1868, bajo la rúbrica de «Manicomio político-social. Soliloquios de algunos dementes encerrados en él», que, a pesar de colindar con el artículo, y

---

1. Valga por ahora esta caracterización abarcadora. Luego volveremos al término, al considerar la evolución de la teoría de lo fantástico, y la necesaria separación y recombinación de modalidades como el cuento extraño, fantástico, maravilloso o alegórico.

no obstante su visión caricaturesca, tienen suficiente interés argumental, además de protagonistas suficientemente desarrollados, como para que se deban considerar cuentos:[2] «Jaula primera —El neo; sátira política»; «Jaula segunda —El filósofo materialista; sátira científica»; «Jaula tercera —El don Juan; burla de un don Juan fracasado»; y «Jaula IV —El espiritista; sobre el loco que había hablado con Julio César, Luciano Francisco Comella y Tomás de Torquemada»; «El artículo de fondo» (1871); «La mujer del filósofo» (1871); «Un tribunal literario» (1872); y «Dos de mayo de 1808, Dos de septiembre de 1870» (1896 [fechado 1870]). Estos veinte cuentos no han sido enumerados hasta la fecha por falta de suficientes conocimientos bibliográficos, pero incumbe señalarlos pues forman un *corpus* digno de tener en cuenta del maestro de la novela decimonónica,[3] si bien, como veremos a continuación, sus compañeros de generación fueron más asiduos en el cultivo de este género pequeño.

---

2. Marcy Schulman (*Ironic Illusion in the Brief Narratives of Benito Pérez Galdós*, tesis de doctorado, Brandeis University, 1982) los caracteriza en conjunto como «periodismo narrativo» (5), «narraciones breves» y «cuatro artículos cortos» (12) [«narrative journalism [...] brief narratives [...] four short articles»].

3. Los datos bibliográficos completos de estos cuentos —y de las demás referencias del presente estudio— aparecen en la lista de obras citadas, al final del mismo, y se darán, además, en el apartado correspondiente al cuento a lo largo de este estudio. Para Schulman, Galdós escribió once cuentos en total (6), y Walter Carl Oliver (*The Short Stories of Benito Pérez Galdos*, tesis de doctorado, University of New Mexico, 1972) cuenta dieciséis posibles relatos (12), pero de los cuales descalifica ocho, quedándose con nueve. Ninguno de los dos nombran cuáles textos entrarían en sus listas. Por su parte, Manuel Hernández Suárez hace constar 23 en el apartado titulado «narraciones» en su utilísima bibliografía galdosiana, a los cuales habría que añadir «¿Dónde está mi cabeza?», que incluye en el apartado titulado «Obras inéditas» a pesar de haberse publicado, con lo cual se atiene a la denominación de Ghiraldo, cuyas ediciones reseña en esa parte de su bibliografía. Sin embargo, tras verificar los datos, acudiendo cuando fue posible a las publicaciones en los periódicos mencionados, descalifico 9 de los textos en la sección de «narraciones», bien por ser reimpresiones parciales o prácticamente idénticas de otros textos, bien por carecer algún escrito de un elemento anecdótico suficiente como para denominarlo «cuento». De manera que nos quedamos con 15. Si añadimos los cuatro «manicomios» y «Dos de mayo de 1808, Dos de septiembre de 1870», nos dan veinte cuentos. Creo oportuno aquí dar fe de algunas redundancias entre las publicaciones incluidas por Hernández Suárez, ocasionadas por la misma práctica de Galdós de republicar sus escritos breves bajo diversas guisas. «En un jardín» (1876) es casi íntegramente el texto de «El mes de junio» (1878) —ensayo lírico. «El verano» (1877) (está incorrectamente indicado como 1876, puesto que lleva la fecha de julio de 1877) es el mismo texto que «Theros» (1883), con poquísimas variantes, y por tanto, nos obliga a fechar «Theros» en 1877. Por otra

«Se viene diciendo [...] que el siglo XIX es el siglo de la novela en todas las literaturas. Convendría añadir que lo es también en el cuento [...]» (Baquero Goyanes, 153). Estas palabras del estudioso más aplicado del cuento español del siglo XIX, a quien seguiremos en esta breve historia del relato de esa época, podrían parecer algo exageradas; sin embargo, su autor presenta un variado y nutrido panorama que las avala.

El cuento resurge en el romanticismo, con un marcado carácter fantástico-legendario, si bien este tipo de cuento no será en España tan cultivado como en otros países: Francia, Alemania, Estados Unidos, por ejemplo. Precisamente, relata Baquero Goyanes, «el cuento fantástico español nace como una imitación de los cultivados en otros países, especialmente los de Hoffman, autor conocido en España desde 1830, y de cuyos *cuentos* existían ya traducciones en 1837 y en 1839, hecha esta última por D. Cayetano Cortés. [...] El éxito y la popularidad de las narraciones de Hoffman debieron de ser grandes, a juzgar por las abundantes citas que de ellas se encuentran en la literatura española del siglo XIX» (236). Al nombre del gran fabulista alemán se le unirá el de Edgar Allan Poe, y ya a partir de los sesenta, por lo menos, es tópico citarlos juntos cuando del cuento fantástico y de la fantasía se hablaba.[4] El joven Galdós también cita a Poe (cuyas obras, en traducciones de Baudelaire, poseía, desde 1865, además de una edición francesa de Hoffman),[5] pero como contrapartida enfermiza de otra imaginación fecunda; a pro-

---

parte, al buscar en Las Palmas la primera impresión del cuento bajo el título de «Theros», de 1883, no lo pude hallar en el sitio que indica la bibliografía (*La Correspondencia de Canarias* [14 de junio, 1883], 8-12). «Entre copas» (1902) no es un cuento aparte, pues es el comienzo de *Tormento*. Finalmente, la primera edición de «Tropiquillos» no es de 1893, pues, además de aparecer en la edición de *La sombra*, 1890, se publicó por primera vez en *La Prensa* de Buenos Aires el doce de diciembre de 1884.

4. Por ejemplo, el caso de Enrique Fernández Iturralde, quien describe un viejecillo: «al verle se representaban *naturalmente* [subrayado mío] a la memoria, los personajes de las fantásticas leyendas de Hoffman y de Edgard Poe» (de «Un caso de avaricia», *El Museo Universal*, 22 [3 de junio, 1866] —citado en Baquero Goyanes, 238).

5. Se trata de Edgard Poe, *Histoires extraordinaires* (trad. de Charles Baudelaire), París, Lévy, 1857³, y Edgard Poe, *Nouvelles histoires extraordinaires* (trad. de Ch. Baudelaire), París, Lévy, 1865; Hoffmann, *Contes posthumes d'Hoffmann* (trad. de Champfleury), París: Lévy frères, 1856.

pósito de Bécquer, apunta: «La alucinación que es el estado normal de Gustavo se diferencia tanto de la fiebre dolorosa y tétrica de Edgardo Poe, como se distingue la locura sublime y profunda de D. Quijote del disparatado desvarío de Orlando» (Cazottes, 145).[6] Esta apreciación, a propósito de la reseña que hace Galdós a la primera edición de las obras del poeta romántico español, es preciosa en su celebración de la imaginación quijotesca, pues es rara dentro de muchas otras críticas del joven Galdós a don Quijote, que dará lugar hacia los ochenta a una revalorización.[7] Volveremos al *Quijote* y a la imaginación más adelante en esta introducción.

Conforme avanza el siglo, y desde luego para los ochenta, el naturalismo «ha olvidado casi por completo aquellas descabelladas fantasías juveniles, sustituyéndolas por unas narraciones de técnica y asuntos completamente distintos, opuestos» (Baquero Goyanes, 95). Luego, al filo casi del siglo XX, la reacción espiritualista se deja ver en el cuento tam-

---

6. «Las obras de Bécquer» artículo publicado en *El Debate* (13 de noviembre, 1871), y rescatado del olvido por Gisèle Cazottes, «Une jugement de Galdós sur Bécquer», *Bulletin Hispanique*, 77 (1975), 140-153.

7. Joaquín Casalduero (*Vida y obra*, 68-69) caracteriza así la visión antiquijotesca del primer Galdós: «Galdós interpreta el mundo cervantino con sus propios ideales, pues quiere que España deje de soñar y entre en el mundo de la realidad; que los delirios de grandeza sean reemplazados por el trabajo paciente; que el amor a la gloria y el heroísmo dejen su lugar a la disciplina, al servicio de la sociedad; que en lugar de pensar en Dulcineas se piense en las necesidades cotidianas». Montesinos describe el cambio en la evolución del pensamiento de Galdós: «hemos visto que Galdós era ya [en el momento de escribir *Doña Perfecta*], fue siempre, gran conocedor y admirador de la gran obra de Cervantes, pero cuando escribía *Doña Perfecta* estaba todavía en la fase de admirar la novela y detestar al héroe, aunque en los *Episodios* haya quijotes y quijotadas admirables. En sus días de candor progresista y positivista don Benito propende demasiado a culpar al hidalgo de los males de la historia de España. Todavía no ha puesto las cosas en su punto ni establecido una correcta perspectiva. Hasta que no se haga cargo de que los locos podrán no tener razón, pero tienen razones, de las que hay que hacerse cargo, no podrá superar las flaquezas de sus primeras novelas, y su crítica podrá ser ideológicamente justa, pero podrá ser artísticamente insatisfactoria» (*Galdós* I, 190). Para Gilman, es sólo en *Fortunata y Jacinta* donde Galdós ve el significado liberador del libro de Cervantes (*Galdós*, 118), y eso debido a la mediación de Clarín y los novelistas europeos, de manera que cuando Galdós escribe *Fortunata y Jacinta*, «Cervantes presidía, como de costumbre, pero era un nuevo Cervantes, comprendido de nuevo en términos de las meditaciones galdosianas sobre Clarín, Flaubert, Balzac, y una vez más, aunque esta vez a cierta distancia, sobre Zola [Cervantes presided as usual, but it was a new Cervantes, freshly understood in terms of Galdós' meditations on Clarín, Flaubert, Balzac, and once again, although this time at one remove, Zola]» (154-155).

bién, surgiendo una cosecha de narraciones religiosas o psicológicas que, según Baquero Goyanes, emulan el movimiento tipificado por Paul Bourget (308).[8] Habría que tener en cuenta tambien el movimiento espiritual «tolstoyesco», además del amalgama de evangelio y revolución que caracterizarán importantes obras de Galdós a partir de *Ángel Guerra*.[9]

El medio más importante para el cuento decimonónico en España, como en el resto de Europa, fue la prensa periódica en diarios y revistas (Baquero Goyanes, 85). Luego, los cuentos se recogen en colecciones por sus autores, cundiendo esta práctica especialmente a partir de la década de los ochenta.

¿Cómo se perfila la obra cuentística de Galdós en este contexto? En cuanto a la naturaleza fantasiosa, inverosímil, de la mayoría de sus relatos —doce de los veinte—, es notable que parece oponerse al auge del cuento naturalista, que

---

8. Bourget (1852-1935), marca su ruptura con el naturalismo con su novela *Le disciple* (1889), a partir de la cual escribe dentro de una ideología católica conservadora.

9. Por ejemplo, *El caballero encantado* (1909) y *La razón de la sinrazón* (1915). Sobre la primera, véase Julio Rodríguez Puértolas, Introducción a su edición de *El caballero encantado*, Madrid, Cátedra, 1982, desarrollo de su ensayo anterior, *Galdós: Burguesía y revolución*, Madrid, Turner, 1975, cap. III: «Galdós y *El caballero encantado*», 93-176. Sobre el espiritualismo finisecular, mezcla de teosofía, Nietzsche, catolicismo y reacción antinaturalista, véase James McFarlane, «The Mind of Modernism», en Malcolm Bradbury y James McFarlane (eds.), *Modernism*, Sussex, The Harvester Press, 1978, 71-93. Galdós une el nuevo espiritualismo individualista a una conciencia política, y toma como modelo al gran político espiritualista, Jesús, el evangélico. La evolución en este sentido en el pensamiento de Galdós se puede ver al comparar al «teosófico» Bailón, de *Torquemada en la hoguera*, con Nazarín. Predica el descastado clérigo Bailón: «Los tiempos se acercan, tiempos de redención, en que el Hijo del Hombre será dueño de la tierra. El Verbo depositó hace dieciocho siglos la semilla divina. En noche tenebrosa fructificó. He aquí las flores. ¿Cómo se llaman? Los derechos del pueblo» (*Obras*, V, 913); seis años después, en 1895, Galdós crea a Nazarín que, a pesar de profesar la pasividad y la paciencia, actúa enérgicamente, echándose al camino que le lleva a subvertir con su ejemplo las leyes y normas de la sociedad. El apelativo que el narrador le da de «ermitaño andante» (*Obras*, V, 1.713) es la fórmula precisa para la combinación de espíritu (la cueva del ermitaño, adentrarse) y acción en la sociedad (andar por los caminos) que, como al caballero andante que Galdós veneraba, caracteriza a Nazarín. Catorce años después de *Nazarín*, Galdós profiere, sin viso de ironía, antes bien con evangélico (o sea, revolucionario) fervor, las palabras dichas en 1889 por Bailón en *El caballero encantado*. Véase Rodolfo Cardona, «Galdós and Liberation Theology», *Ideologies and Literature: Journal of Hispanic and Lusophone Discourse Analysis*, 3 (1988), 9-22, artículo basado en su conferencia leída en el Tercer Congreso Internacional de Estudios Galdosianos, «Galdós y la teología de la liberación», Las Palmas, agosto, 1985.

Baquero Goyanes describe como típico a partir de los ochenta. Por otra parte, podemos ver que el prurito de publicar sus cuentos en tomos sí es característico del momento, aunque luego veremos otras razones que inducen al maduro novelista a «reconocer» (como a un hijo ilegítimo) aquel producto de su fantasía. En todo caso, Galdós hace acompañar la primera edición de *Torquemada en la hoguera* (1889) con «La conjuración de las palabras», «La pluma en el viento», «La Mula y el Buey» y «La princesa y el granuja», además de «El artículo de fondo» y «Un tribunal literario»; al año siguiente publica *La sombra*, acompañada en el tomo de «Celín», «Tropiquillos» y «Theros».

En vista de lo cual, es sorprendente leer las siguientes palabras de Emilia Pardo Bazán, publicadas en 1891:

> El artista, a no ser un prodigio de la Naturaleza, no está condicionado para desempeñar todos los géneros con igual maestría, y casi siempre descuella en uno, que es su especialidad, su reino. A Pérez Galdós, por ejemplo, le es difícil redondear y encerrarse en un espacio reducido; no maneja el cuento, la *nouvelle* ni la narración corta; necesita desahogo, páginas y más páginas, y, como el novelista ruso Dostoyevski, domina la pintura urbana y no la rural.[10]

En este juicio reincide un crítico francés, H. Péseux-Richard, en 1912: »En Espagne, sauf M. Pérez Galdós, auquel elles semblent répugner, les plus grands noms de la littérature contemporaine figurent sur des recueils de contes formant volume, ou apparaissent de temps à autre sur la feuille littéraire d'un periodique».[11] El mismo Baquero Goyanes sigue esta pauta, consistentemente elidiendo la presencia de Galdós en sus generalizaciones sobre el cuento, o en las listas de los novelistas realistas que cultivaron el cuento, por ejemplo al observar que «los casos de autores que cultivan a la vez cuento y novela con fortuna, no son tan excepcionales [...], a

---

10. En *El nuevo teatro crítico*, marzo, 1891, p. 38, citado en Baquero Goyanes, p. 121.
11. «Un romancier espagnol; Jacinto Octavio Picón», *Revue Hispanique*, 30 (1914), 525. Citado en Baquero Goyanes, p. 168.

lo menos en nuestra literatura, que cuenta con escritores como Alas, Palacio Valdés, la Pardo Bazán, excelentes novelistas y cuentistas» (117). Y remacha: «[...] novelistas puros, lentos, magistrales, como Galdós, apenas cultivaron el cuento» (121). Esta relativa ceguera, que ha llegado hasta nuestra época en la crítica galdosiana,[12] es comprensible teniendo en cuenta la enorme materia novelesca de nuestro autor, pero es reflejo también de una ambivalencia en el mismo Galdós.

Ante el género del cuento, el novelista tuvo algunas ocasiones para expresar su parecer. En la reseña de Bécquer, antes citado, Galdós parece transparentar cierta claustrofobia respecto al cuento, deseando que Bécquer hubiese tenido más tiempo para ensanchar su prosa ficticia:

---

12. En comparación con el resto de la crítica galdosista, no es mucho, pero algo hay. Sobre los cuentos de Galdós, se pueden consultar los siguientes trabajos, que utilizamos cuando sea oportuno a lo largo de este estudio: en el mismo libro de Baquero Goyanes hay algunos escuetísimos comentarios, así como otros no tan parcos de Montesinos en *Galdós*, tomo I, Madrid, Castalia, 1968, caps. I y II; hay dos tesis de doctorado: Walter Carl Oliver, *The Short Stories of Benito Pérez Galdós*, University of New Mexico, 1972, y Marcy Schulman, *Ironic Illusion in the Brief Narratives of Benito Pérez Galdós*, Brandeis University, 1982; además se han publicado los siguientes artículos: José Pérez Vidal, estudio preliminar a «Una industria que vive de la muerte», *Anuario de Estudios Atlánticos*, 2 (1956), 473-507; Robert J. Weber, «Galdós *inédita*: Three Short Stories [breve constancia de la existencia de «Dos de mayo de 1808, dos de septiembre de 1870», «El pórtico de la gloria» y «Rompecabezas»], *Modern Languages Notes*, 77 (1962), 532-533; Leo J. Hoar, «"Dos de mayo de 1808, dos de septiembre de 1870" por Benito Pérez Galdós, un cuento extraviado y el posible prototipo de sus *Episodios nacionales*», *Cuadernos Hispanoamericanos*, 250-252 (1970-1971), 312-339; José Schraibman, «Variantes de "La novela en el tranvía," de Galdós», *La Torre*, 48 (1964), 149-163; Water Oliver, «Galdós' "La novela en el tranvía": Fantasy and the Art of Realistic Narration», *Modern Language Notes*, 88 (1973), 249-263; Leo J. Hoar, «"Rompecabezas", "Galdós" "Lost" *Cuento*; A pre-98 Christmas *Esperpento*», *Neophilologus* (noviembre 1975), 522-547; Leo J. Hoar, «Galdós' Counter-Attack on his Critics: the "Lost" Short Story, "El pórtico de la gloria"», *Symposium*, 30 (1976), 277-307; Sebastian de la Nuez, «Génesis y estructura de un cuento de Galdós» [sobre «Celín»], en *Actas del Segundo Congreso Internacional de Estudios Galdosianos*, I, Las Palmas, Ediciones del Excmo. Cabildo Insular de Gran Canaria, 1979, 181-201; José Extramiana, «"La novela en el tranvía"; une nouvelle oubliée de Pérez Galdós», en *Hommage des hispanistes français à Noël Salomon*, Barcelona, Laia, 1979, 273-278; Robert C. Spires, «Violations and Pseudo-Violations: *Quijote*, *Buscón*, and "La novela en el tranvía"», en *Beyond the Metafictional Mode; Directions in the Modern Spanish Novel*, Lexington, The Univ. Press of Kentucky, 1984, 18-32; Luis Fernández Cifuentes, «Signs for Sale in the City of Galdós», *MLN*, 103 (marzo, 1988), 289-311, sobre *La desheredada* y «La novela en el tranvía»; un artículo que incluye un tratamiento de «Theros», dentro del motivo de la dama misteriosa, es el de Krisztina Weller, 'The Mysterious Lady: An Enigmatic Figure in the Fantastic Short Story of Nineteenth-Century Spain», *Scripta Mediterranea*, 8-9 (1987-1988), 59-68.

Las *Leyendas*, lo mismo que las *Cartas de Veruela*, no tienen nada de definitivo. No sé por qué me parece todo aquello un boceto de cosas mayores. [...] No sé por qué al leer *La creación*, cuyo asunto sin fin está colocado dentro de un cuadro microscópico, como un mundo engastado en un anillo, pienso en las cuatro rayas que debió trazar Miguel Ángel para fijar la composición de su Juicio Final. [...] A la *Creación* de Gustavo, para ser un inmenso poema, no le falta más que tamaño [Cazottes, 144].

Sin embargo, en su estudio sobre los *Proverbios* de Aguilera, «Observaciones sobre la novela contemporánea en España» (1870), parece mejor avenido con el relato breve y traza su desarrollo reincidiendo en las caracterizaciones ofrecidas antes:

De estos cuadros de costumbres, que apenas tienen acción, sino únicamente ligeros bosquejos de una figura, nace paulatinamente el cuento, que es aquel mismo cuadro con un poco de movimiento, formando un organismo dramático pequeño, pero completo en su brevedad. [...] En España la producción de esas pequeñas obras es inmensa. La prensa literaria se alimenta de eso, y menudean las colecciones de cuentos, de artículos, de cuadros sociales. Hay mucho de vulgar y mediano en estas composiciones; pero el que siga con interés el movimiento literario habrá tenido ocasión de observar lo que hay de bueno entre la muchedumbre de obritas de este género [Pérez Vidal, *Madrid* 238].

El «nacimiento» del cuento, desprendiéndose del cuadro de costumbres que Galdós describe, se aplica perfectamente, como veremos en su momento, a su propio debut como cuentista, «Una industria que vive de la muerte», donde se podrá ver cómo se impone una anécdota y un personaje a un texto inicialmente estático. Treinta y cuatro años después, vuelve a teorizar Galdós sobre el cuento en el prólogo a los *Cuentos* de Fernanflor:

Con igual fortuna cultivó *Fernanflor* la novela chica y el cuento, que es la máxima condensación de un asunto en forma sugestiva, ingenua, infantil, con la inocente marrullería de los *niños terribles*, que filosofan sin saberlo y expresan las grandes verdades, cándidamente atrevidos a la manera de los locos, que son realmente personas mayores retrolleva- das al criterio elemental y embrionario de la infancia. [...] Únicamente Trueba y Fernán-Caballero habían acertado en el género, conteniéndolo sistemáticamente dentro del molde de la ideación y de la cháchara pueriles. No colmaba esto las aspiraciones del maestro, que para nutrir el periódico quería más pasión humana y algo menos de candor escolar, forma vigorosa, y argumentos derivados de las costumbres gene- rales. De este modo, el género se engrandecía, aumentaba en valor literario y eficacia moral, sin perder sus cualida- des propiamente castizas: el sentido apológico y la breve- dad epigramática [citado en Shoemaker, *Los prólogos de Galdós*, 71].

Aunque puede que sea por cortesía, en vista del cometido que ha motivado estos comentarios, Galdós aquí valora el cuento positivamente y, además, ofrece un fascinante atisbo teórico: la relación de los cuentos a la vez con los locos y con los niños, describiendo intuitivamente lo que en términos psicoanalíticos sería la «regresión» como estructura tanto de la locura, como del cuento, pues así como el cuento tiene una forma «infantil», los locos son «*realmente* [subrayado mío] personas mayores retrollevadas a la infancia». Al tratar de los cuentos propiamente «fantásticos», volveremos a esta relación entre texto e inconsciente, figurada aquí por Galdós. También es digno de destacar que Galdós describe aquí la evolución del cuento en los mismos términos que vimos antes, guiados por Baquero Goyanes, desde un género para la «ideación» (la fantasía en su aspecto más inocuo), a otro «realista» con «argumentos derivados de las costumbres ge- nerales».

Pero si bien Galdós es generoso con el cuento, hablando del trabajo de otros, lo es mucho menos al referirse al suyo. Hemos visto que publicó dos colecciones de cuentos, *Torque- mada en la hoguera* (1889) y *La sombra* (1890). El prólogo al tomo de *Torquemada* es breve, y creo que se disculpará en el presente estudio su reproducción íntegra:

> Reproduzco en este tomo, a continuación de la novela *Torquemada en la hoguera*, recientemente escrita, varias composiciones hace tiempo publicadas, y que no me atrevo a clasificar ahora, pues, no pudiendo en rigor de verdad llamarlas novelas, no sé qué nombre darles. Algunas podrían nombrarse cuentos, más que por su brevedad, por el sello de infancia que sus páginas llevan; otras son como ensayos narrativos o descriptivos, con un desarrollo artificioso que oculta la escasez de asunto real; en otras resulta una tendencia crítica, que hoy parece falsa, pero que sin duda respondía, aunque vagamente, a ideas o preocupaciones del tiempo en que fueron escritas, y en todas ellas el estudio de la realidad apenas se manifiesta en contados pasajes, como tentativa realizada con desconfianza y timidez.
>
> Fue mi propósito durante mucho tiempo no sacar nuevamente a luz estas primicias, anticuadas ya y fastidiosas; pero he tenido que hacerlo al fin, cediendo al ruego de cariñosos amigos míos. Al incluirlas en el presente tomo, declaro que no está mi conciencia tranquila, y que me acuso de no haber tenido suficiente energía de carácter para seguir rechazando las sugestiones de indulgencia en favor de estas obrillas. Temo mucho que el juicio del público concuerde con el que yo tenía formado, y que mis lectores las sentencien a volver a la región del olvido, de donde imprudentemente las saco, y que las manden allá otra vez, por tránsitos de la *guardia crítica*. Si así resultase, a mí y a mis amigos nos estaría la lección bien merecida.
>
> Lo único que debo hacer, en descargo de mi conciencia, es marcar al pie de cada una de estas composiciones la fecha en que fueron escritas; y no porque yo quiera darlas un valor documental, a falta del literario; sino para atenuar, hasta donde conseguirlo pueda, el desaliño, trivialidad, escasez de observación e inconsistencia de ideas que en ellas han de encontrar aún los que las lean con intención más benévola [*Prólogos*, 66].

Puede extrañar, desde una perspectiva contemporánea, la duda ante el nombre que corresponde a estos escritos. Sin embargo, habría que tener en cuenta que el vocablo «cuento [...] no se empleó, sin escrúpulos, hasta muy entrado el siglo XIX, para designar narraciones literarias, reservándose antes únicamente para aquellas de carácter popular, fantásticas o inverosímiles» (Baquero Goyanes, 57). Y añade el estudioso del cuento español: «Según avanza el siglo XIX, el término *cuento* va triunfando, empleándose para narraciones de todo tipo, aun cuando la imprecisión y los prejuicios tarden en desaparecer» (73). Si bien esto ayuda a explicar el titubeo de Galdós ante la designación de sus escritos breves, hay que recordar que, para la década de los noventa, el «estigma» del vocablo había desaparecido. Como señala Baquero Goyanes, «las narraciones de doña Emilia Pardo Bazán representan rotundamente la completa aceptación de la voz *cuento* para un género característico de la segunda mitad —casi de los últimos años— del siglo XIX» (73). Por tanto, el titubeo galdosiano resulta un poco anticuado en 1889, y debe corresponder, sin duda, a la naturaleza inverosímil de la mayoría de los relatos que agita la ambivalencia constante galdosiana ante la fantasía y la imaginación,[13] aunque el hecho de publicarlos, a pesar de las muchas disculpas, representa una importante reconciliación con esas modalidades del espíritu por parte de su autor.[14] Un año antes, había dicho, en el prólogo a las *Obras* de Francisco María Pinto, «[...] que de la fantasía del verdadero artista brotan, entre los desvaríos de la invención, acentos de verdad adivinatoria y profética, en los cuales halla nuestro espíritu más convicción y consuelos más grandes que en la verdad razonada» (*Prólogos*, 64). Y en ese mismo prólogo Galdós parece empezar a considerar la idea de reunir sus escritos fantasiosos en un tomo: «[...] el nombre de Pinto se habría defendido de la muerte por aquella ley de que *no perece lo que no debe perecer*, bueno es que sus paisanos hayan acudido pronto a recoger los miembros esparci-

---

13. Por ejemplo, a la vez que recoge sus cuentos y los publica en el tomo de *La sombra*, dice: «Nunca como en esta clase de trabajos he visto palpablemente la verdad del *chassez le naturel* & [...]. Se empeña uno a veces, por cansancio o por capricho, en apartar los ojos de las cosas visibles y reales, y no hay manera de remontar el vuelo, por grande que sea el esfuerzo de nuestras menguadas alas. El pícaro *natural* tira y sujeta desde abajo, y al no querer verle, más se le ve, y cuando uno cree que se ha empinado bastante y puede mirar de cerca las estrellas, éstas, siempre distantes, siempre inaccesibles, le gritan desde arriba: *"Zapatero a tus zapatos"*» (Shoemaker, *Prólogos*, 68). Sin embargo, estas palabras podrían interpretarse no como una condena de la fantasía, sino como el reconocimiento de lo difícil que es «remontar el vuelo».

14. Véase mi estudio «La imaginación galdosiana y cervantina» en un número próximo de *Anales Galdosianos*, algunas de cuyas ideas desarrollo aquí.

dos de esta vigorosa personalidad literaria, para juntarlos y guardarlos en la forma duradera de un libro» (62). Eso mismo hizo Galdós, inmediatamente después, dos veces seguidas.

En el prólogo al tomo de *La sombra* (1890), Galdós menciona otro escritor y otros amigos: «[...] se empeñaron mis amigos en que la publicase [*La sombra*] en forma de libro, y accediendo a estos deseos, dispuse en 1879 la presente colección; pero como *La sombra* por sí sola no tenía tamaño y categoría de libro, han estado sus páginas durante once años *muertas de risa*, aguardando a que fuese posible agregarles otras y otras hasta formar el presente volumen» (*Prólogos*, 67). Aunque haya dispuesto la publicación de su novelita corta y unos cuentos once años atrás, el caso es que no lo hace hasta 1890. Bien podría haber publicado *La sombra* antes, incluyendo los cuentos tempranos del tomo de *Torquemada*. ¿Qué ha cambiado?

Según Montesinos, en estos relatos inverosímiles, Galdós «se atreve a mostrar [...] el gusto que siempre tuvo en dejar volar libremente la fantasía» (40).[15] La libertad de la fantasía en Galdós —como en Cervantes— está relacionada con otras libertades. Si, como dice Gustavo Correa, los personajes de Galdós se lanzan «a un verdadero rechazo de la realidad que les corresponde» (*Realidad, ficción y símbolo*, 51), ¿no será porque Galdós duda de tales correspondencias inexorables? Es notable la coincidencia de dos cronologías en Galdós: la literaria y la política. Como muy bien señala Julio Rodríguez Puértolas, se trata de «un proceso doblemente superador: el de las limitaciones liberales y burguesas por un lado, y el del realismo vulgar de la novela decimonónica habitual por otro» (Introducción a su edición de *El caballero encantado*, 21).

Imaginación y política están mezcladas en su reseña del

---

15. Sobre lo fantástico o lo maravilloso en Galdós, en general, se pueden consultar los siguientes trabajos: Carlos Clavería, «Sobre la veta fantástica en la obra de Galdós», *Atlante*, I, 2 (abril, 1953), 78-86, y I, 3 (julio, 1953), 136-143; Ricardo Gullón, «Lo maravilloso en Galdós», *Ínsula*, X, 113 (15 de mayo, 1955) 1 y 11; Karen Odell Austin, *The Supernatural in the Novels of Benito Pérez Galdós* (tesis de doctorado), University of Kentucky, 1977.

libro de Aguilera. Entonces (1870), declara el joven novelista: «[...] la clase media, la más olvidada por nuestros novelistas, es el gran modelo, la fuente inagotable [de la novela realista]. Ella es hoy la base del orden social; ella asume por su iniciativa y por su inteligencia la soberanía de las naciones, y en ella está el hombre del siglo XIX con sus virtudes y sus vicios, su noble e insaciable aspiración, su afán de reformas, su actividad pasmosa» (Pérez Vidal, *Madrid*, 235). Pero esa clase encontraba entonces obstáculos para desarrollar su programa, al igual que el incipiente realismo: «Somos en todo unos soñadores que no sabemos descender de las regiones del más sublime extravío, y, en literatura como en política, nos vamos por esas nubes montados en nuestros hipogrifos, como si no estuviéramos en el siglo XIX y en un rincón de esta vieja Europa, que ya se va aficionando mucho a la realidad» (225).

Tras celebrar la clase media, asociándola con la escuela literaria que empezaba gracias a él su camino en España, y vituperar el movimiento obrero, Galdós cambia. En su «Crónica de la quincena» del 30 de marzo de 1872, número 54, delata arraigados y vehementes prejuicios de clase al comentar la muerte del patriota y revolucionario italiano Giuseppe Mazzini (1805-1872): «[...] Mazzini ha bajado al sepulcro limpio de toda mancha de complicidad o simpatía con la salvaje escuela comunista y *La Internacional*. En un documento que circuló no hace mucho por todo el mundo, manifestó que no le ligaban compromisos ni conformidades de opinión con tan despreciable gente» (Shoemaker, *Crónica*, 106). En otro artículo clave para conocer la evolución de sus ideas políticas, «El 1.º de mayo» —fechado, equivocadamente, el 15 de abril de 1885, en la edición de Ghiraldo, pero publicado, según Shoemaker (*Las cartas*) en *La Prensa de Buenos Aires* el 7 de junio, 1891— queda marcada su evolución: «Todo ha cambiado. La extinción de la raza de tiranos ha traído el acabamiento de la raza de libertadores. Hablo del tirano en el concepto antiguo, pues ahora resulta que la tiranía subsiste, sólo que los tiranos somos ahora nosotros, los que antes éramos *víctimas y mártires*, la clase media, la burguesía, que antaño luchó con el clero y la aristocracia hasta destruir al uno y a la otra con la desamortización y la desvinculación. ¡Evolución misteriosa de las cosas humanas!» (Ghiraldo, *Política española*, 268).[16] No estaría de más notar el subrayado de *víctimas* y *martires* pues señala una parodia del lenguaje de los folletines (por ejemplo, *La esposa mártir*, de Enrique Pérez Escrich); de manera que Galdós aquí se desdice ante aquella temprana reseña: no, el «lenguaje» de la clase media no ha sido, después de todo, «realismo», sino un «folletín». Este lenguaje ahora pasará a otro, al realismo que nace de la fantasía tornasoleada del autor con «acentos de verdad adivinatoria y profética» (ver arriba el prólogo a Pinto). El «hipogrifo» de la imaginación, veinte años después, se ha convertido en Pegaso.

Dos series de categorías, prefiguradas en Cervantes, evolucionan a lo largo de la obra galdosiana: por una parte, la aventura alegórica, el desengaño, la imaginación destructiva; por otra, superando aquellos ademanes, la experiencia, que posibilita el mito, la imaginación creadora y la fe.[17] Nuestra propuesta tentativa, pues, es que Galdós recobra la fe en la imaginación, es decir, en el acto del espíritu que plantea las más ambiciosas posibilidades del hombre, en tanto recobra

---

16. El cambio parece haberse sensibilizado en la época en que escribía *Fortunata y Jacinta*. Ver Julio Rodríguez-Puértolas, «*Fortunata y Jacinta*: Anatomía de una sociedad burguesa», en su libro *Galdós: burguesía y revolución*, Madrid, Turner, 1975, 13-59. También se puede consultar Víctor Fuentes, «El desarrollo de la problemática político-social en la novelística de Galdós», *Papeles de Son Armadans*, 192 (marzo, 1972), 228-240, donde señala: «Desde *Fortunata y Jacinta*, Galdós empieza a tratar el tema del antagonismo social desde una perspectiva favorable a las clases populares» (p. 235).

17. Sobre esto, Casalduero apunta certeramente refiriéndose a *Misericordia* (1897): «Esto es lo que diferencia la función de la imaginación en esta obra de la que tenía en la etapa naturalista. Antes la imaginación servía para eludir la realidad, ahora crea realidades» (*Vida y obra*, 130). El paso de un libro de aventuras a otro de experiencias en el *Quijote*, que acompaña la evolución de alegoría a mito, y de la imaginación como desvarío a la imaginación creadora lo estudio en «La imaginación galdosiana y cervantina», citado antes; aprovecho la reincidencia en el mismo tema ahora para añadir una nota pertinente a éste y a aquel estudio, escrito para un homenaje a Stephen Gilman: «In the classroom formula of my teacher, Augusto Centeno —informa Gilman—, what Cervantes achieved was the capability of converting adventures (the proper stuff of romance) into experience (the proper stuff of the novel)», *Galdós and the Art of the European Novel*, pp. 233-234. Cuando Galdós «ve» esto, según enseña Gilman en las dos últimas partes de su libro fundamental, descubre una posibilidad mítica que hasta entonces no había comprendido en el gran héroe manchego y —añadiría yo— revalora el poder de su imaginación, de *la* imaginación. En cierto sentido, todo acto de libertad es un movimiento de imaginación y fe.

la fe histórica, que era en él la fe en las posibilidades de España y los españoles.

Ese cambio ideológico, cuyos extremos hemos visto, ocurre a partir de finales de los ochenta, y se consolida en la última década del siglo XIX;[18] ahora bien, esos fueron los años en que Galdós adopta en su novela el modo fantástico, que hasta entonces solo había ensayado en cuentos de revistas y periódicos. ¿Cómo caben los cuentos que estudiaremos dentro del contexto de la obra general de Galdos? Recordemos las fechas de su primera publicación: 1865, 1868, 1871, 1873, 1876, 1877, 1877, 1884, 1889, 1892, 1896 y 1897. Lo primero que se nota en la lista es la regularidad de su aparición, indicio de una evidente complacencia autorial, excepto un cierto descenso durante los ochenta, que sugiere una posible «crisis» estética e ideológica precisamente durante la década del auge «naturalista» en España. Lo segundo, es que cesan definitivamente en 1897, año de la publicación de *Misericordia*, novela donde, como dice Casalduero, «por fin la imaginación se sobrepone a la realidad, crea la realidad» (*Vida y obra*, 130). Es decir, a Galdós le quedan 18 años de creatividad novelística (incluyendo *La razón de la sinrazón*, publicada en 1915), durante los cuales, según los datos disponibles, parece ser que no se acerca más al cuento fantástico en su sentido amplio; en lugar de esto, es en su novela donde dará cabida a partir de entonces a texturas narrativas cada vez más inverosímiles y cada vez más centrales en su novelar.

Al desarrollar así posteriormente su trayectoria novelística en pleno rechazo de un realismo convencional, no tiene por qué acotar zonas fronterizas de la realidad en obritas de poco más o menos. Es más, la misma publicación en tomos de siete de estos relatos (1889 y 1890) indica la voluntad de integrar esas «cosicosas», como cariñosamente las llama Montesinos (*Galdós*, I, 40), al mundo de tomo y lomo, «para juntarlos y guardarlos en la forma duradera de un libro», como dice, según vimos, en el prólogo a Pinto, y por tanto darles patente de legitimidad.

---

18. Según hemos visto, y según Tuñón de Lara, en su conferencia inaugural del Tercer Congreso Internacional de Galdosistas, en Las Palmas, agosto, 1985.

Hemos visto la creación cuentística de Galdós en el contexto de su siglo (en el sentido de época y mundo), y pudimos apreciar la importancia que el relato de fantasía tiene para una mejor comprensión de importantes aspectos estéticos e ideológicos en la obra y la vida de Galdós, que se implican mutuamente a partir de una mitología personal y cultural. Pero, ¿qué formas asumen la fantasía y la inverosimilitud en el discurso literario?

Teoría de lo fantástico

Lo fantástico y la revolución están hermanadas en el concepto de un temprano practicante del género, Charles Nodier. En su estudio «Du fantastique», publicado en la *Revue de Paris* en 1830, cifra así la relación de lo fantástico tanto con la política, como con la visión del mundo de su época, en un sentido más amplio:

> Le fantastique demande à la vérité une virginité d'imagination et de croyances qui manque aux littératures secondaires, et qui ne se reproduit chez elle qu'à la suite de ces révolutions dont le passage renouvelle tout; mais alors, et quand les religions elles-mêmes ébranlées jusque dans leurs fondements ne parlent plus à l'imagination, ou ne lui portent que des notions confuses de jour en jour obscurcies pour un scepticisme inquiet, il faut bien que cette faculté de produire le merveilleux dont la nature l'a douée s'exerce sur un genre de création plus vulgaire, et mieux approprié aux besoins d'une intelligence matérialisée. L'apparition des fables recommence au moment où finit l'empire de ces vérités réelles ou convenues, qui prêtent un rest d'âme au mécanisme usé de la civilisation. Voilà ce qui a rendu le fantastique si populaire en Europe depuis quelques années, et ce qui en fait la seule littérature essentielle de l'âge de décadence ou de transition où nous sommes parvenus [209].

Dos aspectos son dignos de destacar. Primero, el que la literatura fantástica sea heredera del texto sagrado que, cuando la religión está «resquebrajada hasta sus cimientos», reciba el relato fantástico el cometido de la imaginación como un género «más vulgar y más apropiado para las necesidades de una inteligencia materialista». Y segundo, el nexo con la historia política e ideológica de Europa; además de lo que dice explícitamente, podemos ver transparentado el conmovido proceso histórico de las tres primeras décadas de su siglo en imágenes como «el fin del imperio real», que reverberan al son del imperio napoleónico.

Al protestar luego que «il ne faut donc pas tant crier contre le romantique et contre le fantastique» (210) expresa una sinonimia aproximada por la crítica de nuestros días que, si bien no está de acuerdo sobre el límite final del momento fantástico en la literatura (¿Maupassant, Kafka, Borges, la ciencia ficción?), ha logrado un consenso sobre la designación de su momento inicial: finales del siglo de las luces. Así, Todorov: «Il est apparu d'une manière systématique vers la fin du XVIIIe siècle, avec Cazotte; un siècle plus tard, on trouve dans les nouvelles de Maupassant les derniers exemples esthétiques satisfaisants du genre» (174).[19] Irène Bessière asiente en lo primero: «Largement antérieur à l'influence des premières traductions d'Hoffman, le récit fantastique apparaît en France pendant le dernier tiers du XVIIIe siècle» —y reincide en las apreciaciones de Nodier: «Il correspond à un nouvel usage des signes légués par la religion» (70).

Tratándose de lo fantástico, el libro de Tzvetan Todorov, *Introduction à la littérature fantastique*, de 1970, ha marcado un hito en la crítica, convirtiéndose en seguida en un libro «canónico» para usar el adjetivo que Bessière le prodiga, y se ha impuesto, por muy buenas razones, como punto de partida para toda discusión contemporánea del tema.[20]

---

19. Para una excelente crónica del concepto de lo fantástico, a partir de sus primeros practicantes, Cazotte, Walpole, Nodier, que estudia también el naturalismo francés para desplazarse luego a Hispanoamérica, véase «El misterio de la ficción fantástica y del realismo maravilloso», de Walter Mignolo, capítulo tres de su libro, *Teoría del texto e interpretación de textos* México, Universidad Nacional Autónoma de México, 1986, 113-159.

20. Todorov recoge la crítica anterior, «temática», de lo fantástico, superándola en rigor analítico, a partir de un estudio formal que evita tanto los catálogos de motivos como la taxonomía estética (haciendo más bien sintaxis que morfología) para considerar el género en su proceso expresivo. Los estudios más destacados anteriores a Todo-

Si bien el vocablo «fantástico», como adjetivo («texto fantástico)», o como nombre abstracto («lo fantástico)», tiene una acepción corriente de «quimérico, fingido, que no tiene realidad. Perteneciente a la fantasía» (*Diccionario manual de la Real Academia Española*, 1950),[21] es importante utilizar una definición más específicamente literaria (estética, en general) para el trabajo que sigue, pues los cuentos de fantasía de Galdós son inquietos (además de inquietantes), y se desplazan de una modalidad mimética a otra en su conjunto y dentro del devenir de un mismo cuento. Por eso es necesario deslindar esas modalidades, cuya ocupación o abandono significa en los cuentos galdosianos importantes actitudes estéticas, filosóficas o ideológicas.

Conviene, pues, especificar que los relatos de Galdós que se podrían llamar «inverosímiles» (rúbrica general, que posiblemente cubra todo el espacio narrativo de los variados cuentos galdosianos que quiebran, o parecen quebrar, las leyes físicas)[22] son los que pertenecen a los tres grupos que Todorov distingue en la literatura fantástica y colindante: cuentos maravillosos, fantásticos o extraños.

Todorov define lo fantástico como un género que se basa en la reacción titubeante (*hésitation*) del lector. Así, cuando el texto provoca ambigüedad en el lector (y en el personaje) ante un hecho narrado que parece contravenir las leyes físicas, pero que, no obstante, no puede ser definido con toda certidumbre como irreal, se trata de un texto fantástico.

---

rov son P.G. Castex, *Le conte fantastique en France*, París, José Corti, 1951; Louis Vax, *L'art et la littérature fantastiques*, París: PUF, 1960; Marcel Schneider, *La littérature fantastique en France*, París, Fayard, 1964; Roger Caillois, *Au coeur du fantastique*, París, Gallimard, 1965.

21. Francisco Yndurain define este sentido «lato» de la siguiente manera: «[...] entiendo por tal cuanto pertenece a la esfera de lo no empírico, de lo inverosímil, entiendo por verosímil lo que el consenso así lo califica [...]. En todo caso, queda excluido de este "fantástico" todo lo relativo al soñar, [...] a las alucinaciones [...] [y] lo milagroso, que pertenece a un mundo sobrenatural, pero efectivo para quien cree» («Sobre *El caballero encantado*», en *Actas del I Congreso Internacional de Estudios Galdosianos*, Las Palmas, Ediciones del Excmo. Cabildo Insular de Gran Canaria, 1977, p. 339).

22. He utilizado el adjetivo «inverosímil» a falta de otro tan económico, aunque puede representarse un hecho inverosímil (que no *parece* real) y que, sin embargo, no viola las leyes naturales, como, por ejemplo, contar el caso del que ganó la lotería de Navidad todos los años.

Cuando hay una ruptura no ambigua con las leyes físicas, el relato pertenece a lo maravilloso. Finalmente, cuando la ambigüedad ante un hecho insólito se resuelve por fin por una explicación que respeta las leyes naturales, estaríamos ante un texto «extraño» (46).

Además, si el texto es alegoría o poesía, no puede ser fantástico (37), pues la convención de estos dos géneros no nos pide nunca la suspensión de nuestra incredulidad ante hechos irreales, y por tanto el lector no tiene por qué tomarlos en serio ontológicamente lo suficiente como para compartir la ambigüedad del personaje ante ellos. Al no haber expectativa de verosimilitud, no cabe titubear ante un hecho inverosímil. Además, para poder hablar de alegoría, puntualiza Todorov, es necesario «trouver des indications explicites à l'intérieur du texte» (79).[23]

Siguiendo estas definiciones, los doce relatos que consideramos en un principio «de fantasía» o inverosímiles se organizan bajo las siguientes categorías:

A. Lo extraño: «La novela en el tranvía».

B. Lo fantástico: «Una industria que vive de la muerte», «Tropiquillos» y «¿Dónde está mi cabeza?».

C. Lo maravilloso no alegórico: «Celín»,[24] «La princesa y el granuja» y «La Mula y el Buey».

D. Alegorías (son también maravillosos, pero la anécdota tiene la clara función ancilar de remitir a un significado ulte-

---

23. Ana María Barrenechea disiente, pues desde la perspectiva de la literatura latinoamericana reclama para lo fantástico un campo más abarcador que pudiera incluir, por ejemplo, las alegorías borgeanas, así como la posibilidad de poesía fantástica, y ofrece un esquema sistematizado menos excluyente de lo fantástico. Con todo, si sugerentes son sus comentarios, a los que volveremos, no por eso me dejan de parecer las categorías de Todorov las más exactas, y sobre todo, las más útiles para nuestro estudio. Véase Barrenechea, «Ensayo de una tipología de la literatura fantástica (A propósito de la literatura hispanoamericana)», *Revista Iberoamericana*, 38 (1972), 391-403.

24. Sebastián de la Nuez califica a «Celín» como «alegórico-fantástico» («Génesis y estructura de un cuento de Galdós», en *Actas del Segundo Congreso Internacional de Estudios Galdosianos*, I, p. 188); sin embargo, como veremos al estudiar este cuento, «Celín» propiamente cabría dentro de lo maravilloso —a fin de cuentas (al fin del cuento) una paloma habla y sale de una habitación por el expedito método de horadar una pared con su vuelo irresistible. En cuanto a su sentido «alegórico», éste, como ve Sebastian de la Nuez ajustando lo que ha dicho antes, es rebasado por la «imaginación galdosiana» (198).

rior): «La pluma en el viento», «La conjuración de las palabras», «Theros» (provisional y problemáticamente alegórico), «El pórtico de la gloria» y «Rompecabezas».

Hay otros aspectos pertinentes para este estudio que habría que tomar en cuenta del concepto de Todorov. Para él, la aparición del psicoanálisis ha marcado el fin del texto fantástico, en tanto la revelación de los mitos del inconsciente ha integrado y comprendido los fantasmas en el redil de su economía (169). Por otra parte, y en dirección contraria (hacia la desintegración), el mundo moderno, post nietzscheano, diríamos, ha fragmentado nuestra noción de la realidad: puesto que lo fantástico dependía de una antinomia entre un discurso mimético (realista) y otro inverosímil, al desaparecer la certidumbre en nuestra realidad se imposibilita la literatura mimética y por tanto cualquier reacción contra ella (175-177). Para decirlo de otra manera, así como una palanca (la imaginación) depende de un fulcro fijo (lo real) para ejercer su fuerza, de la misma manera la literatura fantástica dependía de un punto de apoyo en lo verosímil. Al desaparecer ese punto de apoyo, en el nuevo mundo sin eje que hemos heredado de Nietzsche, se hace imposible el ejercicio del impulso fantástico. Todorov concluye: «Le XIXe siècle vivait, il est vrai, dans une métaphysique du réel et de l'imaginaire, et la littérature fantastique n'est rien d'autre que la mauvaise conscience de ce XIXe siècle positiviste. Mais aujourd'hui, on ne peut plus croire à une réalité immuable, externe, ni à une littérature qui ne serait que la transcription de cette réalité. Les mots ont gagné une autonomie que les choses ont perdue» (176-177).

De ahí que Todorov no acierte a caracterizar a Kafka ni como fantástico ni como maravilloso, pues el marco «real» dentro del cual o contra el cual estos géneros se perfilan, falta completamente. Por una parte, nadie se espanta suficientemente, por ejemplo, de la metamorfosis de Gregor Samsa; no hay ruptura del sistema, pues el sistema no es el «real». Descontado lo fantástico, se podría pensar en lo maravilloso, pero «dans *la Metamorphose*, il s'agit bien d'un événement choquant, impossible; mais qui finit par devenir possible, paradoxalement» (180). ¿Y un sentido alegórico? «On peut certes proposer plusieurs interprétations allégoriques du texte; mais il n'offre aucune indication explicite qui confirmerait l'une ou l'autre d'entre elles» (180).

Es aquí donde las apreciaciones de Ana María Barrenechea son especialmente útiles, apropiando para lo fantástico las extrañas «alegorías» de la literatura inverosímil de nuestro siglo que, al contrario de las alegorías «clásicas», en términos de la autora, dejan «poco explícita la función alegórica, simbólica o parabólica, es decir su significado no literal. Las condiciones impuestas por Todorov —continúa— eliminarían buena parte de la literatura fantástica contemporánea; en cambio nuestro enfoque permite retener las obras de sentido traslaticio [alegórico] explícito o implícito, siempre que en el plano literal aparezca el contraste de lo real y lo irreal centrado como problema [...]. Así se explica también que —contra la opinión de Todorov— se vea el caso de que lo alegórico refuerce el nivel literal fantástico en lugar de debilitarlo, porque el contenido alegórico de la literatura contemporánea es a menudo el sin sentido del mundo, su naturaleza problemática, caótica e irreal» (394-395).

Precisamente la dificultad en clasificar a Kafka estriba en su novedad genérica. Se puede ver que la estructura formal de mucho de Kafka es la alegoría; un texto cuya dirección semiótica se dispara hacia afuera del texto: su «sentido» reside en un segundo orden, al que el primer orden semiótico sirve, no obstante, como algo más que mero pretexto. Lo novedoso —y absolutamente terrible— en Kafka, frente a la alegoría tradicional, es que los dardos de su texto no llegan nunca a chocar con ningún blanco. El mundo de Kafka es el mundo desprovisto de sentido, por eso su alegoría señala hacia ese vacío, en un vertiginoso vuelo del signo hacia un significado intolerablemente ausente, una especie de *kamikaze* sin objetivo, que en vez de encontrar la muerte encuentra el mayor absurdo del espacio.

Estas consideraciones son pertinentes para el estudio de los cuentos inverosímiles de Galdós, pues entre ellos hay alegorías «clásicas» y también «modernas», en el sentido arriba apuntado. También sirve para problematizar la noción de alegoría y de otras estructuras vecinas, y eso conviene tenerlo en cuenta al leer estos relatos galdosianos, pues una característica no infrecuente entre ellos es su fascinante inquietud genérica.

Uno de los atractivos de los cuentos para el lector atento de Galdós es su mayor desnudez estructural frente a las novelas. Esto aporta a veces, como veremos, reveladoras perspectivas sobre ellas, pues algunos cuentos son, entre muchas cosas, «maquetas» temáticas o formales para las novelas. Pero para los fines de esta introducción, quizás facilite la presentación de los cuentos ir en la dirección contraria: ver brevemente una característica de una novela, que prefigura algunos aspectos importantes de los relatos que se han de estudiar. Como ejemplo de alegoría moderna, podríase pensar precisamente en un texto kafkayesco de Galdós:[25] la fábula nueva llamada *Miau*.

No puede sorprender más, después del mundo de la conciencia que es *Fortunata y Jacinta*, éste de *Miau*, que le sigue, de personajes empequeñecidos y convertidos en objetos por la distancia que de ellos toma el narrador[26] (a la vez que Dios). La fábula es congénere de la alegoría en cuanto «entraña» un sentido específico, y esta novela es, a fin de cuentas, una fábula, cuyos personajes son... gatos. Pero esta fábula desconcierta precisamente por la misma razón que la *Metamorfosis*: su «sentido» luce por su ausencia. Más bien expresa una cordial falta de fe, un vacío insondable. Si bien esquematizamos antes la alegoría como un movimiento centrífugo de signos hacia un sentido ulterior, es lícito (y así lo avala la tradición medieval de la corteza y el meollo alegóricos, como nos explica complacidamente Berceo) figurar el movimiento semántico opuesto, centrípeto, implícito en el predicado «entrañar», que antes usamos. La alegoría moderna también puede considerarse como un viaje al centro, pero

---

25. Como señala Ricardo Gullón en su introducción a la edición de Madrid, Alianza 1988.
26. Como apunta Ricardo Gullón en la introducción señalada, al contrario del narrador de *Fortunata y Jacinta*, «cercano a la mayoría de sus criaturas, el de esta novela los mira desde lo alto, con una perspectiva irónica inevitablemente distanciadora» (XIX).

con la diferencia que el centro será una ausencia y no una presencia. En términos míticos (que son también psicoanalíticos) el viaje al centro de la alegoría tradicional es un intento de retorno al Edén; pero la alegoría moderna es más bien el viaje al centro del laberinto, donde, como es sabido, espera la muerte, y donde, además, estuvo Villaamil: «Y se internaron por luengo corredor, no muy claro, que primero doblaba hacia la derecha, después a la izquierda. A lo largo del pasadizo accidentado y misterioso, las figuras de Villaamil y Argüelles habrían podido trocarse, por obra y gracia de hábil caricaturista, en las de Dante y Virgilio buscando por senos recónditos la entrada o salida de los recintos infernales que visitaban. [...] Ni Dante ni Quevedo soñaron, en sus fantásticos viajes, nada parecido al laberinto oficinesco [...]» (*Miau*, 655-656).

He desarrollado la idea de Todorov sobre los límites de lo fantástico y su complicado comercio con lo maravilloso y lo alegórico por tres razones: primero, porque los cuentos de Galdós, como mencioné y veremos varias veces, se emplazan en una modalidad u otra y se desplazan de una modalidad a otra; segundo, y en relación con lo dicho, porque conviene tener presente que esas decisiones genéricas no son caprichosas, sino que expresan importantes convicciones, conscientes o inconscientes, ante la realidad natural y social; y tercero, porque al entrar en estos temas se pone en evidencia la relación entre el inconsciente y el mito, que es uno de los regalos más importantes de la lectura de estos cuentos de fantasía galdosianos, enriquecedores de la lectura de sus novelas.

La relación entre literatura fantástica e inconsciente forman el centro del comentario que Jean Bellemin-Noël hace al libro de Todorov, en dos artículos clave: «Des formes fantastiques aux thèmes fantasmatiques» (*Littérature* [mayo, 1971]) y «Notes sur le fantastique (textes de Théophile Gautier)» (*Littérature*, [diciembre, 1972]).

En el primer artículo, Bellemin-Noël describe el esquema nuclear de Todorov, que hemos visto, y luego, tras ofrecer una sistematización de la identidad genérica de textos maravillosos, fantásticos y de ciencia-ficción (a nuestro parecer, lo menos acertado de su artículo), pasa a unas consideraciones sobre lo maravilloso y psicoanálisis (que Todorov había a la vez proscrito y provocado), para concluir: «Rien n'interdit, dans cette perspective, de définir la littérature fantastique comme celle où se marque l'émergence de la question de l'inconscient. C'est-à-dire celle où l'homme et son être-au-monde commencent à se trouver contestés par des forces obscures qui travaillent contre eux et qu'ignore superbement la pensée raisonnable ou "classique", au point que petit à petit, s'amorce la ruine du sujet lui-même» (118). Y termina de acuerdo con Todorov en considerar que el género fantástico empieza con la ruptura romántica y que termina con la ruptura freudiana, pero extiende su ocaso desde finales del XIX (Todorov) hasta mediados del siglo XX (118).

La relación entre lo fantástico y el inconsciente será el aspecto principal de su segundo artículo sobre el tema. Parte de esta fórmula: «[...] le fantastique est une manière de raconter, le fantastique est structuré comme le fantasme» (3); o sea, que la estructura del discurso fantástico es *como* la estructura del discurso del inconsciente. Luego, elabora: «Il importe de souligner notre définition du fantastique *"structuré comme"* le fantasme: c'est une forme que l'on recherche, non un contenu» (7).

Tras llevar a cabo una interesante lectura psicoanalítica de algunos cuentos de Gautier, concluye privilegiando el cuento fantástico, frente a la novela realista, por su capacidad de abrir una brecha que alcanza la realidad inconsciente:

> La lecture du fantastique et la mise à nu de ses procédures nous ont fait toucher du doigt la pertinence de ce qu'affirmait Freud: *le fantastique, c'est l'intime qui fait surface et qui dérange* [subrayado del autor]. [...] ce ne sont peut-être pas les longs romans réalistes, ceux qui se soucient de copier peu ou prou le réel de notre monde quotidien, qui nous en disent le plus long sur ce qui constitue au fond notre réalité la plus profonde, notre vrai rapport au monde: ce sont les contes de la nuit, du délire et de la fantaisie. [...] Le fantastique se révèle en fin de compte (conte) comme le lieu de la différence absolue, la preuve par neuf, par le toujours neuf, que *je* est effectivement *un autre* [23].

Con respecto a la idea de Freud, podemos observar, como sugiere Bellemin-Noël (6), que la literatura fantástica es el acto estético de sacar a la plaza pública las figuras del inconsciente. Esta idea es importante, pues permite ver la relación individuo-sociedad (sujeto-objeto social) que se configura en el discurso fantástico, visión fundamental para nuestro estudio de «¿Dónde está mi cabeza?», como veremos. Esta asociación de lo fantástico con el inconsciente, vista repetidas veces por la crítica,[27] provoca la inconformidad de Irène Bessière, cuyo libro *Le récit fantastique: la poétique de l'incertain* (1974) ofrece interesantes perspectivas dentro de la evaluación moderna de lo fantástico iniciada por Todorov.

Para Bessière, la literatura fantástica es el sitio de encuentro de dos discursos opuestos, uno «realista» y otro inverosímil: esta antinomia (es su término) (32) define el género. Como se puede ver, se trata de una re-elaboración de la teoría de Todorov, pero con signos a la vez nuevos y ágiles, pues el concepto de «antinomia» es útil, al reemplazar un fenómeno subjetivo, «l'hésitation» todoroviana, con otro textual; esta aportación terminológica hará posible las excelentes definiciones de Amaryl Chanady (*Magical Realism and the Fantastic: Resolved Versus Unresolved Antinomy*, 1985).

En cuanto a su objeción a la interpretación psicoanalítica de Bellemin-Noël, Bessière se basa en una crítica fundamental: su subjetividad, el hecho de reducir el discurso de lo fantástico a una problemática personal, con lo que el poder subversivo del género dentro de la colectividad quedaría obviado, e indica: «La faiblesse de cette formalisation, narrative et symbolique, semble le nécessaire prix payé pour exclure toute référence au contenu sémantique du fantastique —le surnaturel ou l'extranaturel— et pour ignorer son enracinement culturel» (9). Y luego aclara: «La référence psychanalytique est ici une manière de confirmer l'assimilation de l'inspiration fantastique au jeu sur le moi [...]» (45).

Es precisamente su raigambre cultural lo que Bessière enfatiza en su estudio: «Il correspond à la mise en forme

---

27. Véase el estudio del cuento mencionado en el capítulo IV de este libro.

esthétique des débats intellectuelles d'un moment, relatifs au rapport du sujet au supra-sensible ou au sensible; il présuppose une perception essentiellement relative des convictions et des idéologies du moment, mises en oeuvre par l'auteur» (11).

De gran importancia para nuestro estudio es la distinción ideológica que Bessière traza entre un texto maravilloso y otro fantástico, y vale la pena citarla con cierta extensión:

> Le merveilleux est le lange de la communauté en lequel elle se retrouve pour deviner que, sans être illegitime, il ne dit plus que le quotidien. [...] La non-réalité du conte [maravilloso] est une manière de placer les valeurs qu'il exprime sous le signe de l'absolu. En lui, le mal est le bien s'objectivent [...]. Le merveilleux ne questionne pas l'essence même de la loi qui régit l'événement, mais l'expose. [...] Le merveilleux exhibe la norme; le fantastique expose comment cette norme se révèle [...]. L'événement étrange [en el texto fantástico] provoque une question sur la validité de la loi [18-19].
>
> [...] Le récit fantastique, parent du conte, se présente comme un anti-conte. Audevoir-être du merveilleux, il impose l'indétermination. [...] Il fait de toute légalité une affaire individuelle parce qu'aucune légalité physique ou religieuse n'est satisfaisante. Il efface tout article de loi [20].

Esta diferencia ideológica entre el cuento maravilloso que acata la ley y el cuento fantástico que la ataca, es fundamental para nuestro estudio de los relatos galdosianos, y justifica su categorización, en primer lugar. Pero hay que recordar lo dicho antes sobre la «nueva» alegoría maravillosa, pues en algunos cuentos de Galdós que son alegorías de ambigua «ulterioridad» se combinan, como veremos, lo maravilloso y la subversión de ciertos valores contextuales.

Al desarrollar la distinción entre lo maravilloso y lo fantástico, Bessière incide en importantes aspectos de la historia cultural (e ideológica) de la Europa prerromántica. Para ella, los fantasmas indeterminables de la literatura fantástica son los herederos de los misterios de los dogmas de la iglesia (45). Al romperse la fe en el siglo de las luces, las antiguas creencias permanecen como reliquias vacías, e, impotentes, ceden su puesto (su función de explicar o vérselas con el misterio) a la fantasía:

> [...] la littérature fantastique n'est pas historiquement celle où "se marque l'emergence de l'inconscient" [cita a Bellemin-Noël], mais plutôt celle qui élabore la formulation narrative du problème du rapport de l'homme avec le sensible et le réel, tel qu'il est posé, de manière originale, au XVIIIe siècle, à l'occasion de la critique de la superstition. Sociologiquement et culturellement, elle est le résultat d'une régression du domaine surnaturel officiel, admis de tous, qui oblige de poser à neuf la question de l'onirisme, de l'hallucination et de l'étrange, *mais* [*sic*] sans accorder un privilège, quel qu'il soit, à l'onirisme [45-46].

Esta contextualización histórica de la aparición de lo fantástico es, como se puede apreciar, un eco de las mismas apreciaciones de los contemporáneos de aquel movimiento, según vimos en el caso de Nodier. Cuando las explicaciones oficiales de los elementos sobrenaturales retroceden ante la crítica de la ilustración, dejan un vacío que se colma con la literatura fantástica. Es lástima que, a la vez que ofrece esta útil visión histórica, Bessière se niegue a reconocer la verdadera importancia del inconsciente (al que se refiere como «l'onirisme»), sin duda por temor a un reduccionismo subjetivista que divorciara el discurso fantástico de su papel ideológicamente subversivo. Pero no es necesaria esta disyuntiva: ante el nuevo silencio de las explicaciones oficiales, se deja oír entonces precisamente el ruido del inconsciente, que se «publica» en textos fantásticos. Lo interesante del origen del movimiento fantástico es que se debe a dos fuerzas aparentemente opuestas: la razon del siglo de las luces, que barre a los viejos mitos religiosos fuera del ágora, y lo irracional-romántico, que libera mitos nuevos (infinitamente viejos) en un san Fermín desbordado.

Es Rosemary Jackson quien, magistralmente, une revolución y psicoanálisis en su libro, *Fantasy: the Literature of Subversion* (1981):

Lo fantástico es una literatura que intenta crear espacio para un discurso distinto del consciente, lo que le lleva a problematizar el lenguaje y la obra, en su enunciado del deseo [...] Sólo valiéndonos del psicoanálisis y considerando algo del deseo inconsciente, pueden comprenderse esos esfuerzos y formas narrativas como manifestaciones de cuestiones culturales más profundas, relacionadas con la situación del sujeto dentro de un contexto social, dentro de una lengua. Al trabajar con las teorías de Freud sobre lo extraño hacia sus teorías de la constitución del sujeto humano, es posible ver lo fantástico moderno como una literatura absorta en el deseo inconsciente, y relacionar este deseo con un orden cultural, corrigiendo así la despreocupación de Todorov por cuestiones ideológicas [62-63].*

Estos son, pues, los aspectos fundamentales de lo fantástico y modalidades afines (lo maravilloso, la alegoría) que se tendrán en cuenta en el método crítico de este estudio: la diferencia entre literatura extraña, fantástica, maravillosa y alegórica; la presencia del inconsciente; la crítica ideológica del texto fantástico, y su función mítica, que une mente y mundo. No podemos, sin embargo, abandonar la historia de la crítica reciente sobre estos temas (y por tanto la exposición de las bases metodológicas de este trabajo) sin antes desarrollar el concepto del deseo, que Jackson menciona.

Los obstáculos a la realización del deseo han sido analizados por Freud en *El malestar de la cultura*, donde, por ejemplo, comenta: «[...] el amor coartado en su fin fue en su origen un amor plenamente sexual, y sigue siéndolo en el inconsciente humano. [...] Sin embargo, la relación entre el amor y la cultura deja de ser unívoca en el curso de la evolu-

---

* «The fantastic is a literature which attempts to create a space for a discourse other than a conscious one and it is this which leads to its problematization of language, of the work, in its utterance of desire [...] It is only by turning to psychoanalysis, considering some of the unconscious desire, that those narrative efforts and forms can be seen as manifestations of deeper cultural issues, to do with the placing of the subject in a social context, in language. By working through Freud's theories of the uncanny towards his theories of the constitution of the human subject, it is possible to see the modern fantastic as a literature preoccupied with unconscious desire and to relate this desire to cultural order, thereby correcting Todorov's neglect of ideological issues.»

ción: por un lado, el primero se opone a los intereses de la segunda, que a su vez lo amenaza con sensibles restricciones. Tal divorcio entre amor y cultura parece, pues, inevitable [...]» (45). Puesto que, como señala Jackson, la literatura fantástica tiene como preocupación central el deseo inconsciente, y a su vez este deseo entra en conflicto con la cultura, con la ideología del mundo social, como enseña Freud, se puede comprender que el texto fantástico sea contestatario ante la cultura, y, además, que conlleve una corriente erótica central en su discurso. Así lo señala Donald Palumbo en el libro que recientemente ha editado, *Erotic Universe: Sexuality and Fantastic Literature* (1986): «Su tratamiento de lo fantástico —bien sublimado, explícito, o incluso pornográfico— es una característica distintiva de la literatura fantástica (3). [...] es en la fantasía que el sexo —precursor y símbolo de la vida, de la renovación, de la supervivencia de la especie [...] se presenta, en el contexto de otros paliativos psíquicos, como antídoto de la muerte. [...] Frecuentemente, la fantasía misma se asocia con la sexualidad, o la reemplaza simbólicamente [...] (4)».* Este valor liberador de la sexualidad humana y las represiones que sufre en la sociedad también será un aspecto importante que estudiaremos en algunos de los cuentos inverosímiles de Galdós.

Temas y formas

Al escribir una monografía detenida sobre doce textos breves del mismo escritor, surge de inmediato el problema de su organización: ¿se ha de seguir el orden cronológico, que es el diseño auténtico del ritmo creativo del autor, o se deben agrupar los cuentos según esquemas impuestos por el crítico, basados en conglomerados temáticos o formales, y así evitar ciertas repeticiones metodológicas? Según la segun-

---

* «Its treatment of sexuality —whether sublimated, overt, or even pornographic— is a distinctive characteristic of fantastic literature. [...] it is in fantasy most specifically that sex —the precursor and symbol of life, of renewal, of the survival of the species [...] is presented, in the context of those other psychic palliatives, as death's antidote. [...] Often fantasy itself is associated with or symbolically replaces sexuality.»

da opción, este libro podría haberse estructurado, por ejemplo, a partir del género: un capítulo para los relatos fantásticos, otro para los maravillosos, etc. Pero si, como me parece justo, el crítico ha de ser (socráticamente) partero y (cervantinamente) padrastro, pero no padre de los posibles significados del texto, entonces debe procurar respetar el perfil creativo del artista. Por eso he optado por seguir, con alguna interrupción, el orden cronológico, si bien el devenir creativo de Galdós es de tal coherencia que estos cuentos se organizan en unidades no meramente temporales; o, para decirlo de otra manera, existe en el orden de su publicación una sincronía entre el cambio temporal y el cambio temático/formal.[28]

De ahí que los capítulos II-V, que integran el estudio específico de los textos, puedan ser comprendidos bajo las siguientes rúbricas, que agrupan los cuentos temáticamente, pero ateniéndose al ritmo de su producción: II, «En busca del cuento»; III, «Alas»; IV, «La belle dame sans merci»; y V, «Final que viene a ser principio». La búsqueda del cuento fue a la vez fácil y asombrosamente prometedora de lo que iba a venir después. Vemos en los tres primeros cuentos de Galdós temas y formas que caracterizarán no sólo sus demás cuentos, sino también parte importante de su novelar, y, de manera destacada, la conciencia metafícticia del autor, relacionada con su postura ante el mundo. El capítulo III aprovecha la repetición del motivo de las alas (cuántas alas y plumas en el mundo novelístico de Galdós);[29] vuelos de la imaginación como desvarío o como redención, y el fundamental vuelo de Eros. El capítulo IV se estructura alrededor del motivo del amante infortunado, extrañamente frustrado en su proyecto de felicidad, incapaz de incorporarse al ritmo de la

---

28. Divididos gráficamente por una barra, estos dos adjetivos son, como hemos visto, mutuamente dependientes. La forma no es un vaso arbitrario para el contenido, sino que es también expresión de ese contenido, que es, a su vez, la causa y el efecto de un mundo.

29. Un estudio clásico del tema es el artículo de Stephen Gilman, «The Birth of Fortunata», en *Anales Galdosianos*, 1 (1966), 71-83. También véase sobre temas relacionados, Roger L. Utt, «"El pájaro voló": observaciones sobre un leitmotiv en *Fortunata y Jacinta*», *Anales Galdosianos*, 9 (1974), 37-50, y Agnes Moncy Gullón, «The Bird Motif and the Introductory Motif: Structure in *Fortunata y Jacinta*», *Anales Galdosianos*, 9 (1974): 51-75.

naturaleza, que anuncia a León Roch, Bueno de Guzmán o Moreno Isla. Finalmente estudiamos los dos últimos cuentos de Galdós, cuya compacta textura lingüística y mítica remite, paradójicamente, a significados plurales.

Tan sólo dos palabras sobre el tiempo. He intentado respetar el orden cronológico porque el tiempo (y el *tempo*) me parece fundamental en el estudio de la literatura. El devenir del tiempo dibuja una conciencia; y además esa conciencia está dentro de un tiempo histórico. Ambos órdenes se expresan y se trascienden en el tiempo de un mito, tema que se desarrollará en la conclusión.

Capítulo II

EN BUSCA DEL CUENTO

Los tres textos que se estudian en este capítulo son el principio del cuento galdosiano, en el que también aparecen ya «los principios» que habrán de caracterizar el arte del gran escritor de ficciones. Formalmente, el primero de ellos «emerge» del ensayo, y «La conjuración de las palabras» apenas deja entrever una acción ficticia —aunque sí se manifiesta— entre su textura alegórica. Sin embargo, y marcadamente en «La novela en el tranvía», aunque también en los otros dos, se evidencia ya una preocupación con la escritura fabular y la imaginación, con la relación entre sujeto y objeto y entre el discurso literario y el histórico.

«Una industria que vive de la muerte: Episodio musical del cólera»

Introducción

Este relato —el primero que Galdós publicó— apareció en *La Nación* de Madrid en los números del 2 y 6 de diciembre de 1865, en la sección de «Variedades». Se volvió a publicar dos veces, ambas después de la muerte del autor: una, en edición de José Pérez Vidal en *Anuario de Estudios Atlánticos* (Madrid/Las Palmas), 2 (1956), 495-507, y otra en *Madrid*, colección a cargo también de José Pérez Vidal (Madrid, Afrodisio Aguado, 1957, 197-220). Las pocas variantes que existen entre la edición *princeps* y la de 1957, por tanto, se deberán a manos ajenas. Significativamente, no fue reeditado en la edición de las *Obras completas* de Aguilar.

El artículo apareció en dos números, como queda señalado, y esa división editorial responde a una división temática y estructural. La primera mitad, en el número del 2 de diciembre, es un artículo periodístico, compuesto por un discurso expositivo, mientras que la segunda mitad, del número del 6 de diciembre, es el cuento, propiamente.

Los capítulos I y II, que forman la primera mitad, muestran a su vez una variedad temática. El primero trata de los efectos deleitosos del ruido, que estimula la imaginación, conjurando imágenes hermosas. Mientras que el segundo capítulo trata del ruido de la muerte, en forma del martilleo del constructor de ataúdes, que en esos mismos madrileños días trabajaba mucho a causa del cólera. De esa manera, el capítulo II sirve de puente entre la parte ensayística, del 2 de diciembre, y el cuento, del 6 de diciembre, pues éste tendrá como asunto principal el trabajo y la extraña muerte de un constructor de ataúdes.

El artículo del 2 de diciembre

El capítulo I empieza con una introducción especulativa donde se plantea la relación entre el ruido y la música, y continúa con una serie de ejemplos que ilustran la postura tomada al principio: el ruido puede ser más evocador que la música, puede ser, efectivamente, otra música. Hay ruidos que la naturaleza da al «melancólico» que «vaga entre las sombras de la noche por un campo, por una playa o por las calles de una población [...]». (198).[1] Hay ruidos que provoca una mujer amada al acercarse por un jardín; el ruido de la

---

1. Las citas del cuento se refieren a la edición de *Madrid* (a cargo de José Pérez

seda al arrastrarse un vestido por la alfombra; y el ruido perturbador que hacen un par de zapatos de mujer al caer en el piso del apartamento de arriba. Es notable la fluctuación entre un romanticismo ya tardío (la naturaleza, la mujer amada o imposible) y de un incipiente «realismo urbano» («las calles de una población»). Interesante también es el impulso vital, es más, claramente erótico, que aquí se manifiesta especialmente si se tiene en cuenta la naturaleza mórbida del relato sobre el cólera que aparecerá cuatro días después en *La Nación* como continuación de este artículo.

El capítulo II, que termina el artículo del 2 de diciembre, sirve de puente hacia aquel cuento. Su tema también es el ruido, pero muy de otra índole: los sonidos de la vida ceden al de la muerte, el martilleo que la fabricación de ataúdes pregonaba por todo Madrid. El capítulo empieza como un reportaje sobre el cólera que en esas fechas afligía a la capital («el cólera habita en nuestro barrio...»), y los ruidos que se han dejado de escuchar para ser desplantados por otros, especialmente el del constructor de ataúdes. Pero abandona la modalidad del reportaje, hacia el final, para enfrascarse ya de lleno en la imaginación:

> Esos golpes traen a nuestra mente extrañas imágenes, y entre ellas, nuestra propia imagen el día en que aquel martillo nos labre el mueble fatal [...] [206].

Esa actividad del espíritu —la imaginación— crucial en todo Galdós se desprende del tema «acústico» en el texto del 2 de diciembre: «[...] en el arte mismo no hay tanta música como en el ruido, si a la atención escrutadora del amante de óperas y conciertos se sustituye la imaginación del amante de la naturaleza [...]» (197-198). Y un poco más abajo leemos:

Vidal) Madrid, Afrodisio Aguado, 1957. A lo largo de este libro, al no indicarse lo contrario, las citas de los textos de Galdós se señalarán con un número entre paréntesis, sin número de tomo, y se referirán al tomo y edición correspondiente de las *Obras completas* de Aguilar, que consta en la lista de «Obras Citadas» al final, excepción hecha para los tres cuentos que no están incluidos en esa colección: «Una industria que vive de la muerte», «El pórtico de la gloria» y «Rompecabezas». Los textos de los *Episodios* se indicarán explícitamente así entre paréntesis.

> Un melancólico vaga entre las sombras de la noche por un campo, por una playa o por las calles de una población, y a su oído llegan confusos rumores producidos por el aire, el mar, las aguas de una fuente, cualquier cosa: su fantasía determina al instante aquel rumor, lo regulariza y le da un ritmo: al fin lo que no es otra cosa que un ruido toma la forma de la música más bella [...] despierta mil imágenes y, extendiendo su dominio, consigue hasta fascinar la vista, en virtud de ese misterioso eslabonamiento que de las ilusiones acústicas nos lleva siempre a las ilusiones ópticas [198].

El pasaje citado es un ejemplo temprano del impulso metaficticio de Galdós al comentar el trabajo creativo, regulador y transformador de la imaginación, tema que ejerce poderoso influjo en esta primera mitad, y parece estar tirando de las riendas del género ensayístico para llevarlo a otro género: el cuento. De hecho, estos dos primeros capítulos que integran el número del 2 de diciembre manifiestan una condición inquieta, pues el artículo atraviesa varias modalidades genéricas: el ensayo especulativo (¿es el ruido música?), el ejemplo imaginado (los ruidos engendran imágenes), el reportaje estricto (el informe sobre el cólera) y la última parte que forma el germen de un relato fantástico (el final del capítulo dos, cuando, como vimos, el narrador se imagina a sí mismo muerto dentro de un ataúd). Presenciamos, pues, uno de los momentos iniciales en que el joven periodista empieza a emerger de ese hábitat, como el primer anfibio, para entrar, propiamente, en el suelo de la ficción. El artículo, impreso dentro del apartado de «Variedades» de *La Nación*, termina siendo el primer cuento de Galdós.

El cuento del 6 de diciembre

El capítulo III relata el auge del negocio del ataudero. Lo vemos trabajando incansablemente, como un Vulcano moderno, presidiendo las labores de sus hijas que cortan la tela negra y las cintas de las cajas, remedo de las Parcas. Esta referencia mitológica tan grata a Galdós será una de las características de sus cuentos, y también de su novela. El carpintero es un hombre rudo que —a pesar de no tener ya apuros económicos— se desgañita en su faena para acumular riqueza, pues quiere resarcirse de todos sus años de poco trabajo, aprovechando así la desgracia comunal del cólera madrileño para su propio medro. Este personaje ofrece una estructura paradójica, pues sufre en momentos de bienestar popular y prospera en momentos de destrucción. Se podría pensar en una representación de la muerte misma, relacionado en ese sentido más bien con Plutón que con Vulcano, dios que representa los trabajos manuales, si bien un constructor de ataúdes es la síntesis perfecta de ambos modelos.

El capítulo IV cuenta la muerte del constructor de ataúdes, quien sucumbe ante el mismo mal que había ocasionado su fortuna, pues será la última víctima del cólera. Es enterrado en el ataúd de lujo que había construido para un noble que, a pesar de su terrible aspecto, se repone. Esta circunstancia permite atisbar la antipatía que Galdós puede sentir en 1865 por la clase trabajadora,[2] pues pone en boca del carpintero —no por terrible menos obrero—las siguientes palabras que ridiculizan el sentimiento de clase:

> Este es un ataúd verdaderamente real. Los ricos hasta en la muerte han de brillar más que nosotros. (Yo no estoy bueno, no.) ¡Quién fuera rico! La cabeza me da vueltas, siento un mareo... ¡Oh! Si yo fuera rico, viviría en un palacio como ese duque, moriría en un magnífico lecho y me haría enterrar en un ataúd tan suntuoso como éste... [214].

Es chocante que se represente así la envidia frente a la opulencia, y parece indicar, cuando menos, despego por parte del joven periodista ante la clase «desheredada».

El capítulo V pone de manifiesto la estructura «logomimética» del relato, caracterización que Clayton Koelb emplea para referirse a textos fantásticos que toman al pie de la letra una frase hecha del lenguaje, desarrollándola como motivo del cuento.[3] Al ser enterrado en el lujoso ataúd que se había

---

2. Al respecto, ver el cap. I, p. 26 y nota 16.
3. Koelb explica así este mecanismo: «Veo en la literatura "letética" [no escrita

empeñado en terminar, el constructor de ataúdes puede decirse que ha «cavado su propia tumba» o que «hizo su propio lecho».

El breve capítulo final (VI) es de especial interés, pues sólo gracias a él se puede denominar como «fantástico» este relato. Durante el entierro del carpintero, según los que allí estuvieron, se oyó «un golpe seco, agudo, monótono, producido, al parecer, por un hierro que percutía sobre otro hierro como si el muerto remachara por dentro los clavos con el martillo que nadie había podido separar de su mano» (219). Nos cuenta el narrador que los habitantes del barrio aún oyen por las noches los golpes del martillo, «procedentes del mismo taller, que hoy está cerrado, como si algo invisible viniera por las noches a agitar allí la herramienta fatal» (219). No cabe imaginar un final más típico de las fantasías románticas al estilo de Hoffman;[4] sin embargo, el horror misterioso de esta primicia de Galdós no volverá a aparecer jamás en su escritura, pues todos los otros cuentos de fantasía dependen más del enigma o de la maravilla milagrosa.

Este artículo-cuento, prácticamente ignorado por la crítica, no incluido en las *Obras completas* de Aguilar, es el pri-

---

para ser creída literalmente] una efectiva motivación de "mitos", es decir, de textos ficticios en cuanto narraciones, por analogía con las micro-estructuras del habla ordinaria. El lenguaje figurativo, especialmente, es un rico surtido del cual puede valerse el escritor de ficciones "letéticas". [...] La transformación de una figura en un momento narrativo es, pues, una de las estrategias más características de la literatura "letética" [I see in lethetic literature an actual motivation of "myths", that is, of fictional texts as narratives, by analogy with the microstructures of ordinary speech. Figurative language in particular provides [...] a rich storehouse upon which the writer of lethetic fictions can draw. [...] The transformation of a trope into a narrative moment is thus one of the most characteristic strategies of lethetic literature]» (*The Incredulous Reader: Literature and the Function of Disbelief*, Ithaca/Londres, Cornell University Press, 1984, p. 42).

4. Oliver (*Short Stories*, 61) y Pérez Vidal («Estudio», 491) coinciden en marcar el acento de Hoffman, si bien para Montesinos este cuento —que él caracteriza como «la primera obra con ciertas aspiraciones a la fabulación libre que se ha publicado en nuestros días y merece recordarse [...] [es un] boceto hecho a la manera de Mesonero» (38); aunque luego apunta: «No es imposible que, como sugiere Pérez Vidal, Galdós haya tratado de seguir a Hoffman, pero lo sigue de muy lejos y lo que el cuento o lo que sea tiene de fantástico es lo que, a mi juicio, se parece menos a Hoffman» (38-39). Sabemos, como vimos en la introducción, que el joven Galdós poseía una colección de relatos del alemán (ver arriba, cap. I, n. 5).

mer paso que Galdós da en el relato breve, estructurado por una anécdota desarrollada. Si bien su naturaleza es más bien reaccionaria, basada en modelos de romanticismo trasnochado (Pérez Vidal, «Estudio preliminar», 489 y 492), la celebración de la imaginación que en él se lleva a cabo es notabilísima, pues ésta será la obsesión galdosiana por excelencia: por una parte, la imaginación creadora, y por otra la imaginación destructiva. Si bien el articulista ensalza la imaginación creadora, el protagonista del cuento corre derecho hacia la muerte, pues los sueños de riqueza le hacen trabajar desmesuradamente, con lo cual es fácil presa del cólera. Es una ironía del narrador que este pobre personaje sintetice en sí los dos atributos de Plutón (riqueza y muerte), el dios de bajo-tierra que curiosamente volverá a aparecer, transfigurado, en las visiones de Almudena, amigo de Benina. Por otra parte, el constructor de ataúdes, que por su ambición labra su propia muerte, es el primero en una larga serie de personajes galdosianos que aprenderán la cruel lección de Ícaro, como tendremos ocasión de ver, al considerar «La pluma en el viento».

«La conjuración de las palabras»

Si bien la aparición del primer cuento de Galdós «emerge de» otra textura literaria, y es, por ello, fácilmente discernible la presencia de la ficción sucediendo al artículo, «La conjuración de las palabras», relato «alegórico» según el mismo subtítulo del autor, amenaza el desarrollo del hilo narrativo con la naturaleza estática de aquel propósito ulterior.[5] Sin embargo, Marcy Schulman tiene razón cuando aprecia que «las limitaciones impuestas por su estructura alegórica no le impiden [a Galdós] producir una composición de textura rica y

---

5. Para Montesinos, se trata de «una chuchufleta que nada tiene de novelesco» (39), y Oliver, quien lo llama «un ensayo bastante serio, si bien general, sobre las letras españolas y [...] una sátira inmatura contra la falta de talento entre escritores españoles» [a rather serious, if generalized, essay on Spanish letters and [...] an immature satire of Spanish writers' lack of ability] (*Short Stories*, 63), no lo estudia detenidamente en su tesis.

provocativa» (127).* Este cuento apareció por primera vez en *La Nación*, en el número del 12 de abril de 1868. Su segunda impresión se da en la primera edición de *Torquemada en la hoguera*, en 1889.

Argumento

Es este el cuento de menor perfil anecdótico de todos los relatos de fantasía de Galdós, de acuerdo con la misma designación del autor de «alegoría». Relata los sucesos del día en que las palabras del diccionario salen de ese gran tomo, descrito como un templo imponente, con el propósito manifiesto de sublevarse ante los escritores españoles que tan mal las maltratan. A pesar de la presencia de tres o cuatro cabecillas, cunde la discordia entre los sublevados y la intentona es desconvocada ante su evidente desintegración interna.

Las variantes

La vacilación, no sólo lingüística y literaria, sino también política se puede confirmar al cotejar las dos ediciones del cuento que hemos mencionado, la primera en *La Nación* (1868) y la de *Torquemada* (1889), separadas, como se ve, por veintiún años.

Se nota en la segunda edición una dicción menos coloquial en el empleo de los artículos. En la edición de 1868 dice: «en un viejísimo pupitre», «el nombre y la significación», y «sintióse un gran ruido», que pasan a ser, en la de 1889: «en viejísimo pupitre», «el nombre y significación» y «sintióse gran ruido».

Los cambios léxicos son, generalmente, enfoques más precisos y correctos. En la edición de *La Nación* leemos la siguiente descripción alegórica del diccionario: «cada tabique estaba subdividido en tres galerías o *columnas* [subrayado

---

* «The limitations imposed by its allegorical structure do not prevent him from producing a richly-textured and provocative composition.»

mío] muy grandes, y en estas galerías se hallaban innumerables celdas, donde vivían los ochocientos o novecientos mil seres que en aquel vastísimo y complicado recinto tenían su habitación». Pero en la edición de *Torquemada* cambia: «[...] tres corredores *o crujías*». En la versión original salta del nivel alegórico (galerías del edificio) al nivel literal (columnas de la página impresa) de manera ambigua, pues cabe la posibilidad de considerar esas columnas arquitectónicamente también, lo que produciría el absurdo de una columna habitada. La enmienda mantiene la descripción unívocamente dentro del ámbito alegórico del edificio, deshaciendo el absurdo, pues una «crujía» es, por supuesto, habitable.

En otro caso, «Intentaré de describir el orden y aparejo en aquella procesión» cambia a «trataré de describir el orden y aparato de aquel ejército». «Aparato» tiene mayor connotación de ostentación y riqueza, que caracteriza mejor las ínfulas de grandeza de la comitiva. De esa manera enfatiza la distancia irónica entre ese boato y la completa inutilidad de su salida, pues la intentona fracasará. El cambio de «procesión» a «ejército» define con más exactitud el aspecto marcial del desfile de palabras (de manera reminiscente del ejército de naipes que viera Alice), con lo cual se enfatiza de nuevo la distancia irónica entre la inutilidad absoluta de las palabras en esta ocasión y su talante bizarro. Así, quijotizando a sus protagonistas, se acentúa la irónica desilusión del relato.

Es pertinente traer a colación al Don Quijote estrafalario que en aquellos años, como vimos,[6] era el que el joven Galdós conocía, porque su presencia en la retórica del cuento se difuminará —decisión que va en contra de la que acabamos de ver. «Atroz y descomunal batalla» se corregirá como «tremenda batalla», y «Unos iban caballeros» será en la edición de 1889 «Aquellos montaban».

¿Cómo comprender el que Galdós se desplace en dos direcciones opuestas: hacia los cambios «aparato» y «ejército», pero también hacia una serie de giros que tachan los originales usos cervantinos? La respuesta, a mi manera de ver, es

---

6. Ver cap. I, n. 7 de este estudio.

que Galdós no ha cambiado de opinión ante el esfuerzo patético del fermento liberal de 1868, donde las palabras grandilocuentes de líderes egoístas fracasaron ante las necesidades históricas del país, y, eventualmente ante los cañones de la reacción, pero sí ha cambiado su comprensión del héroe de Cervantes.

Como vimos en la introducción, el desarrollo del concepto cervantino y quijotesco en el pensamiento de Galdós evoluciona desde una visión negativa ante un héroe estrafalario, hacia una comprensión profunda de la sabiduría cervantina, basada en la capacidad no ya dialéctica, sino dialogal, del hombre.

Por eso, en 1889 acentúa los ridículos atributos de marcial talante y bizarría de las palabras de 1868, pero ya no los quiere identificar con la figura de Don Quijote, pues eso significaría denigrar al caballero a quien Galdós ya amaba.

Es digno de notar el emparejamiento que se da en el pensamiento galdosiano entre su concepto de Don Quijote y su propia ideología y método político. El joven anti-Quijote es también enardecido liberal —postura que parece haber muerto con Muriel, el audaz. Pero en el momento de publicar esta alegoría en *La Nación*, Galdós combate acerbadamente contra las fuerzas reaccionarias y retrógradas, que él identifica precisamente con Don Quijote.

Consecuente con el cambio en la visión histórica de Galdós, se nota en la edición de 1889 la eliminación de epítetos de fácil escarnio hacia la oposición conservadora: no porque Galdós se haya desplazado a la derecha, sino porque, como veremos, la arena política de 1889 no es la de 1868; además Galdós ya no se encolerizará desde una postura burguesa liberal por muchos años más, pues está a punto de pasar a una conciencia revolucionaria que trascenderá la oposición liberal-conservadora.

La edición de 1868 reza así:

> Basta de alusiones personales, dijo el sustantivo *Neo*, que todo tiznado de negro se presentó para poner paz en el asunto.
>
> —Déjelas que se arañen, hermano, dijo la *Hipocresía*, que

estaba rezando el rosario en una sarta de puntos suspensivos; déjelas que se arañen, que ya sabe vuestra señoría que rabian de verse juntas. Entendámonos nosotros, y dejémoslas a ellas.

—Sí, bien mío... ¿pero cuándo nos casamos, dijo el Sustantivo masculino?

—Pronto, luz de mis ojos, dijo el femenino.

Mientras estos dos amantes desaparecían abrazados entre la multitud, se presentó un gallardo Sustantivo vestido con relucientes armas.

En cambio, la edición de 1889 modifica de manera importante el texto:

—Basta de indirectas. ¡Orden! —dijo el Sustantivo *Gobierno*, que se presentó a poner paz en el asunto.

—Déjelas que se arañen, hermano —observó la *Justicia*—; déjelas que se arañen que ya sabe vuecencia que rabian de verse juntas. Procuremos nosotros no andar también a la greña, y adelante con los faroles.

Mientras esto ocurría, se presentó un gallardo Sustantivo, vestido con relucientes armas [...] [*Torquemada*, 217; *OC*, 454].

Vemos que Galdós suprime el sustantivo *Neo* cambiándolo por ni más ni menos que «Gobierno». Este cambio se podría considerar como una concesión meramente circunstancial, pues para 1889 aquel vocablo no era de uso tan común. Sin embargo, su desaparición en este cuento es muy elocuente pues refleja una nueva realidad política. La crisis que precede a la Gloriosa queda lejos, muy lejos, así como la ofensiva conservadora de los setenta.

Los ochenta es una década de logros liberales. Ya el artículo 11 de la Constitución de 1876 consigna que «nadie será molestado por sus opiniones religiosas ni por el ejercicio de su propio culto» (Bleiberg, I, 968). Los liberales, bajo Sagasta, están en el poder entre 1881 y 1883, y entre 1885 y 1890. En 1887 Sagasta reestablece el derecho de asociación, y en 1890 se reestablece el sufragio universal.

En vista de estos cambios, es comprensible que Galdós

muestre aquí menos despecho. Los «*Neos*» ahora son «el Gobierno»; de la misma manera «la hipocresía *que estaba rezando el rosario*» (subrayado mío) se convierte en «la Justicia». Y de manera notable, la insinuación de amoríos más o menos ilícitos entre esos dos personajes originales, que bien podría sugerir un cura y una beata o una monja, desaparecen sin huella. Aquel joven periodista, según nos cuenta Marcy Schulman en su tesis doctoral, *Ironic Illusion in the Brief Narratives of Benito Pérez Galdós*, «dio voz a su antipatía hacia el *neo* muy temprano en su carrera. Muchos artículos de su *Crónica de Madrid* de 1865-1866 atacan este movimiento» (18).* Pero para fines de los ochenta, evita las exageraciones fáciles, quizás porque ya no tenga tan claro qué grupo era el verdadero antagonista.

Ideologías

Marcy Schulman señala que el tema principal del cuento es una crítica a los escritores españoles (118), como se ve en el primer parlamento que abre el tercer apartado del relato:

> Señores: La osadía de los escritores españoles ha irritado nuestros ánimos; y es preciso darles justo y pronto castigo. Ya no les basta introducir en sus libros contrabando francés, con gran detrimento de la riqueza nacional, sino que cuando por casualidad se nos emplea, trastornan nuestro sentido y nos hacen decir lo contrario de nuestra intención [454].

Posteriormente, Schulman añade, de pasada, que el tema literario comparte su presencia con el político: «Aun así, Galdós expone varias cuestiones que recurren a lo largo de sus ficciones: la triste condición de la prosa española y la inestabilidad del gobierno español» (126).** Y señala en una nota: «Al escribir en 1868, Galdós no ignoraba el desorden político

---

* «[...] voiced his antipathy toward the *neo* very early in his career. Many articles from his *Crónica de Madrid* of 1865-1866 [...] lambast this movement.»
** «Still, Galdós exposes several issues which recur throughout his fictions: the sad state of Spanish prose and the instability of Spain's government.»

que le rodeaba. Cinco meses después de la escritura de este artículo, Isabel II fue abruptamente destronada» (155).*

Miremos con un poco más de detalle la situación de España hacia la temprana primavera de 1868. La crisis económica de 1866 había preparado el escenario para una situación política de gran inestabilidad:

> Los rasgos más esenciales de la era O'Donnell son referibles al eclecticismo que preside la dirección política del país, y a la crisis cada vez más manifiesta conforme avanzan los años sesenta de la centuria. [...] la grave crisis europea de 1865-1866 va a repercutir en España, haciendo quebrar distintas instituciones de crédito en Madrid y en Barcelona. [...] La burguesía financiera e industrial se despega del régimen; la crisis [...] crea un ambiente propicio para una resolución en sentido subversivo de la crisis política [Ubieto, 637-638].

Es este un momento de discordia entre moderados y unionistas, de alianza entre progresistas y demócratas, y adhesión de los unionistas al pacto de Ostende (1866), reunión que asentó las bases de un programa común que preveía «el eventual destronamiento de Isabel» (Ubieto 638-639). A mi parecer, la «conjuración» del cuento galdosiano tiene muy presente aquella otra «conjuración» reciente. El dirigente conservador Narváez morirá once días después de la aparición de este relato en *La Nación*, el 23 de abril de 1868.

La figura de Prim también parece invocarse o «conjurarse» en este cuento. Prim es el gran conspirador en los años inmediatos a la revolución de septiembre.

> Cooperó, primero, a debilitar a Narváez y a O'Donnell y, con ello, la seguridad de Isabel II, y acabó por ser el más eficaz inspirador del ideario de la revolución septembrina; preparó la sublevación de los sargentos de San Gil (junio, 1866), dirigió la reunión de Ostende (1866), [...] [Bleiberg, III, 331].

---

* «Writing in 1868, Galdós was not unaware of the political turmoil which surrounded him. Five months after this article was written, Isabella II was abruptly deposed.»

En *Prim*, Galdos tendrá más que decir del infatigable conspirador y paladín de la causa progresista:

> Por Dios, que si era valiente el hombre, a perseverante y cabezudo no había quien le ganase, pues apenas fracasado en una tentativa de pronunciamiento, ya estaba metido en otra, sin perder su brío ni la ciega confianza en estas arrriesgadas aventuras. Entre la primera de Valencia y la que a la sazón preparaba hubo otra desdichadísima en Navarra [...]. Y a los pocos días de repasar la frontera navarra, recorriendo después gran parte de Francia para volverse a Vichy, ya estaba otra vez el caballero de la revolución armado de punta en blanco para lanzarse a nueva empresa lejana y peligrosa [*Episodios* IV, 60].

Es interesante la caracterización quijotesca de Prim: «caballero», «armado de punta [de la lanza] en blanco», listo a «lanzarse a nueva empresa lejana y peligrosa» —e igualmente fracasada. En «La conjuración de las palabras» el narrador presenta de esta manera a una figura principal, dentro de la multitud de palabras: «[...] se presentó un gallardo sustantivo, vestido con relucientes armas y trayendo un escudo con peregrinas figuras y lema de plata y oro» (455). Pero ni éste ni otros tres líderes logran organizar a esa turba dividida: «No pudiendo ni el Verbo *Ser*, ni el sustantivo *Hombre*, ni el Adjetivo *Racional*, poner en orden a aquella gente, y comprendiendo que de aquella manera iban a ser vencidos en la desigual batalla [...] resolvieron volverse a su casa» (455).

Vemos, pues, que el cuento a la vez recoge la frustración de varias intentonas fracasadas y quijotiles y es por tanto advertencia a los españoles para que la unión antiisabelina de los partidiarios de la Unión Liberal y los participantes del acuerdo de Ostende, los progresistas y los del partido democrático, no se «anden a las greñas» y mantengan la unidad. Así comprendemos las palabras del penúltimo capítulo del cuento: «No tuvo resultado el pronunciamiento, por gastar el tiempo en estériles debates y luchas de amor propio, en vez de consagrarse para combatir al enemigo común: así es que concluyó aquello como el Rosario de la Aurora» (455).

¿Qué sentido tiene el que Galdós haya representado una

conjuración política con la alegoría de una conjuración lingüística? Lo primero que podríamos recordar es la relación íntima entre ideología y retórica. Cuando Barthes habla del grado cero de la escritura, no se refiere a un estilo tan sólo desprovisto de metáforas tópicas, sino aquel lenguaje que cuestiona lo que él llama las «mitologías» de la cultura, particularmente de la cultura en el poder (*Degré*, 67), de ahí su propia metáfora política, al describir el nuevo estilo «incoloro»: «une écriture blanche, libérée de toute servitude à un ordre marqué du langage» (*Degré*, 66-67). La lengua no representa la cultura, la lengua *es* la cultura. Por eso Galdós se burlaba del estilo folletinesco al criticar a la burguesía «*víctima y mártir*», como vimos en la introducción. Este cuento patentiza esa relación explícitamente, pues toma al pie de la letra esa mutua identidad, y lo representa literalmente. De ahí al esperpento hay una línea recta, una retórica que no solamente sirva para representar un mundo grotesco, sino que en su propia desfiguración se ciña al perfil de aquel mundo.

Cervantes

Por supuesto, el gran subversivo de retórica y mundo fue Cervantes. Schulman señala en su estudio algunas influencias formales cervantinas. «Además de recordar el *Quijote* y otras obras, el uso galdosiano del *cronista* no fidedigno reduce la credibilidad del cuento a la vez que aumenta sus perspectivas irónicas» (120).* Para Schulman, la descripción inicial («Una mañana sintióse gran ruido de voces...») recuerda el *Quijote*: «esta descripción es una interpretación literal y juguetona del debate entre armas y letras: el autor hace que sus letras tomen armas» (122).** Y ofrece tambien el siguiente juicio: «Esta descripción recuer-

---

* «Besides being reminiscent of the *Quijote* and other work, Galdós' use of the unreliable *cronista* diminishes the story's credibility while it augments its ironic perspectives.»
** «This description is a playful literal interpretation of the *armas y letras* debate: the author has his letters take arms.»

da además la aventura de Don Quijote con los dos rebaños de ovejas» (122).*

Si bien estos ejemplos no me parecen especialmente convincentes, la tonalidad cervantina del cuento sí es evidente. Yo buscaría un antecedente más bien en «Rinconete y Cortadillo», específicamente con la larga escena en el patio de Monipodio, en la que alternan platónicamente discordia y armonía entre los catorce comensales. Allí también Cervantes a su vez tiene un propósito crítico, de evidente signo erasmista,[7] que expresa al final del cuento por medio de la conciencia de Rinconete:

> Especialmente le cayó en gracia cuando dijo que el trabajo que había pasado en ganar los veinticuatro reales lo recibiese el Cielo en descuento de sus pecados [...]. Y reíanse de la otra buena vieja de la Pipota, que dejaba la canasta de colar hurtada guardada en su casa y se iba a poner candelillas de cera a las imágenes y con ellos pensaba irse al Cielo calzada y vestida [*Obras completas*, 1.010].

En general, gran parte del capítulo tercero del cuento de Galdós resuena con el lenguaje y la situación del patio de Monipodio: hay un espacio cerrado, la plaza del estante, igual que el patio cervantino:

> El orador se enjugó las lágrimas con la punta de la *e*, [...] cuando le distrajo el rumor de una disputa, que no lejos se había entablado. Era que el Sustantivo *Sentido* estaba dando de mojicones al Adjetivo *Común*, y le decía:
> —Perro, follón y sucio vocablo: por ti me traen asendereado, y me ponen como salvaguardia de toda clase de desatinos [...]. Vete negro y pestífero Adjetivo, lejos de mí, o te juro que no saldrás con vida de mis manos. [...]
> —Haya paz, señores, dijo un Sustantivo femenino llama-

---

* «This description further recalls Don Quijote's adventure with the two herds of sheep.»

7. Como dice Erasmo en la traducción castellana de *El enquiridion o manual del caballero cristiano*, 1526, de Alonso Fernández de Madrid: «No pienses tú luego que está la charidad en venir muy contino a la Iglesia, en hincar las rodillas delante de ymágenes de los santos, en encender ante ellos muchas condelas, [...]» (276).

do *Filosofía*, que con dueñescas tocas blancas apareció entre el tumulto. Mas en cuanto le vio otra palabra llamada *Música*, se echó sobre ella y empezó a mesarle los cabellos y a darle coces, cantando así:
—Miren la bellaca, la sandia, la loca; [...] [454].

Si el patio de Monipodio puede volver a la armonía gracias al régimen de su caudillo, no así la comunidad palabrera del cuento galdosiano, y éste es precisamente el mensaje de Galdós: las intentonas de Prim han fracasado porque carecían de un factor unitario. Ahora que la Unión Liberal se ha asociado a las proposiciones de Ostende hay una esperanza, y Galdós se apresura a advertirlo por ejemplo negativo —igual que hará en *La fontana de oro*, *El audaz* y *Doña Perfecta*.

Por otra parte, mientras los contemporáneos de Galdós copiaban la retórica cervantina, parodiándola, con todo los respetos, sólo este joven escritor, que aquí también lo hace, llegaría a descubrir la verdadera naturaleza de la palabra cervantina, no los hipérbaton ni los «bellaco» o los «vuesa merced», tan fácilmente copiables y en el acto traicionados, sino la creación de un nuevo grado de escritura, nueva retórica para un nuevo mito.[8] En la emulación de estilo y situaciones cervantinas, en el fácil aspecto arriba mencionado, el joven escritor, no obstante, estaba ya tanteando, a ciegas y con la mano extendida, y tarde o temprano habría de topar, no precisamente con la Iglesia (no con aquel templo-diccionario), sino con palabras forajidas, endurecidas y fortalecidas en azaroso exilio. La palabra galdosiana no habrá de ser la que se guarece en la autoridad y sale a combatir desde ella (un diccionario o un orden privilegiado cualquiera), sino la que rompe lanzas contra la autoridad. Por eso, aunque su autor no estuviera todavía consciente de ello, estas palabras del cuento que acabamos de ver estaban destinadas al fracaso.

---

8. Según hemos visto, Gilman muestra cómo Galdós llegó a una comprensión profunda de Cervantes gracias a sus lecturas de Clarín y los novelistas franceses de su siglo (*Galdós*, caps. VI y VII). Ver cap. I, nota 7, de este estudio.

«La novela en el tranvía»

La conciencia cervantina de la palabra está presente también en el siguiente cuento que Galdós publica,[9] y el último que estudiaremos dentro de esta tríada de textos en los cuales Galdós hace sus primeras experiencias con el género. «La novela en el tranvía», publicado en *La Ilustración de Madrid*, II, 46 y 47 (30 de noviembre y 15 de diciembre de 1871), 343-347 y 366-367, es un cuento en el que el mundo de la ficción irrumpe en el mundo «real», aunque al final se den razones que reestablecen la verosimilitud. Esta irrupción metaficticia coincide con la presencia de lo fantástico en el cuento, si bien termina dentro de «lo extraño» (lo verosímil) según las caracterizaciones de Todorov que vimos.[10]

Argumento

Como indica José Extramiana en la introducción a su reedición del cuento, «"La novela en el tranvía"; une nouvelle oubliée de Pérez Galdós», el tema principal sería unas «réflexions sur l'imagination romanesque» (275). Un repaso de la trama pone esto inmediatamente de manifiesto. Un viajero (que es también el narrador) cruza Madrid en tranvía desde el barrio de Salamanca hasta Pozas, y en ese trayecto de ida y vuelta se convierte en un «ido» (del Sagrario), atravesando no sólo barrios urbanos, sino verdadera barriadas de la realidad y la imaginación fabuladora. Durante este viaje «las palabras de un amigo, la lectura de un trozo de papel y la vista

---

9. Así lo indica José Schraibman, «Variantes de "La novela en el tranvía" de Galdós» (163), añadiendo el nombre de Quevedo. Robert Spires también ve la doble influencia, especialmente con relación a la estructura metaficticia del cuento: "'La novela en el tranvía», pues, parece proyectar la impronta de ambos Cervantes y Quevedo, al violar el modo ficticio con la intromisión de personajes de un folletín engastado en el texto, en el mundo "real", violación posteriormente contrarrestada por la lógica de la locura temporaria del narrador [Galdós's "La novela en el tranvía", then, seems to project the imprint of both Cervantes and Quevedo by violating the fictional mode with the intrusion of characters from an embedded serial novel into the "real" world, a violation then negated by the logic of the narrator's temporary insanity]» (31).
10. En la introducción, pp. 29-33.

de un desconocido» —como nos dice el narrador— además de la incursión de un sueño extraordinario, le hacen ver dentro de la realidad el diseño de una tremenda historieta folletinesca, de manera parecida a aquella en que el «escuchador» de «Una industria que vive de la muerte» imponía el diseño de su imaginación en unos ruidos aleatorios.

El narrador-protagonista monta el tranvía en la calle de Serrano, y a continuación sube también un amigo suyo que le cuenta un chisme acerca de una condesa y su esposo incomprensivo, de su mayordomo que la chantajea y un joven amigo de la señora. Baja este chismoso y al protagonista se le caen al suelo los libros que llevaba en las rodillas envueltos en un periódico. Al romperse el envoltorio puede leer unas palabras del papel y se extraña al comprender que está leyendo la continuación del chisme. Acto seguido, entra un hombre que se le antoja al narrador igual al mayordomo. Cuando éste baja, sin que nuestro héroe le haya dirigido la palabra, se pone a pensar el viajero-narrador en la continuación del caso folletinesco. Pero se duerme y tras soñar que el tranvía navega muchas leguas debajo del mar, entre cetáceos y monstruos marinos dignos de Jules Verne, y que el tranvía sube al aire y vuela por el éter cósmico, desemboca su sueño en una historia que continúa la de marras. Al despertar, entran diversos personajes que se cuentan sucesos que se parecen, en un principio, al asunto folletinesco, pero que luego resultan no tener nada que ver. El protagonista empieza a increpar a los que entran en el tranvía, que lo toman por loco. Al final, ya en el viaje de regreso, ve al infame mayordomo caminando por la calle; baja y corre tras él y acaba en la cárcel. Por fin nos cuenta, desde un futuro relativo a los hechos narrados que, efectivamente, se había trastornado, explicando de esa manera científica aquel extraño viaje.

De lo fantástico a lo extraño

¿Cuáles son los elementos fantásticos en este relato? Hasta el capítulo XI, de los dieciocho que suma este cuento, estamos en el ámbito de lo fantástico. No podemos explicarnos la extraña aparición del mayordomo en el capítulo VI. Tampoco puede, claro está, el narrador: «Cada vez era más viva la curiosidad —nos dice— que me inspiraba aquel suceso, que al principio podía considerar como forjado exclusivamente en mi cabeza [...] pero que, al fin, se me figuraba cosa cierta y de indudable realidad» (490).

Esta ambigüedad, como ocurre característicamente en el género fantástico, se debe al uso de la primera persona que encauza y limita la visión de los hechos que comparte el lector con el narrador. El uso de expresiones de percepción («podía considerar», «se me figuraba», «creí ver») que no se atreven a definir últimamente la realidad percibida, es otro rasgo lingüístico típico del texto fantástico.

En el capítulo XI el relato da un giro y abandona la incertidumbre fantástica a pesar de que, inicialmente, el narrador nos certifica la realidad de aquellos sucesos inverosímiles: «Figúrate, ¡oh cachazudo y benévolo lector!, cuál sería mi sorpresa cuando vi, frente a mí, ¿a quién creerás?: al joven de la escena soñada, al mismo don Rafael en persona [el amigo de la condesa]. Me restregué los ojos para convencerme de que no dormía, y, en efecto, despierto estaba, y tan despierto como ahora» (492-493). La última frase («despierto estaba») es una certificación formal de que los sucesos siguientes se han de desarrollar dentro de la más diurna realidad, y le cierra al lector la «solución» frecuente de un relato soñado.

El joven que ha entrado en el tranvía con su amigo le relata a éste la continuación de la escena leída, imaginada y soñada antes. Pero en seguida se desvanece lo fantástico al entrar el narrador en contacto con los otros viajeros y percibir el lector su reacción. A la pregunta que sobre la condesa le hace el narrador al joven «Rafael» [...] una carcajada general fue la única respuesta. Los dos jóvenes, riéndose también, salieron sin contestarme palabra» (493). Por fin, se cierra el capítulo claramente fuera del ámbito fantástico, con el dictamen de cierta irascible señora inglesa: «¡Ohooh!, ¡*A lunatic fellow*!» [*sic*] (493).

También en el cuento fantástico «¿Dónde está mi cabeza?», como veremos, se nota la necesidad de la corroboración de un tercero. El héroe, que ha amanecido sin cabeza, cree verla en el escaparate de una peluquería: «¿Era? ¿No era? [...] dábanme ganas de detener a los transeúntes con estas palabras: "Hágame usted el favor de decirme si es esa mi cabeza"» (1.650). Efectivamente, el momento fantástico es un momento binario, la aparición de un tercero devasta la duda al romper la soledad epistemológica del protagonista del relato fantástico. El personaje fantástico, por ello, es tan aislado como puede estarlo un loco (piénsese en «El hombre de arena», de Hoffman, o *La piel de zapa*, de Balzac, que termina dejando a Raphael en una terrible soledad; al intentar romperla, muere). En estos relatos de Galdós, que, como vimos, son en su mayoría no-fantásticos, el aislamiento y el terror son consecuentemente infrecuentes porque Galdós suele tener otros propósitos para el tema de la imaginación y la fantasía.

Ante la imaginación

Estos dos temas son centrales en «La novela en el tranvía». Para Extramiana, la «confrontation du réel et de l'imaginaire [...] se solde par une condamnation de l'ouvre d'imagination *folletinesca*» (278). Eso, como veremos, es tan sólo parcialmente cierto. En todo caso, este cuento es una manifestación muy temprana de uno de los motivos predilectos de Galdós, el folletín y su transformación, por medio de lectores quijotescos en realidad (por ejemplo, el caso de Charo, en *Rosalía*, o Isidora Rufete o Ido del Sagrario).[11]

El narrador se refiere explícitamente al contraste entre la vida y el folletín, o entre «La novela en el tranvía» y el folle-

---

11. Sobre Charo, se puede consultar el «Estudio-epílogo» a mi edición de *Rosalía*, Madrid, Cátedra, 1983, especialmente pp. 431-436. Acerca de Isidora, ver Gustavo Correa, *Realidad, ficción y símbolo en las novelas de Pérez Galdós*, Madrid, Gredos, 1977, cap. V. Con respecto a Ido del Sagrario, bajo esta perspectiva, ver Germán Gullón, «Tres narradores en busca de un lector», *Anales Galdosianos*, 5 (1970), 75-79; Alfredo Rodríguez, «Ido del Sagrario: notas sobre el otro novelista en Galdós», en *Estudios sobre la novela de Galdós*, Madrid, Porrúa, 1978, 87-103; Alicia Andreu, «El folletín como intertexto en *Tormento*», *Anales Galdosianos*, 17 (1982), 55-61.

tín que irrumpe en ella, en una intertextualidad parodiada.[12] Al apearse el hombre que el narrador toma por el mayordomo, aquél desarrolla en su imaginación una secuela a la historieta, y comenta: «¡Oh admirable recurso del ingenio! Esto, que en la vida tiene su pro y su contra, en una novela viene como anillo al dedo. La dama se desmaya, el amante se turba, el marido hace una atrocidad, y detrás de la cortina está el fatídico semblante del mayordomo, que se goza en su endiablada venganza» (490). La trama del folletín, pues, es un cumplido compendio de tópicos del género, tópicos que para el joven Galdós no responden a «la vida» —o que, por lo menos, en ella tienen «su pro y su contra».

La confrontación entre el mundo del folletín y el cotidiano ocurre claramente cuando el protagonista interrumpe la conversación de otros dos pasajeros, que hablan del asesinato de alguien:

—Sí señor, con una taza de té, la Condesa tocaba el piano.
—¿Qué condesa? —preguntó aquel hombre, interrumpiéndome.
—La Condesa envenenada.
—[...] hombre de Dios [...]. Bah, bah, si en esto no ha habido ninguna condesa ni duquesa, sino simplemente la lavandera de mi casa, mujer del guardagujas del Norte [496].

Las lavanderas han de suceder a las condesas o duquesas en el reino de este mundo y en el de la novela. Esta «prosificación» efectuada por el mero descenso social del protagonista está conforme con las ideas que exponía el joven Galdós un año antes (1870) en la reseña que vimos en la introducción, «Observaciones sobre la novela contemporánea en España». Si bien en ese artículo el joven teórico de la novela pronosticaba que sería la clase media la heredera del realismo y no la clase obrera (recuérdese la poca gracia que le

---

12. Como indica Alicia Andreu, en el artículo citado, «según Kristeva, todo texto se construye como un mosaico de citas, todo texto es la absorción y transformación de otro texto. Para Kristeva, la "intertextualidad" es la transposición de uno o varios sistemas de signos dentro de otro, produciendo, de esta manera, la transformación de varios sistemas significantes dentro del lenguaje» (55).

hace un constructor de ataúdes, y menos su deseo de riquezas, es decir, de subir de clase social), el narrador sigue aquí la ley de mayor contraste, pasando directamente al polo opuesto de la nobleza, la clase trabajadora.

Al corregir secamente el pasajero al protagonista se nota, como dice Extramiana, una «condena» del folletín, pero a esa censura se suma, con ambivalencia, el reconocimiento de la fuerza imaginativa y seductora del género: «[...] me puse a pensar – dice el narrador— en la relación que existía entre las noticias sueltas que oí de boca del señor Cascajares [...] y la escena leída en aquel papelucho, folletín sin duda, traducido de alguna de esas desatinadas novelas de Ponson du Terrail o de Montepin.[13] Será una tontería, dije para mí, pero ya me inspiraba interés esa señora Condesa [...]» (489).

Esta problematización, precisamente, de la relación signo-cosa entre «las noticias sueltas» y la «señora Condesa», ha sido objeto de un sugerente artículo de Luis Fernández Cifuentes: «Signs for Sale in the City of Galdos». Señala Fernández Cifuentes que, junto con *La desheredada*, «La novela en el tranvía» muestra «la dispersión de los signos que habían sido sostenidos por la aristocracia, la insuficiencia de los códigos establecidos (especialmente el código de la fisonomía), y la relación precaria entre *ser* y *significado*» (294).[*]

Poner en tela de juicio el discurso en tanto literatura es también cuestionar el discurso en tanto ideología. Este cuestionamiento de la no-arbitrariedad del signo, profundamente cervantino, como es evidente, en última instancia desemboca en dos posturas relacionadas entre sí: por una parte, la insubordinación ante el discurso autoritario (pues ya no es «fidedigno»), y por otra, expresa un movimiento centrípeto de la conciencia, pues el autor de un texto que se considera a sí mismo como tal es también una conciencia que se reconoce a sí misma como tal, acto que subyace la costumbre metaficticia de Galdós y su maestro. Por ello, la postura metaficticia

---

13. Famosos folletinistas franceses, compañeros de armas de Eugène Sue y Paul de Kock.
* «[...] the dispersion of the signs that had been upheld by the aristocracy, the insufficiency of accepted codes (in particular, the code of physiognomy), and the precarious relationship between *being* and *meaning*.»

es homóloga a la introspección moral y al estudio del aparato aprehensivo de la conciencia, un acto a la vez epistemológico y ético. De ese centro subjetivo que es la conciencia propia, se tiene que pasar, forzosamente, a la conciencia colectiva, a la historia, pues la conciencia moral tiene su origen en la censura del grupo circundante. De ahí que tanto en Platón como en Erasmo y Hegel, las estructuras del sujeto individual han implicado, a veces metafóricamente, estructuras comunitarias, ciudades, sociedades. Y estas macroestructuras, claro está, se despojan de su condición metafórica para ocupar en sí la atención del pensamiento. De esa manera, la postura metaficticia implica en Galdós como en Cervantes una epistemología y una actitud ante la historia, es decir, una ideología; en ambos escritores el «juego literario» es un acto moral.

Este cuento, junto con «El artículo de fondo» (1871) y «Un tribunal literario» (1872), estudiados por Oliver en su conjunto, como «an expression of critical opinion» (*Short Stories*, cap. III), muestran a un Galdós que intenta llegar a su ficción a través de la misma; acto, como vemos, fundamentalmente introspectivo, pero potencialmente expansivo. Estos relatos, con «Una industria que vive de la muerte» y «La conjuración de las palabras», plantean algunos de los problemas, mejor sería decir preguntas, que su autor se pasaría la vida estudiando y que aparecen de manera «modular» en estas como en las demás pequeñas ficciones suyas de libre fantasía.

Capítulo III

ALAS (DEL DESEO)

El motivo de las alas y, por extensión, el vuelo, es central en la obra galdosiana, desde el vuelo icaresco de Isidora al angelical de Fortunata (Gilman, *Galdós*, 307-319), hasta el vuelo de la Madre en *El caballero encantado*. En *Fortunata y Jacinta*, se podría cifrar esta dialéctica entre dos observaciones de Ballester. En la parte cuarta, capítulo IV, el farmacéutico ha llegado a hacerle compañía a Fortunata, quien, poco antes de dar a luz, se ha retirado a una pieza alta con ventana a la plaza Mayor, regresando, como una paloma, al palomar donde, con Juanito, la conocimos. Encerrada se aburre, como ella misma piensa, «sola todo el día en esta jaula» (483). Ballester, para disculpar el no poder visitarla con la frecuencia que quisiera, le suelta a la joven una pequeña dosis de filosofía también plumífera: «[...] en este pícaro mundo, se llega hasta donde se puede, y el que, impulsado por el querer, va más allá del poder, cae y se estrella» (485). Como veremos, palabras muy parecidas aparecen al final de *La desheredada*. El otro polo se señala en un pasaje destacado por Gilman (*Galdós*, 319, n. 47) cuando Ballester y Maxi salen en coche del entierro de Fortunata:

—Era un ángel —murmuró Ballester [...].
—Era un ángel —gritó Maxi dándose un fuerte puñetazo en la rodilla [...] [651].

Las alas destructivas de Ícaro luchan por conseguir ascendencia en el mundo galdosiano con las de los ángeles y con las del mensajero pagano del amor. La imaginación letal de Isidora forcejea con la «pícara idea» de Fortunata, su idea erótica. En cierto sentido se puede ver este vuelo doble de la imaginación como esencialmente quijotesco, visto en dos momentos de la evolución galdosiana: Ícaro es el concepto que Galdós tenía originalmente de la visión del cabalgador cervantino,[1] mientras que el dios Amor es cifra adecuada para el caballero dialogante que el Galdós maduro llegó a reconocer, como vimos en la introducción.

«La pluma en el viento»

El vuelo como anhelo de conocimiento que destroza se configura en el primer cuento de esta serie, «La pluma en el viento», publicado por primera vez en *La Guirnalda*,[2] «periódico quincenal dedicado al bello sexo», según reza el subtítulo del mismo, en los números 149 (1 de marzo, 1873, páginas 25-27), 150 (16 de marzo, 1873, páginas 33-35) y 151 (1 de abril, 1873, páginas 41-43). Su segunda edición fue en el volumen de *Torquemada en la hoguera*, en 1889, donde aparece muy retocado, y esta es la versión a la que se atiene la impresión de Aguilar.

Oliver y Schulman pronto despachan «La pluma en el viento» como una evidente alegoría del inexperto joven Galdós. Para Oliver, este cuento «es la primera salida de Galdós al mundo de la fantasía pura y la contemplación metafísica

---

1. Galdós parece pensar en una imagen vecina cuando critica la literatura popular y las visiones ilusas de la política española en el artículo citado, «Observaciones sobre la novela contemporánea en España» (1870), al referirse al «hipogrifo de la imaginación», mezcla de la vehemencia barroca de Calderón y de Clavileño el alígero.
2. Según Walter Carl Oliver (*Short Stories*, 227), la primera edición se publicó en *La Revista de España*, en el volumen 19 (1872), pero un escrutinio de ese periódico no ha corroborado este dato.

del sentido de la vida, y, francamente, demuestra la timidez y falta de experiencia con que Galdós se aproximó al tema» (*Short Stories*, 227-228).*

Incluso para Montesinos, a quien Oliver cita, «["La pluma en el viento"] es un cuento fantástico que no dice más de lo que anuncia el título: las impresiones de una pluma con alma humana que revolotea por los aires y de la que el autor hace un símbolo de la vida» (Oliver, *Short Stories*, 228). Por su parte, Marcy Schulman concuerda: «En "La pluma en el viento" encontramos un ejemplo de la escritura juvenil de Galdós. Este cuento carece del humor sutil de la mayoría de las narraciones galdosianas y tiene una textura ruda y áspera. Como en *Doña Perfecta* y otras obras tempranas, su simbolismo es tan torpe como su estilo, y el lector se resiente de su previsibilidad y la seriedad con que se considera a sí mismo» (86).**

Y sin embargo... ni tan torpe es el devenir narrativo de *Doña Perfecta*, ni tan inconsecuente este relato; más bien hay en él unas paradojas generosas e interesantes iniciativas de lo que será el trabajo posterior del novelista.

La trama

El cuento narra los viajes de una pluma, llevada en brazos de su amigo el viento, desde el momento en que abandona su hogar, un sucio y aburrido corral, hasta su suicidio. Primero es llevada al campo, donde se enamora de una pastora. Luego, rechazada por la zagala, pide al viento que le lleve a la ciudad, donde se encuentra en una orgía, excitada por las mujeres ligeramente vestidas que asisten al ágape. Abochornada por sus excesos, ruega ser sacada de los restos

---

* «[...] is Galdós first venture into the world of pure fantasy and metaphysical contemplation of the meaning of life, and frankly, it shows the timidity and lack of experience with which Galdós approached the subject.»

** «In "La pluma en el viento", we find an example of Galdós' youthful writing. This story lacks the subtle humor found in most of Galdós narratives and has a rough-hewn texture. As in *Doña Perfecta* and other early works, its symbolism is as clumsy as its style, and the reader often winces at its predictability as well as the seriousness with which it takes itself.»

del festín, y acaban ella y su amiguito, el viento, en medio de una batalla. Enardecida por el marcial espectáculo, decide hacer vida militar, pero pronto es desengañada al ver los muertos y heridos y al presenciar el asesinato del rey vencedor. Luego se dirige a una iglesia, hastiada del mundo, pero huye de allí por no aguantar el silencio y la quietud absolutas del templo una vez acabada la misa. Finalmente, ordena a su amigo que la lleve a todos los rincones del universo en busca del conocimiento de todas las cosas. Pero llega a darse cuenta de que mientras más sabe, más ignora. Convencida de la imposibilidad de realizar nunca su anhelo, se cuela en un ataúd en el momento en que la tapa de la caja es cerrada, en un entierro. Las últimas palabras del relato indican a las claras su intención alegórica: «¿Acabarán con esto tus paseos, oh alma humana?».

Las variantes

Para este cotejo, utilizamos la primera edición (en *La Guirnalda*) y la segunda (en el volumen de *Torquemada en la hoguera*), la última versión que Galdós escribe. Las variantes que hemos cotejado desplazan el texto hacia una mayor erotización por medio de una creciente personificación de la pluma alegórica y de su amigo, el viento en cuyos brazos es llevada, y también debido a la interferencia de una focalización narrativa masculina.

La «humanización» de la pluma se realiza, en parte, gracias a un diálogo generalmente, aunque no siempre, más coloquial. Si la primera edición decía: «No sé cómo resisto esta vida fastidiosa» (149, 26), la segunda enmienda: «No sé cómo aguanto [...]» (173). O este ejemplo: «Vamos a ver lo que hay por esos mundos» (149, 27), cambia a «Démonos una vueltecita por esos mundos» (181). Otro caso: «Aquí he de estarme toda la vida» (150, 34), será: «Aquí he de estarme toda la vida, ¿sabes?» (184). O, finalmente: «Lo que va a haber aquí» (150, 34) aparecerá en 1889 como «La que se va a armar aquí» (188).

El contenido erótico de este cuento, relato cuyo título y

asunto parecería, por el contrario, ser perfectamente propio de una edificante revista de señoritas (recordemos que el subtítulo de *La Guirnalda* reza: «Periódico quincenal dedicado al bello sexo»), está ya presente en la versión primera, y se acentúa en la de 1889. En la edición de 1873 la pluma, al enamorarse de una pastora, dice: «¿Qué placer iguala al de pasar rozando por sus cabellos y acariciarle la frente con mis flecos? ¿Qué mayor ambición puedo tener que la de dejarme rodar por su cuello hasta parar... qué sé yo dónde, o la de esconderme entre su ropa y su carne para estarme allí *per soecula soeculorum*? Esto me vuelve loca, y de veras que estoy loca de amor» (149, 27). En la edición de 1889, leemos: «¿Qué mayor ambición puedo tener que dejarme resbalar por su cuello hasta escurrirme... qué sé yo dónde [...] para estarme allí haciéndole cosquillas *per soecula soeculorum*? [...]» (180). Vemos que el tímido verbo «esconderme» ha cedido a «dejarme resbalar» y «estarme allí» es luego «escurrirme», cambios hacia verbos de acción y roce, en vez de estancia entrometida. También la versión de 1889 añade que ha de estar haciéndole «cosquillas». El mismo sentido de mayor actividad e intento de seducción es evidente en la siguiente enmienda: «fue a posarse sútilmente [*sic*] sobre su hombro» (1873, 149, 27); «fue a posarse sutilmente sobre su hombro, y en él hizo mil morisquetas y remilgos con sus flecos» (1889, 180-181).

En la segunda viñeta, la fiesta, leemos: «[...] ellas adornadas con flores y tan ricamente vestidas, que su hermosura no podía menos de aparecer realzada con tales atavíos» (1873, 150, 33). «[...] ellas adornadas con flores, y tan ligera y graciosamente vestidas, que su hermosura no podía menos de aparecer realzada con atavíos tan indiscretos» (1889, 183). Y también «Repara en la extraordinaria belleza de esas mujeres: ¡qué miradas! ¡qué respiración! ¡qué admirable configuración la de sus cuerpos! ¡qué encantadora la contracción de sus labios, donde al sonreír, parece que se abre una puerta del cielo! Pero ¿no te vuelves loco como yo?» (1873, 150, 34). «Repara en la incitante belleza de esas mujeres: ¡qué miradas! ¡qué senos! ¡qué admirable configuración la de sus cuerpos! ¡qué encantadora risa en sus labios! Pero ¿no te vuelves loco como yo?» (1889, 184).

Las mujeres, originalmente «ricamente» vestidas, serán «ligeramente vestidas». «Tales atavíos» serán «atavíos tan indiscretos». La «extraordinaria belleza» será «incitante belleza». Finalmente, añade en la segunda versión, «¡qué senos!».

Dentro de este énfasis erótico, es significativo el desarrollo de la figura del viento, «amigo» de la pluma, precisamente el que la transporta en sus «brazos», meciéndola, subiéndola y bajándola según la voluntad de su dueña, como aquel otro viento que mece en sus brazos las horas en la plaza Mayor (*Fortunata y Jacinta*, 484). Leemos en la versión de 1873: «¡La ciencia! Aquí tenéis la vida... [*sic*] Por fin la encontré. Bendigo mis errores, [...]. Sigamos, amigo, que hay mucho que ver y mucho que estudiar» (151, 42). En la de 1889: «¡El conocimiento!, ahí tienes la vida, la verdadera vida, amigo vientecillo. Bendigo mis errores [...] llévame, amigo» (200). En la edición de 1873 el viento es llamado «amable conductor» (151, 43), en la de 1889, «amado conductor» (204). El final del cuento reza así en la primera edición: «Éste [el ataúd] se cerró y la pluma quedó dentro» (151, 43). Pero la versión de 1889 acentúa el sentimiento amoroso del viento: «Éste se cerró, y el vientecillo, que empezaba a dar revoloteos para sacarla con maña, no pudo conseguirlo, y la pluma quedó dentro» (204). En cierto sentido esta escena, reescrita tres años después de la publicación de *Fortunata y Jacinta*, parece recrear el «si viviera» de Ballester, tras volver a la tumba de Fortunata con su esposo. Sin embargo, como veremos, en «La Mula y el Buey» hay otros motivos, ascendentes, que acuden a la cita en ese entierro.

Estructura del cuento

«La pluma en el viento» tiene una estructura peripatética centrada en un impulso de conocimiento, que evoluciona desde un conocimiento sexual hacia otro intelectual o «fáustico»; por eso el tono del relato cambia, desde uno de aventura, hacia otro filosófico.

El relato está dividido en una introducción y cinco «cantos» organizados en la edición de *La Guirnalda* de la siguiente manera: Introducción y «canto primero», descripción del corral y aventura con la pastora, en el número 149; cantos segundo y tercero, la orgía y la batalla, en el 150; cantos cuarto y quinto, refugio en la iglesia y carrera fáustica, en el 151. Evidentemente, la división de un relato ya breve se acopla a las necesidades de su publicación periódica.

La introducción se adecua perfectamente al público femenino de *La Guirnalda*. El «bovarismo» de aquella lectora hipotética no podía menos de hallar resonancia en estas palabras:

> No hay para qué decir que la pluma debía de estar muy aburrida: pues suponiendo un alma en tan delicado, aéreo y flexible cuerpo, la consecuencia es que esta alma no podía vivir contenta en el corral descrito. Por una misteriosa armonía entre los elementos constitutivos de aquel ser, [...] si el cuerpo parecía un espectro de materia, el alma había sido creada para volar y remontarse a las alturas, elevándose a la mayor distancia posible sobre el suelo, en cuyo fango jamás debieran tocar los encajes casi imperceptibles de su sutil vestidura [443].

Recordemos el tópico de «caer en el fango» para ver en seguida cómo la pluma representa una figura femenina despegada sin dificultad de la literatura popular de la época. Pronto se cumplen los deseos de la pluma:

> Pero el viento sopló más recio y [...] la sacó fuera velozmente. [...] tembló toda de entusiasmo y admiración. Allá arribita el viento la meció, sosteniéndola sin violentas sacudidas; parecía balancearse en invisible hamaca o en los brazos de algún cariñoso genio. [...] ¡Esto sí que se llama vivir! [444].

Qué duda cabe que la sensación eufórica de levantarse del suelo y volar, equiparadas aquí por Galdós a la sensación de balancearse en los brazos de alguna figura masculina, se consideraría por las lectoras del periódico como gozoso antídoto a la aburrida vida doméstica —vida en la cual no era lícito, ni en el matrimonio, el placer sexual, como señala Andreu (*La mujer virtuosa*, 175). En vista del claro contenido erótico del cuento, que ya hemos vislumbrado en nuestro estudio de las variantes, no me parece ocioso recordar que Galdós no es el único en relacionar la sensación del vuelo con el mecerse en brazos de otro. En *La interpretación de los sueños*, Freud reincide en la identificación:

> Los sueños de volar o flotar —placenteros en su mayoría— reclaman interpretaciones muy distintas, peculiarísimas en algunos sujetos y de naturaleza típica en otros. [...] La íntima conexión del vuelo con la imagen del pájaro explica que los sueños de volar, soñados por sujetos masculinos, posean casi siempre una significación groseramente sensual. [...] Es curioso que Mourly Vold, investigador de gran timidez y contrario a toda interpretación, coincida aquí con nosotros en el sentido erótico asignado a los sueños de volar o flotar [...] [II, 228-229].

Esa estructura inconsciente sirve para comprender la metonimia erótica llevada a cabo por el autor de lo que podría tomarse, a primera vista, como simple cuento de salón de señoritas, en el cual volar sería únicamente simbólico de un anhelo de ascensión espiritual o moral.

En propiedad, el tema erótico aparece casi exclusivamente en los cantos primero y segundo, en los que la pluma se enamora de una pastora y luego es enardecida poderosamente por todo un grupo de mujeres, ligeramente vestidas. Lo que llama la atención en estos dos interludios eróticos es la ambigüedad de la identidad sexual de la pluma.

Si al principio, en la introducción se ha establecido una relación de amistad entre la pluma y el viento, en la cual se adjudican los papeles sexuales según los géneros de ambos sustantivos —*la* pluma, *el* viento—, pronto vemos una inquietante inconsistencia en esta simple dualidad. Ya observamos, con ocasión de nuestro estudio de las variantes, cómo la pluma es poseída por un fuerte deseo erótico ante la visión de la pastora, deseando entrar entre su ropa y su carne, para escurrirse hasta «que sé yo dónde». La reacción libidinosa de esta criatura ante las mujeres del festín es incluso más característicamente «masculina» al alabar, excitada, los cuerpos ligeramente vestidos de las mujeres, y específicamente sus senos. Evidentemente, hay una contradicción entre el personaje de la pluma, femenino, vestida con encajes, en amistad con su amigo, el viento, y este ser capaz de enamorarse de una pastora y desear recorrer su cuerpo y volverse loca con un grupo de mujeres «incitantes». El que Galdós haya permitido semejante contradicción en su relato delata una estrecha identificación entre el relato y la personalidad del autor, que se entromete y desvía el devenir del cuentecito.

La disparidad entre las dos naturalezas sexuales de este personaje carece de utilidad estética, pues tratándose de una breve alegoría, cuyo protagonista apenas tiene espacio para afirmar su naturaleza, tal mezcla de contrarios entorpece el vaivén semántico del género. En una alegoría tradicional, el texto, al nivel literal, para ser eficaz ha de carecer de ambigüedad, por eso, la dualidad incongruente del personaje de la pluma es un lapsus estético importante. Y esa incongruencia encuentra su razón de ser, ya que no dentro de las estructuras de la alegoría misma, sí perfectamente si tomamos en cuenta los significados inconscientes de su trama.

Nuestro recorrido, pues, desde el vuelo aéreo al erótico, fuertemente informado por una perspectiva extraña a la protagonista, nos deja ver que la estructura superficial de alegoría (pluma = alma humana; vuelo = vida) cede a la estructura dominante del arquetipo inconsciente. El cuento alegórico que Galdós se habría propuesto escribir se resquebraja por el sueño mitogenético de Galdós. De hecho, como señala Schulman: «Aunque "La pluma en el viento" no contiene ninguna secuencia plenamente onírica, se podría considerar la obra como un "sueño diurno" del autor» (91).*

Este motivo alado también se ha expresado comunalmente en el mito de Ícaro. Efectivamente, en este cuento se juntan tres elementos —volar, la pluma, el deseo del conocimiento fallido— que configuran el vuelo del joven griego. El

---

* «Although "La pluma en el viento" does not contain any bona fide dream sequences, one may consider the work to be a daydream of the author.»

cuarto tema de «La pluma en el viento», el impulso erótico, también está implicado en el mito, pues obedece a la misma estructura inconsciente que hemos visto señalada por Freud. Y así, el conocimiento ontológico y el sexual se implican nutuamente, como en el jardín del Edén.

¿Cuál es la relación entre «La pluma en el viento» y la obra novelística de Galdós? Para contestar a esta pregunta es sugerente la caracterización —severa y moralizante, pero que sin duda capta importantes adheridos semánticos— del mito de Ícaro que Paul Diel esboza en su libro *El simbolismo en la mitología griega:*

> Ícaro, símbolo del intelecto insensato, símbolo de la imaginación perversa, es una personificación mítica de la deformación del psiquismo que se caracteriza por la exaltación sentimental y vanidosa frente al espíritu. La insensata tentativa de Ícaro es proverbial: representa la suerte del nervioso, su estado deformado al máximo por una errónea configuración del espíritu, la locura de grandeza, la megalomanía [48].

Ya vimos cómo este mito es articulado por Ballester. Esta es también la caracterización de Isidora Rufete. Como señala Gustavo Correa en su libro *Realidad, ficción y símbolo en la novela de Pérez Galdós*, «el símbolo de las alas postizas que se desintegran al remontarse la persona a alturas que no le corresponden es evidente en la novela *La desheredada*» (275). Esa novela termina, como nos recuerda Correa, con estas palabras que respiran gran experiencia:

> Si sentís anhelo de llegar a una difícil y escabrosa altura, no os fiéis de las alas postizas. Procurad echarlas naturales, y en caso de que no lo consigáis, pues hay infinitos ejemplos que confirman la negativa, lo mejor, creedme, lo mejor será que toméis una escalera [citado en Correa, *Realidad*, 275].

A Marcy Schulman el cuento también le recuerda *La desheredada* en la descripción del aburrimiento de la pluma en el corral, al principio del relato (88). Pero lo importante aquí no es simplemente una semejanza anecdótica, sino la misma naturaleza y valor de estos cuentos de fantasía y su relación con las novelas de Galdós dentro de una genealogía creativa, pues en varios de ellos hallamos, como en éste, la prefiguración literal y plástica de futuros motivos simbólicos que informarán el desarrollo de las grandes novelas galdosianas. El afán errado, disfrazado de noble aspiración, llevará a Rosalía de Bringas y a Isidora Rufete a su ruina;[3] los flequillos delicados con que se visten —la una su cuerpo y la otra sus ilusiones— resultarán espurios, porque, al contrario de Fortunata, no podrán trocar aquellas plumas por las de un ángel.[4]

«La Mula y el Buey»

El motivo del vuelo se configura de manera positiva en «La Mula y el Buey» [*sic*] (1876),[5] y se aproxima al vuelo del sueño. Este «cuento de Navidad», como reza el subtítulo de la primera edición en *La Ilustración Española y Americana*, relata la muerte de una niñita de tres años, Celinina (nena del cielo), y de su transformación en ángel. Es por tanto, un relato «logomimético» —según el término de Koelb— puesto que dramatiza o «narratiza» un giro lingüístico, en este caso «angelitos al cielo», con el cual se intentaba disimular el ultraje de una muerte tan tierna.[6]

Argumento

Además de la natural pena que siente el padre, le duele no haber podido satisfacer el último deseo de su hija, que era la adquisición de la mula y el buey, para completar el

---

[3]. Correa nota que, además de Isidora, Gloria y Tristana cumplen el mismo vuelo quebrado (*Realidad*, 274-278), si bien me parece que los dos casos más claros de «icarismo» son los dos que quedan señalados.

[4]. Correa indica que «la condición de angelismo constituye para Fortunata la suprema meta de su existencia» (*Realidad*, 291). Por su parte Gilman nos ha hecho sentir ya no una abstracta meta de Fortunata, sino su naturaleza misma de ángel, porque así la consideran los que la aman y por el vuelo de su muerte (*Galdós*, 319).

[5]. Se publicó por primera vez en *La Ilustración Española y Americana* (Madrid), 47 (22 de diciembre, 1876), pp. 383 y 386.

[6]. Ver el capítulo II, nota 3, de este estudio.

nacimiento que, pieza a pieza, le había ido trayendo en aquellas fechas navideñas, para distraerle de su fiebre. Muerta la criatura, la vela una mujer, amiga o criada que, vencida por sus recientes vigilias, y a pesar del gran escándalo que se libra en el piso de arriba en una fiesta de Navidad, cae en un profundo sueño. En ese momento se oyen en la pieza el revoloteo de miles de alas invisibles y Celinina abre los ojos, extiende los brazos y echa un par de alitas.

El escenario cambia al piso de arriba, donde se está celebrando una fiesta, con muchos niños, la misma que oyera la mujer. De repente el nacimiento de tan rica casa, colmado de figuritas religiosas y costumbristas, empieza a desbaratarse, y tras recoger las piezas se nota la desaparición de la mula y el buey.

La siguiente escena nos presenta una multitud de ángeles en vuelo al cielo como los pájaros que, según nos recuerda Gilman, acompañan con su piar a Fortunata en su agonía (*Galdós*, 319).[7] Un ángel, mayor, al querer ayudar a Celinina, bisoña aún en este ejercicio, nota que lleva en sus manecitas dos animales de barro. La reprende a ésta y, a pesar de sus protestas («*pa* mí, *pa* mí»), la niña-ángel tiene que volver a dejarlas en la tierra.

La última escena nos lleva de nuevo a la casa en luto donde, con gran sorpresa de todos, incluyendo las mujeres que habían vestido y velado a la niña muerte, notan que tiene en sus manos, en vez de las flores de tela que le habían colocado, una mula y un buey de barro.

---

7. Además de la recreación de este vuelo en Fortunata, Galdós vuelve en seguida al motivo en *Miau* (1888). Después de haber presentado una escena muy cercana a la de la enfermedad de Celinina, cuando le colman de baratijas a Luisito enfermo, al morir su amiguito, leemos lo siguiente: «Villaamil entonó al difuntito la oración fúnebre de gloria, declarando que es una dicha morirse en la infancia para librarse de los sufrimientos de esta perra vida. Los dignos de compasión son los padres, que se quedan aquí pasando la tremenda crujía, mientras el niño vuela al cielo a formar en el glorioso batallón de los ángeles» (633). El estudio de estos cuentos pone en evidencia la naturaleza asociativa de la imaginación simbólica de Galdós, que trueca ángeles en el piar de pájaros durante la muerte de Fortunata, como vimos (parte IV, VI, XII, 536).

La estructura temporal

El argumento que acabo de resumir prospectivamente se desenvuelve en el discurso narrativo con una importante retrospección. Y esta forma temporal se acopla a la forma mimética del cuento: es decir, que la acción inverosímil del cuento empieza en el momento en que la retrospección se cierra y es condicionada por ésta.

Lo primero que llama la atención es que el cuento empiece por donde suelen terminar muchos otros: con la muerte del protagonista, ni más ni menos que con el verbo «Cesó». La muerte, sin embargo, es el inicio de dos cosas: una, la vida del alma en otro mundo, según la tradición de la fe, y otra, la continuidad de esa vida en el recuerdo y la imaginación de los supervivientes. Ambas posibilidades pueden desembocar en las fronteras de lo inverosímil.

De hecho, con el cesar de esa pequeña vida no cesa el cuento porque en seguida asume la forma de una retrospección, que está íntimamente ligada a la introspección, y de allí a la imaginación: «Mil recuerdos e imágenes dolorosas les herían [a los padres], tomando forma de agudísimos puñales que les traspasaban el corazón» (437). Son los objetos de la niña los que estimulan los recuerdos de sus padres:

> ¡Extraña alianza de las cosas! [comenta el narrador] ¡Cómo lloraban aquellos pedazos de barro! ¡Llenos parecían de una aflicción intensa, y tan doloridos, que su vista sola producía tanta amargura como el espectáculo de la misma criatura moribunda, cuando miraba con suplicantes ojos a sus padres y les pedía que le quitasen aquel horrible dolor de su frente abrasada! La más triste cosa del mundo era para la madre aquel pavo con patas de alambre clavadas en tablilla de barro, y que en sus frecuentes cambios de postura había perdido el pico y el moco [438].

Evidentemente, no lloran aquellos pedazos de barro, sino los padres. Notamos, pues, que la conciencia de los sujetos se proyecta sobre los objetos circundantes, provocada por el dolor intenso de aquella muerte. De allí a soñar o a fantasear hay sólo un paso. De manera que la reacción de los padres se presenta agudamente mediante sus recuerdos, por medio de sus conciencias que echan una mirada a su hija en el único sitio donde todavía vive, su memoria. Y esta estructura temporal prepara el estado de subjetividad desbordante propicia para las informaciones de la fantasía. En este sentido, Oliver acierta al apuntar en su tesis doctoral que la retrospección ahonda la emoción lírica del relato (281), pero se confunde, nos parece, al caracterizar el punto de vista del cuento: «El punto de vista —señala— es sencillamente el de un narrador omnisciente que siente la tragedia con los padres» (281)* La voz narrativa es la del narrador omnisciente, pero el punto de vista es frecuentemente el de los padres, gracias a una importante focalización interna del discurso narrativo. De esa manera se problematiza el punto de vista, lo que propicia la modalidad fantástica.

El relato prosigue con un «re-cuento» de los sucesos que precedieron a la muerte de la niña. Los apartados III a V revelan la razón por la especial angustia del padre, su incumplimiento del último deseo de Celinina. A partir del apartado VI volvemos al presente, y entonces comienza la narración inverosímil, como si el re-encuentro con la muerte de la niña, con el hecho actual de su cadáver pequeño, obligara a un desvío por el campo de la imaginación.

El sueño de la mujer no produce monstruos

La frontera entre realidad y fantasía es difuminada por el narrador, aunque al principo pudiera parecer lo contrario. Detengámonos en el pasaje en que irrumpe lo inverosímil en el cuento:

> Desde la sala donde estaba la niña difunta, las piadosas mujeres que le hacían compañía oyeron espantosa algazara, que al través del pavimento del piso superior llegaba hasta

---

* «Point of view is simply that of an omniscient narrator who feels the tragedy with the parents.»

ellas, conturbándolas en su pena y devoto recogimiento. Allá arriba, muchos niños chicos, congregados con mayor número de niños grandes y felices papás y alborozados tíos y tías, celebraban la Pascua, locos de alegría ante el más admirable nacimiento que era dado imaginar [...].

Hubo momentos en que con el grande estrépito de arriba parecía que retemblaba el techo de la sala, y que la pobre muerta se estremecía en su caja azul, y que las luces todas oscilaban, cual si a su manera quisieran dar a entender también que estaban algo peneques. De las tres mujeres que velaban se retiraron dos: quedó una sola, y ésta, sintiendo en su cabeza grandísimo peso, a causa, din duda, del cansancio producido por tantas vigilias, tocó el pecho con la barba y se durmió.

Las luces siguieron oscilando y moviéndose mucho, a pesar de que no entraba aire en la habitación. Creeríase que invisibles alas se agitaban en el espacio ocupado por el altar. Los encajes del vestido de Celinina se movieron también, y las hojas de sus flores de trapo anunciaban el paso de una brisa juguetona o de manos muy suaves. Entonces Celinina abrió los ojos [440].

Este desplazamiento crucial del relato verosímil al inverosímil, se jalona en tres «momentos»: el primero, completamente verosímil, que termina cuando se duerme la mujer; el segundo, de opciones o bien verosímiles o bien maravillosas, que cuenta el movimiento de las luces, los encajes del vestido y las hojas de trapo; y el tercero, contundentemente maravilloso: «Entonces Celinina abrió los ojos».

Es evidente, en la añadidura del paso intermedio, el esmero de Galdós en el momento de cruzar la frontera del decoro realista al maravilloso, no sólo porque fuera momento difícil en esas fechas positivistas, sino para mantenerse de puntillas en la raya divisoria de lo fantástico. El narrador crea ambigüedad con respecto a los sucesos inverosímiles: no establece una relación causal entre el dormir de la mujer y los eventos que siguen, ni habrá al final del cuento, al concluir la parte inverosímil, ningún despertar; sin embargo la yuxtaposición consecutiva de tocar la mujer el pecho con la barba y los sucesos maravillosos que siguen es suficientemente contigua como para permitir el salto de la chispa del dormir a lo maravilloso, convirtiendo lo maravilloso, precisamente, en un sueño, y de esa manera, admitiéndolo en el discurso verosímil. Pero puesto que el narrador no narra ese salto-puente, sino que lo aporta el lector mismo, permanece la duda suficiente en el lector como para poder considerar este momento como una breve incursión en lo «fantástico», según la caracterización de Todorov, si bien el cuento en su conjunto es más bien maravilloso.

La figura de la mujer recuerda el grabado 43 de *Los caprichos* de Goya. Ambas figuras se caracterizan por su postura sentada y su vestimenta diurna, propias del estado de vigilia, a pesar de estar soñando, con lo cual el sueño se representa como un ambiente *al que se acaba de llegar*, una zona invadida, lo que implica que su contenido está informado y condicionado por la vigilia. Así se representa también la importancia de ese sueño para la vida,. pues de ella viene. La diferencia entre ambas figuras radica en el producto de los dos sueños: monstruos en el grabado goyesco, ángeles en el cuento de Galdós, divergencia que bien pudiera señalar actitudes opuestas ante la razón y la imaginación, por lo menos a la luz de este relato. Así, para Goya, el abandono de la razón a la imaginación es negativa, mientras que Galdós celebra aquí la imaginación creadora y reparadora. La figura de la mujer y su antepasado ilustrado en todo caso podría emblematizar el cuento en su totalidad, en tanto en cuanto combina elementos de la vigilia (ropa, postura) y el sueño mismo, de manera análoga al paso en el cuento de una narración verosímil a otra inverosímil.

Por otra parte, y en relación con los sueños, los sucesos inverosímiles obedecen estrechamente a las estructuras oníricas que Freud señala en su obra seminal, *La interpretación de los sueños*. De manera análoga a la estructura de los sueños, los sucesos inverosímiles del cuento tienen una base inmediata en los eventos que les preceden en el mundo de la vigilia de la mujer. Los ruidos de la fiestas de arriba se conforman, dentro del trabajo del sueño, al ruido de mil alas invisibles. También, desde luego, este posible sueño de la «buena mujer» sería fácilmente la realización de un deseo evidente:

el que viviera la niña. Sin duda, por eso describe el narrador su dormir como «un sueño que le debía saber a gloria» (440). Y finalmente, el «sueño» sería la «dramatización» de la frase hecha «angelitos al cielo», que el narrador mismo menciona en el comienzo del cuento, mecanismo logomimético que Freud señala como frecuente punto de partida de los sueños, de la misma manera que Koelb lo señala como frecuente punto de partida de ficciones fantásticas. Explica Freud:

> [...] el sueño ve extraordinariamente facilitada la representacion de sus ideas latentes por el idioma, el cual pone a su disposición toda una serie de palabras usadas primitivamente en sentido concreto y ahora en sentido abstracto. El sueño no tiene entonces más que devolver a estas palabras su anterior significado o avanzar un poco más en su transformación de sentido [*Sueños*, II, 240].

En otra ocasión explica un sueño así: «Este sueño alcanza su objeto por un medio extraordinariamente sencillo; esto es, tomando en sentido literal, y representándola conforme al mismo, una corriente expresión figurada» (*Sueños*, II, 239). De la misma manera, el sueño inverosímil de Galdós se ha estructurado como interpretación plástica de la frase que comenta el narrador: «Allá en lo más hondo de la casa, sonaban gemidos de hombres y mujeres. Era el triste lamentar de los padres, que no podían convencerse de la verdad del aforismo *angelitos al cielo*, que los amigos administran como calmante moral en tales trances» (437) —frase que es, pues, el punto de partida tanto de la buena mujer soñadora como del narrador del relato.

Es, desde luego, en la figura del ángel donde coinciden ambos núcleos semánticos: el del cuento y el de la estructura del sueño de la mujer piadosa. Esta imagen salvadora es contrapesada por otras figuras de alas inútiles. La misma Celinina se describe en su agonía de esta manera: «Pero como cae rápidamente un ave, herida al remontar el vuelo a lo más alto, así cayó Celinina en las honduras de una fiebre muy intensa» (439); o también: «Celinina fue cayendo, cayendo más a cada hora, y llegó a estar abatida, abrasada, luchando con indescriptible congojas, como la mariposa que ha sido golpeada y tiembla sobre el suelo con las alas rotas» (439).

Esta figura alada, en su doble vertiente, aparece con frecuencia en la obra novelística de Galdós. Gustavo Correa señala su presencia en *Gloria*, *La desheredada*, y *Tristana* (*Realidad*, 274-278). Aparece, como acabamos de ver, en «La pluma en el viento» en la variante de alas destructivas. En la introducción a su edición de *La sombra*, de 1890, que incluía otros tres relatos de fantasía, Galdós reincide en la figura, pero con referencia a sí mismo:

> Nunca como en esta clase de trabajos he visto palpablemente la verdad del *chassez le naturel &* [...] se empeña uno a veces, por cansancio o por capricho, en apartar los ojos de las cosas visibles y reales, y no hay manera de remontar el vuelo, por grande que sea el esfuerzo de nuestras menguadas alas. El pícaro *natural* tira y sujeta desde abajo, y al no querer verle, más se le ve, y cuando uno cree que se ha empinado bastante y puede mirar de cerca las estrellas, estas siempre distantes, siempre inaccesibles, le gritan desde arriba: «*Zapatero a tus zapatos.*» [Shoemaker, *Prólogos*, 68].

La repetición de esta imagen, a una distancia de más de un cuarto de siglo, para describirse a sí mismo parecería indicar la importancia de este motivo en el centro psíquico creativo de Galdós. Años después, en un prólogo a *Vieja España*, de José M.ª Salaverría (1907), Galdós describe así a Gabriel Espinosa: «[...] extremadamente activo, de alma soñadora y alada, de esas que no cesan en su vuelo hasta quemar en el fuego de su gloria sus dorados matices» (Shoemaker, *Prólogos*, 88) —juntando de nuevo el sueño y las alas.

Hemos observado que uno de los valores de los cuentos de Galdós no es tan sólo el de «dramatizar» o «narratizar» giros de la lengua, como los sueños también lo hacen y como es común en los cuentos de fantasía, sino que esos giros reaparecen a lo largo de su obra, o bien como imágenes metafóricas, o bien, como en el caso de las novelas mencionadas, como estructuras absolutamente cordiales en sus más inspiradas ficciones mitogenéticas. Por eso, asombrosamente, se entregan en éste y otros cuentos de Galdós, de manera casi «plástica», un puñado de motivos del más obsesionado y por tanto insistente acervo creativo galdosiano.

Si la pluma suicida de «La pluma en el viento» llevará al mito de Ícaro y a la destrucción propia de Isidora Rufete, Celinina será el primer ángel en una larga serie, que incluirá, principalmente a Fortunata, pues por ángel la tienen sus amigos y su narrador, como vimos. En este sentido, «La pluma en el viento» y «La Mula y el Buey» representan dos variantes de la misma figura clave: en el primer cuento se trata de las alas insuficientes, y la heroína muere, como morirá el moscardón que choca contra el cielo raso en la habitación de Ángel Guerra (o como morirá la misma Celinina, entre las alas rotas de su salud física); sin embargo, en «La Mula y el Buey», las alas del espíritu, cercanas al sueño y a la imaginación, motivadas por el amor pueden volar y romper el cielo raso, tantas veces mencionado en el relato, como símbolo del límite de la conciencia, para remontarse sin caída y salvarse.

«Celín»

Salvador también es el vuelo en «Celín» (1887), su expresión más variada y transcendente. Este relato, el más largo de los cuentos galdosianos, se podría cifrar con la imagen de las alas de la libertad física, sexual, política y espiritual. En un relato donde la topografía es móvil, además del tiempo, Galdós expresa una crítica profunda a la España inquisitorial, que, según él, se había desplazado en perfecto estado de conservación hasta los finales del siglo XIX. El intento de suicidio de una joven, que podría parecer como una aberración, se muestra como lógica consecuencia de las desfiguraciones que le había impuesto su mundo, mundo del cual, en el nivel simbólico de la acción, llega a liberarse para reclamar los fueros de la vida.

«Celín» fue publicado por primera vez en «Los meses» (Barcelona, Heinrich y Cía., 1889), una colección de cuentos ocasionales. Fue incluido en la edición de *La sombra*, de 1890, y es el único de los doce cuentos inverosímiles de Galdós cuyo manuscrito completo se conoce, hallándose en la colección de la Biblioteca Nacional de Madrid con la asignatura MS 7.714. El manuscrito está firmado al final, y fechado «Madrid. Noviembre ["diciembre" está tachado] de 1887».

Argumento

En Turris, ciudad de calles, casas y río movibles, ha muerto un excelente joven, el capitán don Galaor, primogénito de la ilustre casa de Polvoranca. Su novia desconsolada, Diana de Pioz, hija de la otra gran familia de la ciudad, decide suicidarse. La noche después del entierro, la joven se viste con esmero y sale a las calles, con el firme propósito de arrojarse al río —después de encontrarlo. Rumbo a la iglesia donde acaban de sepultar a don Galaor, se encuentra con un niño «como de seis años» (404), que ella adopta como guía en esa topografía urbana, nocturna y movediza. En la iglesia donde han sepultado a don Galaor, Diana se arroja al suelo y moja la sepultura con sus lágrimas, ante la indiferencia despreocupada del chiquitín.

Salen en busca del río Alcana, «de variable curso» (399), y el niño le revela que sabe volar, subiendo y bajando por las fachadas de las casas. En esto les sorprende el nuevo día, pues el río les elude. Con la luz, Diana nota que el niño se ha convertido en un bello muchacho, y que sus andrajos picarescos se han trocado en un faldellín blanco al estilo de la Grecia antigua. Celín ríe y la guía por el campo, donde comen moras, y le da de comer a Diana del fruto del árbol del café con leche, cuyas bellotas le enseña a la maravillada señorita. Por fin dan con el río, pero en el sitio de una cantera abandonada y profundísima que, según Celín, está lleno de peces devoradores, por lo que Diana le ruega le lleve a otra parte donde pueda morir ahogada, pero no comida. Mientras tanto, Celín ha crecido más, y es un fuerte muchacho, cuyo poderoso brazo arroja piedras al río, espantándolo, y a las mismas nubes, disipándolas, ante el miedo de Diana por el acto sacrílego de disparar contra el cielo. Tras pasar el día en el campo, donde se transforma la vestimenta de Diana en una ligera túnica, Celín, un joven hombre ya, la toma en brazos y vuela con ella a la cúspide de un árbol infinitamente alto, donde Diana se duerme y sueña que su padre, senador, habla en esa asamblea, proponiendo medidas para que al río Alcana «se le amarrase con gruesas cadenas» (414). Cuando despierta la moza, ve los ojos del joven que la miran, arrobados. Siente su propia desnudez, pero no resiste el abrazo que la transfigura. Comprende que la vida es bella y que no vale la pena abandonarla porque falte de ella don Galaor. En esto, caen, rasgando ramas y hojas, hasta chocar con el lejanísimo suelo, donde ambos estallan «rebotando en cincuenta mil pedazos» (415).

Pero la escapada había sido un sueño, pues la señorita despierta en su lecho. Sin embargo, entra una gran paloma en su habitación que le informa haber sido él, el Espíritu Santo, el que le ha hecho vivir aquella aventura para que la muchacha apreciara la vida. Dicho esto, el gran pichón desaparece, «horadando la pared de la estancia en su rápido vuelo» (416).

Variantes

Así como las variantes entre la primera edición y su publicación en el tomo de *La sombra* apenas ostentan divergencias de interés, aquéllas entre el manuscrito y la primera edición impresa ofrecen unas discrepancias cuyo estudio apunta ya a los temas fundamentales del relato: órdenes de verosimilitud, discronía, ropas e identidades, sexualidad y libertad, la insubordinación ante la palabra del padre. Estos cambios se pueden considerar desde los puntos de vista estilístico y temático.

Hay abundantes correcciones léxicas que redundan en una mayor exactitud y expresividad. Así, «fanegas de ellas [perlas, que simbolizan lágrimas]» (MS, 6) se cambia por «celemines de ellas» (400); menos caricaturesca, Diana llora unos cuatro litros y medio de lágrimas, que no unos 55 litros.[8] Ciertos toques de humor añadidos por medio del diminutivo desarman algunas situaciones melodramáticas: «El [tiro] fatal» cambia a «el tirito fatal» en el manuscrito mismo (23); «Necesito morir pronto» (MS, 60) será «necesito matarme prontito» (409).

Especialmente interesante desde el punto de vista de la estructura del cuento, es el cambio de tiempos verbales que Galdós impone en la última escena, cuando Diana ha despertado definitivamente de su sueño transfigurador, pues el original reza: «[Miró] ((Mira)) en xxx y ve entonces un gran pichón que, levantando el vuelo, [y escribió] aleteó contra el techo y las paredes. Celín, Celín —dijo la niña [xxx] obedeciendo a una inspiración antes que al conocimiento. Y el pichón se le posó en el hombro y le dijo: [...]» (MS, 98).[9] La versión impresa dice así; «Mira en torno, y ve un gran pichón que, levantando el vuelo, aletea contra el techo y las paredes. Celín Celín —grita la inconsolable obedeciendo a la inspiración antes que al conocimiento. Y el pichón se le posa en el hombro y le dice [...]» (415). Galdós señala el estado de vigilia —al contrario del largo sueño anterior— con los tiempos del presente (grita, posa, dice), tiempos que actualizan y dramatizan la escena última, realzándola sobre el relato anterior, todo él sueño.

Además de estos cambios estilísticos, pueden destacarse otros de orden temático, por ejemplo la caracterización de un personaje u objeto. El río Alcana, de variable curso —y de sugerente presencia en el cuento—, tiene en el manuscrito un pequeño elemento cruel que desaparece en la versión impresa, así, el manuscrito reza «[los peces] que se distraían en

---

8. «Otras veces la corrección tiende a la mayor exactitud lingüística del lexema, como en el caso de la sustitución de "fanegas" (acaso por su vecindad con "fanegadas", que en Canarias es extensión de terreno), por "celemines" que es medida de peso, aunque también de terreno [...]», comenta Sebastián de la Nuez (186). (La paginación de la versión impresa es la de las *Obras completas*.)

9. Las normas tipográficas para todas las citas del manuscrito son las siguientes: Las palabras entre corchetes han sido tachadas en el renglón; las palabras entre doble corchetes [[ ]] han sido tachadas sobre la línea; las palabras entre doble paréntesis han sido añadidas sobre la línea. Las palabras ilegibles se representarán por tres equis. Así, tres equis entre corchetes [xxx] significa una palabra tachada en el renglón e ilegible; [[xxx]] = una palabra tachada entre renglones e ilegible; ((xxx)) = una palabra no tachada añadida sobre la línea, pero ilegible.

las [xxx] estaban perdidos» (MS, 40), mientras que en la versión posterior no hay mortandad alguna entre el reino pececil: «Los peces le seguían siempre en sus caprichosas mudanzas, y desde que se percibían los primeros acentos de aquel canto de las ninfas acuáticas se reunían en grandes caravanas, con sus jefes a la cabeza, y tomaban el portante antes que mermase el caudal de las aguas» (405). Aunque parezca trivial, este cambio es sumamente importante, pues el río simboliza en el cuento la libertad de la imaginación, y cualquier libertad, incluso la política, como veremos; por tanto era necesario borrar de sus actos cualquier efecto perjudical. Galdós se esmera por hacer de este río, que se desmadra cada día, un caudal completamente inocente, es decir, incapaz de dañar a los seres que viven en sus trémulas riberas, estipulando: «mas la misteriosa ley determinante de su curso vagabundo le imponía la obligación de no inundar nunca la ciudad» (405).

Tres nombres sufren cambios. El maese Kurda, campanero que dormita durante la visita a la iglesia donde yacen los restos de don Galaor es transparentemente «maese Curda» en el original. Ya de la Nuez (186) ha señalado que el nombre de don Beltrán (padre de Diana) era originalmente Bernardino, y que el joven fallecido en el manuscrito es don Gonzalo, y no el caballeresco don Galaor (hermano de Amadís), cambio que se consolida en el manuscrito sólo a partir de la cuartilla 94 (de 100 en total).[10] Hasta entonces el nombre de don Gonzalo se ve tachado, y «Galaor» escrito encima, pero a partir de esa cuartilla «Galaor» aparece como primera escritura en el manuscrito. Esto es significativo porque la mezcla de tiempos históricos (siglo XIX y el largo siglo de oro) es un rasgo principal de este relato, y el nuevo nombre retrotrae la inteligencia del lector del siglo de las locomotoras al de los caballeros andantes, por razones que veremos.

Hay, además, otros cambios que propician la discronía del cuento. Un cambio sutil es el de sustituir «señorita» (MS,

---

10. Años después Galdós vuelve a este nombre caballeresco. En *Torquemada en la cruz*, segunda parte, cap. XII, piensa Rafael, delante de su casa antigua, imaginándose escenas de antaño: «Me aburro, se ríen de mí; me llaman *don Galaor*...» (1.003).

4) por «damisela» (400). No sólo es arcaizante damisela, sino que evoca también el mundo de los cuentos de hadas, un mundo de tiempo y espacio plásticos y libérrimos, como este cuento. Una abrupta yuxtaposición de siglos, dentro de la misma frase, es efectuada por el siguiente cambio: «[...] escandalizaba a la siesta de los agentes de Orden Público» (MS, 30) se trueca en «[...] escandalizaban a ciencia y paciencia de los cuadrilleros de Orden Público» (404). Mientras «Orden Público» es una designación decimonónica, cuadrilleros eran los hombres armados de la Santa Hermandad de los Reyes Católicos.

Otro grupo de cambios pone de manifiesto una preocupación social y política. Ya De la Nuez citó un largo pasaje extirpado en la versión final (187), pero lo comenta tan sólo desde el punto de vista de una economía de recursos expresivos. El texto impreso reza: «Atravesó después la niña un tenebroso parque y hallóse por fin en sitio solitario y abierto» (404). La versión original es la siguiente: «Atravesó después la niña un pequeño parque, hollando las hojas de otoño que cubrían el suelo, y vio parejas en algunos bancos, entrando luego en un barrio de casas [pobres baj] a la malicia que más bien parecían chozas. [Las puertas humildes estaban abiertas, [[cerradas]], dejando por lo] Muchas puertas estaban abiertas. Por ellas vio Diana los humildes interiores. En unos ardían las lamparillas de xxx en un gran cazuelo de aceite, y se oían voces, rezando el rosario; en otras [había] ((sintió)) guitarreo y cantos báquicos. Asustóse un poco, y avivando el paso, hallóse en un sitio [xxx] solitario y abierto» (30). Si bien para De la Nuez esta supresión demuestra «que Galdós tendía a simplificar los períodos narrativos y descriptivos, condensándolos en este caso como es propio del cuento, a lo fundamental y significativo» (187), resulta esclarecedor reconsiderar tan grande supresión. El hecho es que Galdós lleva a su heroína a un barrio pobre. Este adjetivo lo tacha en este trozo luego abandonado, de manera que sufre una doble censura. Los interiores son «humildes» y la joven dama entra en aquel barrio «a la malicia»; fascinante frase adverbial que delata no sólo el miedo, sino una oscura culpabilidad. Este cuento de fantasía entraña una poderosa carga ideológica. En este sentido el pasaje siguiente, del capítulo V, sufre un cambio curioso, pues «por eso te gusta el gentío y que los trenes de Utopía y Trebisonda arrojen a millares los forasteros sobre las calles de Turris» (408), fue originalmente: «[...] arrojen a millares los burgueses [...]» (MS, 56). Este vocablo, de cierto contenido ideológico entonces,[11] sufre una supresión.

Muy importante es el cambio en la caracterización de Diana. Así, en la primera descripción que el narrador hace de ella, cuando se viste para su escapada nocturna (402) «el busto delicado» de la heroína era originalmente «el busto airoso» (MS, 20). Pero tampoco es impúber, pues Galdós sustituye la palabra niña por «joven» o «Diana», u otra cualquiera que no la infantilizara, varias veces (cuartillas 74 y 88, por ejemplo). En seguida se deja ver que estos cambios van en direcciones contrarias. Si «busto delicado» atenúa el original «busto airoso», desexualizando a la joven, las supresiones de «niña» consiguen lo contrario, pues representan a Diana más bien como sexualmente adulta. ¿Cómo se pueden comprender estos movimientos opuestos? Me parece que se debería tener en cuenta que son igualmente significativas las palabras nuevas y las viejas. La nueva indica un acto de voluntad definitiva, pero la primitiva es el equivalente de un *lapsus linguae*, un síntoma ricamente expresivo, aunque recubierto. Por eso aquella descripción abandonada («busto airoso») revela una intención erótica original, suavizada por la propia censura de Galdós; pero consciente de que su corrección ha ido demasiado lejos al caracterizar a la joven como

---

11. Señala Peter Gay: «Fueron los marxistas, después de todo, empezando a mediados de los cuarenta del siglo pasado, con *Situación de la clase obrera en Inglaterra* de Engels, quienes hicieron del vocablo "burgués" sino un monopolio suyo, desde luego un hábito distintivo del discurso socialista [It was the Marxists, after all, beginning in the mid-1840s with Engles's *Condition of the Working Class in England*, who made "bourgeois", if not their monopoly, certainly a distinctive habit of socialist discourse]» (*Education*, 19). A título ilustrativo, no deja de ser significativo que el vocablo esté ausente (de ambos idiomas) de dos diccionarios inglés-español que tengo a mano: el de J.E. Wessely y A. Gironés (Leipzig, Bernhard Tauchnitz, 1876) y el de Mariano Velázquez de la Cadena (Nueva York, D. Appleton and Company, 1852). Sin duda el sustantivo era aún algo exótico y específicamente político en el idioma español del último tercio del siglo diecinueve como, según Gay, lo fue en los idiomas alemán e inglés (*Education*, 18-21).

niña, restaura su sexualidad crucial en el cuento, caracterizándola finalmente como una muchacha púber. Por eso se toma Galdós la extraordinaria molestia de volver al manuscrito, una vez terminado el cuento, a la caza de la palabra «niña», que tacha y sustituye sobre el renglón por sustantivos característicos de una muchacha de mayor edad —enmienda que realiza un total de doce veces.

Finalmente, en el «clímax» del relato, para usar la palabra de De la Nuez (197) quien, sin embargo, no se ocupa del sentido erótico de la escena que con tal vocablo caracteriza, hay muchas tachaduras y enmiendas que configuran un verdadero tartamudeo por parte de Galdós, tartamudeo que delata un conflicto profundo. El texto definitivo reza así: «Entonces reapareció súbitamente en el alma de Diana la conciencia de su ser permanente y se sobrecogió de verse allí. La estatura de Celín superaba proporcionalmente a la de la joven. El mancebo abrió los ojos, que fulguraban como estrellas, y la contempló con cariñoso arrobamiento. Al verse de tal modo contemplada, sintió Diana que renacía en su espíritu no el pudor natural, pues éste no lo había perdido, sino el social, [...]» (415).

La versión original en el manuscrito, poseída por una indecisión marcada, es la siguiente: «Entonces reapareció súbitamente en el alma de Diana, la conciencia de su ser permanente, y se sobrecogió de verse allí. [Sentía el calor del cuerpo de Celín] [[El cuerpo]] La estatura de [era mayor que ella] [había crecido tanto que] [era proporcionalamente mayor que el de la niña, superándola en edad dos o tres años] [era mayor que el suyo. Había abierto los ojos y la miraba sereno y cariñoso] [Pero a Diana la] [Diana, al sentir el calor de] Celín superaba proporcionalmente a la de la niña» (MS, 92-93). Dos cambios son especialmente interesantes: la supresión del «cuerpo» de Celín por el menos somático, «la estatura» y, desde luego, la supresión de «el calor del cuerpo de Celín», frase de asociaciones sexuales, sobre todo tratándose de un abrazo arrobado. Sobre estos temas volveremos ahora, a partir ya del texto definitivo.

Vestirse, desvestirse

Uno de los motivos más importantes en «Celín», y que arroja luz sobre los temas que hemos alumbrado en el estudio de las variantes, es el del atuendo. Los cambios de ropa en el cuento expresan cambios en la naturaleza del relato, delatando un importante fondo político y mítico. Como veremos en el caso de «Theros», la condición alegórica de un personaje se puede ver en su ropa (Fletcher, 192), como las diferencias de etiquetación a base de objetos característicos con que las estatuas de los santos eran identificados (la parrilla de san Lorenzo, los dardos de san Sebastián, etc.). Aunque la ropa en «Celín» no cumple un papel alegórico, sí tiene un importante sentido simbólico y mítico.

La descripción de la ropa que Diana va escogiendo en la noche de su escapada, en el inicio mismo de su pequeña odisea, es sumamente detallada y deliciosa (402). En cuarenta y ocho renglones, en la edición de Aguilar, el narrador describe morosamente cada prenda: «Por supuesto, era una ridiculez salir de sombrero. Como el frío no apretaba mucho púsose chaquetilla de terciopelo negro, muy elegante; falda de seda, sobre la cual brillaba una escarcela riquísima bordada de oro. En el pecho se prendió un alfiler con la imagen de su amado. Zapatos rojos (que eran la moda entonces) sobre medias negras concluían su persona por abajo, y por arriba el pelo recogido en la coronilla, con horquilla de oro y brillantes en la cima del moño» (402). Además lleva manto y polisón. En resumen, es una señorita muy bien vestida. La decisión de no ponerse sombrero por miedo al ridículo invoca un contexto social perfectamente perfilado, el mundo de la rica burguesía con sus infrangibles leyes del buen vestir, incluso si uno —sonríe irónicamente Galdós— sale para tirarse de cabeza en el río. La relación entre ropa y costumbres la señala de nuevo al referirse al pudor, «hijo del superabundante uso de ropa que la cultura impone» (415). Nótese el verbo «imponer», en vez de cualquier otro, como «señalar», «indicar», «enseñar», de connotaciones más positivas. Oliver también ve en su detallado vestirse frente al espejo «su actitud moderna y su conciencia social» (*Short Stories*, 267).*

La ropa cumple la misión en el cuento de marcar las transformaciones de los personajes, desde tipos dentro de un contexto histórico (si bien éste vacila entre los siglos XIX y XVI y XVII), a otros que habitan un prototexto mitológico. Este cambio es acompañado por el crecimiento de Celín que, al llevar atuendo clásico, va convirtiéndose en un buen mozo. Cuando Diana advierte por segunda vez el crecimiento de Celín, le dice al que ya va siendo muchacho:

> Y otra cosa noto en ti. ¿Dónde pusiste la gorra? La has perdido, bribón. Di una cosa. ¿No tenías tú cuando te encontré unos gregüescos en mal uso? ¿Cómo es que tienes ahora ese corto faldellín blanco con franja de picos rojos, que te semeja a las pinturas pompeyanas que hay en el vestíbulo de mi casa y a las figuras pintadas en los vasos del Museo?[12] ¿No tenías tú un juboncete, con más agujeros que puntadas? ¿Dónde está? Ahora te veo una tuniquilla flotante que apenas te tapa. ¡Qué brazos tienes tan fuertes! ¡Qué musculatura! Vas a ser un buen mozo.
>
> Por entre aquellos cendales veía la joven el bien contorneado pecho del adolescente, de color rosa tostado, signo de la más vigorosa salud. [...] [409].

---

* «[...] her modern attitude and social conscience.»

12. Larga es la memoria inconsciente de Galdós. En 1868, en una reseña de *La Arcadia moderna* por Ventura Ruiz Aguilera, Galdós describe de manera semejante aquel mundo mítico, y, de paso, describe explícitamente aquella edad de oro que en «Celín» recrea simbólicamente: «Magistral por la concepción y la forma es también la composición titulada *Otra edad de oro*, en la cual el poeta coloca al lado de la "venturosa edad y siglos dichosos" el periodo de hierro u oxidado zinc que simboliza los tiempos modernos. Se observa en esta obra el singular contraste que forman nuestros hábitos [¿costumbres, ropas?] con aquella era feliz que existe tan sólo en las acuarelas del siglo pasado, en las porcelanas de Sévres, en los candorosos cuadros de Watteau y en los pasajes romanescos de Nicolás Poussin. Comparad aquellas confusas nociones de la propiedad, aquel socialismo feliz con las prolijas teorías de lo *tuyo* y lo *mío* [*sic*] tan opuestas hay al plato común de aquellos días [...]» (*La Nación*, [9 de enero de 1868], en Shoemaker, *Los artículos de Galdós en «La Nación»*, 374). También el cuerpo de Fortunata, en la mirada de Maxi, «desnudo o a medio vestir» le provoca recuerdos de la cultura imaginista: «parecía una figura de otros tiempos; al menos, así lo pensaba Rubín, que sólo había visto belleza semejante en pinturas de amazonas o cosa tal» (II, II, IV, 179).

Celín no sólo ha crecido, sino que ha sufrido un cambio cualitativo, de esencia. No es ya un picaruelo más o menos cervantino o velazqueño, sino un adolescente del mundo clásico, grecorromano. Y al ejecutar prodigios de fuerza física, en tal atuendo, recuerda a veces la figura de Hércules, a veces Amor, De manera que la nueva —y menor— ropa señala un acercamiento al mundo de los mitos clásicos que, como veremos, informan el cuento, en una sugerente combinación con el mito del pecado original del Antiguo Testamento.

Pero esa ropa también lleva a los personajes a una libertad corporal que los aproxima a la naturaleza, cuando, por ejemplo, Diana, descalza, mete su pie deliciosamente en los charcos. La aproximación a la naturaleza conduce a la experiencia sexual. De hecho, si el capítulo V se refiere a las «increíbles travesuras», el capítulo VI, en que Celín es ya un muchachito, se refiere a «retozos juveniles». Esta progresión recuerda a otra Madre Naturaleza; pero a diferencia del mundo novelesco de Pardo Bazán, como veremos, los jóvenes amantes del cuento galdosiano no sufren castigo, sino que más bien consiguen la salvación de la joven.

Diana también pierde su elegante atuendo, quitándose primero el manto y luego : «Ni ella misma podía decir en qué punto y hora lo hizo; pero ello es que zapatos y medias desaparecieron y Dianita gozaba extraordinariamente agitando con su blanco y lindísimo pie el agua de los charcos» (412). Luego, «de repente notó increíble novedad en su atavío. Recordaba haberse quitado botas, medias: pero su chaquetilla de terciopelo con pieles, ¿cuándo se la había quitado? ¿dónde estaba? [...] La señorita se vio el cuerpo ceñido con jubón ligero, los brazos al aire, la garganta *ídem per ídem*. [...] Su falda se había acortado.

»—Mira, hijo, mira: estoy como las pastoras pintadas en los abanicos» (412). Igual que Celín, ella ahora lleva la clásica túnica, que, igualmente, asocia con el arte decorativo. Las palabras siguientes van más lejos, y señalan un motivo escondido en estos cambios de vestimenta:

> La verdad es que no comprendo cómo usa botas la gente ilustrada. ¡Qué tonta es la gente ilustrada, Celín! ¡Cuán agra-

dable es posar el pie sobre la hierba fresca! Y allá, en Turris, usamos tanto farala inútil, tanto trapo que sofoca, además de desfigurar el cuerpo [...] desde luego se me figura que estaré bien, mejor que con las disparatadas invenciones de las modistas de Turris [412-413].

¡Qué cambio ha dado Diana! Ahora desprecia toda esa ropa que con tanto deleite y conciencia social se había «armado» pieza a pieza, como un caballero antiguo se armara para ir a luchar. Pero igual que Cervantes ridiculiza la sociedad que todavía veneraba, aunque ya no usaba aquel caparazón metálico que él recubre con la lepra del hollín y que era la concretización de una identidad histórica, Galdós remite contra la tiranía de la moda, sintiendo en ella una opresión no sólo física. Así, cobran sentido caracterizaciones negativas como «desfigurar el cuerpo», y «oprimida cintura».

El motivo de la opresión cultural expresada en la ropa moderna es frecuente en Galdós. Chad Wright lo estudia en *Tormento* («"La eterna mascarada hispanomatritense": Clothing and Society in *Tormento*»), donde cita a Caballero en absoluta concordancia con nuestra interpretación del atuendo en este relato: «Zapato de la Sociedad me aprietas y te quito de mis pies» (30). En vista de este motivo, cobra sentido la larga introducción a *Fortunata y Jacinta* que, como apunta Gilman, cuenta las peripecias de una «dinastía dedicada al [...] decoroso y elegante recubrimiento de la vida humana» (*Galdós*, 311). Como veremos, reincide de manera explícita en el tema y su significado simbólico en *La incógnita*.

El atuendo pastoril que asumen Diana y Celín proviene no de la tradición pastoril del siglo XVI, sino de la refracción de esa tradición en el *Quijote*: es decir, está cargada de un propósito ideológico. Igual que Marcela y Grisóstomo, y el deseo de Sancho al final de la gran historia, lo pastoril en el cuento de Galdós es una alternativa a la edad de hierro en que viven sus contemporáneos. Frente a esta edad de viaductos y caminos de hierro, de progreso a la vez que miseria materiales, desigualdad e hipocresía, Diana y Celín irrumpen precisamente en aquella edad de oro que el caballero novel invoca ante los cabreros admirados, sin «tuyo ni mío». En esa edad pastoril, como en la vida nueva de Diana, los árboles entregan sus frutos sin necesidad de cultivo, lo que representa una contradicción del castigo edénico, y las doncellas, vestidas ágilmente, libres de movimiento, no tienen nada que temer. Marcela, como Diana, hija de padres ricos, se despoja simultáneamente de ropas y costumbres cotidianas, en las que su padre esperaba ofrecerla al que más le convenciera y fuera también hombre de posibles. En su ropa de pastora, Marcela proclama: «Tengo libre condición, y no gusto de sujetarme» (primera parte, cap. XIV, 1.266). Como veremos a continuación, así como las hogueras de la Inquisición quedan excluidas de ese recinto libre cervantino, Diana también las ha de olvidar en su recreo extraordinario.

Galdós repite esta mirada al capítulo XIV de la primera parte en su novela *La incógnita*, fechada en noviembre de 1888 y febrero de 1889, es decir, coetánea prácticamente con «Celín» (fechado en noviembre de 1887, y publicado en 1889). En la novela don Carlos Cisneros hace el papel de Don Quijote, y despotrica contra su siglo (XIX) «edad de hierro más árida que ninguna otra edad y más antipática y pedestre» (696). Allí también reincide en el comentario sobre el atuendo, pues critica que la industria se haya desarrollado «para establecer el hambre allí donde reinó la hartura, implantar la tiranía de la ropa», etc. (696).

Lo que sigue podría considerarse como un comentario directo, argumentativo, sobre lo mismo que Galdós representa en imágenes en «Celín»:

> Y ¡qué trajecitos usamos! ¡Parece que nos vestimos no para engalanarnos, sino para disimular lo deforme y enteco de nuestros cuerpos jimiosos! ¡Y qué costumbres tan necias, y qué idiotismo en las relaciones de los sexos! [...]. Quiero la libertad, no estas libertades que son como la disciplina de un cuartel, y que le obligan a uno a andar a compás, a uniformarse [...] sino la verdadera libertad, fundada en la Naturaleza: [...]. Quiero que se vaya con mil demonios toda esta corrección grotesca y policiaca que mata la personalidad, [...] ahoga el producto de la fantasía, la imagen [...] [696].

Aquí Cisneros toca explícitamente los puntos que vamos discerniendo precisamente en «Celín». Critica la ropa como metáfora de unas convenciones sociales (la frecuente yuxtaposición de los dos órdenes es virtualmente metonímica) y aboga por la libertad, igual que Galdós lo hace en «Celín» por medio precisamente no del argumento, sino de la «fantasía, la imagen». De hecho, lo que Cisneros dice parece una descripción del proceso fabulador de los cuentos de fantasía galdosianos, y de éste en particular: «Os he argumentado de un modo parabólico, única manera de que podáis comprenderme, almas cándidas» (696). Luego termina atacando el orden moral e ideológico y —claro está— su expresión metafórica, la ropa de su siglo: «¿Creéis, hijos míos, que el autor del *Cantar de los cantares* habría *compuesto* [sic] este delicioso poemita si, en vez de andar con las piernas al aire, hubiera gastado pantalones? [...] lo que hay es que sois unos pobres idiotas, educados en las teorías de la enseñanza oficial [...]» (697).

Las observaciones del mitólogo J.J. Bachofen (1815-1887), a quien hemos de volver en el estudio de «Theros», hacen explícitas estas implicaciones galdosianas sobre la ropa. Bachofen relata, resumiendo a Herodoto que, como expresión de la represión social y jurídica de la mujer ateniense, se le obliga a abandonar la túnica corta y abierta del estilo dórico, y se le impone los largos linos del estilo jónico: «El cambio en la indumentaria va acompañado de una transformación en las relaciones en los lugares de las atenienses [...] El cambio de la indumentaria dórica por la jónica representa un importante paso en esta evolución. Dicho cambio permite su reconocimiento externo, aunque él mismo constituye su causa. La elevada y, casi prepotente posición de la mujer doria, poseedora de un dominio masculino, halla su expresión en sus vestidos abiertos, que permitían los movimientos libres» (131).* Y describe aquel vestido de ma-

---

* «The bearing of this narrative on the social position of the Athenian matron is clear. The change of dress is accompanied by a change of status. [...] The exchange of Doric for Ionian dress marks a decisive step in this development; it is not a cause but an outward indication. The dominant position of the Doric woman was reflected in their dress, which concealed little and favored freedom of movement.»

nera muy parecida al nuevo atuendo de Diana: «[...] descubrían sus piernas, carecían de mangas y estaban abrochados en los hombros. Estos ropajes fueron tachados a menudo por los jonios de desnudez indecorosa. Con el cambio de este traje dorio por el jónico, que oculta con cuidado la figura femenina tras largos vestidos ondulentes de lino cubriendo sus hombros con mangas, se consuma un retorno del sexo femenino desde la anterior publicidad y masculinidad hasta aquella reclusión y subordinación que caracteriza a ciertas costumbres orientales [...]» (131-132).* La nueva desnudez de Diana está exenta de vergüenza, como nos indica el narrador: «Lo más particular era que Dianita sentía su corazón lleno de inocencia, y no le pasó por la cabeza que era inconveniente mostrar parte de su bella pierna a los ojos de su amigo. El recato se conservaba entero e inmaculado en medio de aquellos retozos inocentes, antes condenados por la civilización que por la Naturaleza» (413). Esta actitud ante el cuerpo es idéntica a la que Bachofen señala al citar a Plutarco: «La desnudez de las vírgenes no era ignominia en modo alguno, pues ella iba siempre acompañada de pudor y les estaba prohibida la lascivia. Representaba para ellas mucho más, un gusto por la sencillez y un gran esmero en el decoro externo» (133-134).** Y Galdós subordina el pudor social al natural, pues aquél es «hijo del superabundante uso de ropa que la cultura impone» (415). Galdós es perfectamente consciente de esos usos clásicos y los celebra, al contrario de Nicolás Rubín, quien también los conoce, como sabemos cuando alecciona a su pupila: «Diránle a usted que el amor y la hermosura física son hermanos y le hablarán a usted de Grecia y del naturalismo pagano. No haga usted caso de patrañas, hija mía; no crea en otro amor que en el espiritual [...].

---

* «It was sleeveless, held together at the shoulders by clasps; it left the thighs bare and altogether disclosed a nudity which struck many of the Ionians as indecent. The exchange of the doric dress for the radically different Ionian costume, with its pleated linen robes that well concealed the body and clasps that held together the slitted sleeves, implied a return of womanhood from virile public life to the obscurity and subservience which characterize Oriental customs [...].»

** «There was nothing shameful about the nakedness of the virgins, for they were always accompanied by modesty and lechery was banned. Rather, it gave them a taste for simplicity and a care for outward dignity.»

Sostener otra cosa es renegar del catolicismo y volver a la mitología... Esta es la cosa» (216) —justo «la cosa» que hace Galdós en este espléndido cuento.

Alas de Eros

La libertad de movimiento va acompañada por el goce natural del cuerpo. Este cuento representa el florecer de la conciencia erótica de Diana, libre de restricciones impuestas por una moral sexual a la vez mojigata y perversa. Cuando empieza el cuento, se nos presenta a una damita que, además de haber asumido la moda indumentaria de su tiempo, como vimos, con todas sus tiranías, ha también internalizado la moral convencional burguesa y católica hacia el cuerpo: «Por su inexperiencia del mundo y por su educación puramente idealista, por la índole de sus gustos y aficiones artísticas y literarias, hasta la fecha aquella de su corta vida Diana consideraba la humana existencia, en su parte más inmediatamente unida a la naturaleza visible, como una esclavitud cuyas cadenas son la grosería y la animalidad. Romper esta esclavitud es librarnos de la degradación y apartarnos de mil cosas poco gratas a todo ser de delicado temple» (401-402). Estas últimas palabras, reflejo del pensamiento de Diana, quedarán totalmente superadas por su historia de descubrimiento, en el sentido textil y epistemológico.

Es otra Diana la que se deja estrechar por Celín: «no quería mirarle; mas la misma voluntad de no verle la impulsaba a fijar en él sus ojos, y el verle era espanto y recreo de su alma. En esto Celín la estrechó más, y ella, cerrando los ojos, se reconoció transfigurada. Nunca había sentido lo que entonces sintiera, y comprendió que era gran tontería dar por acabado el mundo porque faltase de él don Galaor de Polvoranca» (415).

La figura del árbol y la fruta del árbol de café con leche, que Celín le da a la muchacha, recrean el mito del Edén —pero con una crucial diferencia. Si bien Pardo Bazán, como mencionamos, reincide en el mismo mito en *La madre naturaleza*, acatando su lógica moral, mediante la cual el goce sexual y el conocimiento son transgresiones que incurren en un terrible castigo,[13] Galdós reivindica la antigua historia como un acto de liberación: el conocimiento no lleva al castigo, sino a la plenitud de la vida, o en otras palabras, comer del árbol de la ciencia en el Edén galdosiano conlleva también comer el fruto del árbol de la vida, al contrario del relato bíblico. Como en el caso del mito de Pigmalión, que Galdós reconoce en varias novelas suyas cambiando el final feliz y así revelando su esencial tiranía, aquí Galdós descubre en el mito bíblico su germen positivo y liberador, rechazando la «historia oficial». Invierte el discurso patriarcal (el «No» del Dios-Padre)[14] que se configura en el mito, y restaura la plenitud que «la ley» ha tenido que humillar para mantenerse. Al abrazo, sigue la representación simbólica del himen rasgado:

---

13. Del mismo año en que Galdós fecha «Celín» (1887) es esta novela, donde se relatan los amores incestuosos de Perucho y Manuela, incitados por la naturaleza concebida como fuerza ciega, más bien «madrastra» como piensa Gabriel Pardo al terminar la obra. La escena homóloga de esta novela a la escena de amor en «Celín», en la copa del árbol, es parecida. Igual que en «Celín», la escena ocurre en una especie de «nido» vegetal: «Acercáronse al roble [que recuerda el árbol de la ciencia], cuyo ramaje horizontal y follaje oscurísimo formaban bóveda casi impenetrable a los rayos del sol. Aquel natural pabellón no se estaba quieto, sino que la purísima y oxigenada brisa lo hacía palpitar blandamente» (208). Como Celín, Perucho es de una hermosura clásica: «¡Con qué indisciplina encantadora se esparcían por la frente o se agrupaban en la cima de la cabeza [sus bucles], haciéndola semejante a las testas marmóreas de los dioses griegos!» (210). También, en estrecho contacto, se acarician con los ojos: «De vez en cuando, a un leve estremecimiento del follaje charolado del roble, a una caricia más viva, más nerviosa y eléctrica de los dedos de Manuela, Pedro entreabría los párpados, y su mirada clara y azul se cruzaba con la de aquellas pupilas negras, quebradas y enlanguidecidas a la sazón, que lo devoraban» (210-211).

14. En lo que sigue, me refiero a esa «historia oficial» con la figura metafórica del padre, representante simbólico del poder político, ético, cultural y de la internalización de ese poder en nuestra propia conciencia. Freud fue el primero en dilucidar este sentido metafórico del padre, ya desde *La interpretación de los sueños* en relación a *Edipo Rey*. En *Tótem y tabú* y *Moisés y monoteísmo* postula la existencia de un padre primordial, con usufructo sexual de las hembras todas, hasta su muerte a manos de sus hijos. En su *Nueva introducción al psicoanálisis* relaciona estrechamente la figura del padre y la estructura que él designa como el «super yo» (véase el capítulo III, especialmente). Jacques Lacan resume y desarrolla la metáfora de Freud en *Écrits*, donde explica: «C'est dans le *nom du père* qu'il nous faut reconnaître le support de la fonction symbolique qui, depuis l'orée des temps historiques, identifie sa personne à la figure de la loi» (157-158). Freud, desde luego, no escoge la metáfora del padre arbitrariamente, sino que, como señala Lacan, ésta se le ofrece innumerables veces en los productos culturales de nuestra civilización occidental, para no decir nada de los sueños y asociaciones de sus pacientes. Quizás la representación más clara de esta fun-

Y al decir esto, ambos vacilaron sobre las ramas y cayeron horadando el follaje verde. [...] Las ramas débiles se tronchaban, doblándose otras sin hacerles daño, y la masa de verdura se abría para darles paso, como tela inmensa rasgada por un cuchillo [415].

Y termina con la descripción del sincrónico orgasmo: «Diana empezó a desvanecerse con la rapidez vertiginosa, y al caer a tierra..., ¡plaf! ambos cuerpos se estrellaron rebotando en cincuenta mil pedazos» (415). Esta caída representa literalmente la «caída» de Adán y Eva en el pecado, imagen logomimética que se halla presente en la conciencia, como comenta Freud: «Cuando una mujer sueña que "cae", suele esto tener, casi siempre, un sentido sexual. Con ello se convierte en una "mujer caída"» (*Sueños*, II, 45). Y añade luego: «Cuando el sujeto es femenino no presenta su interpretación la menor dificultad, pues aceptan siempre el sentido simbólico corriente de la caída, o sea la entrega a una tentación erótica» (*Sueños*, II, 229-230). Dicho sea de paso, la figura volátil de Celín, y, en especial, su identidad con un pájaro son inequívocos símbolos del pene. Como comenta Freud: «La íntima conexión del vuelo con la imagen del pájaro explica que los sueños de volar, soñados por sujetos masculinos, posean casi siempre una significa-

---

ción simbólica es su expresión literal en el libro de *Éxodo*, donde leemos: «Y dio a Moisés, como acabó de hablar con él en el monte de Sinaí, dos tablas del testimonio, tablas de piedra escritas con el dedo de Dios» (Éxodo, 30, 18). El Dios-Padre establece con su verbo (y su dedo fálico) la ley para la humanidad.

Esta metáfora es útil para el estudio de «Celín», no sólo porque este cuento al nivel simbólico expresa una rebelión ante esa ley, sino también tomando en cuenta el nivel literal, pues el padre de Diana une en su figura su función de engendrador putativo y de legislador, siendo, como es, miembro del Senado de Turris.

Por último, no sorprende la pertinencia de esta perspectiva para el maestro de Galdós, pues, como lo demuestra Maurice Molho, el *Quijote* es, entre otras cosas, el esfuerzo constante de Cervantes por borrar su paternidad, como dice en el prólogo al *Quijote*, que cita Molho: «Yo, aunque parezco padre, soy padrastro de Don Quijote», («El nombre tachado», 3). Aunque Molho no lo diga, el nombre que tacha es precisamente el lacaniano (y freudiano) «nombre-del-padre». O, para decirlo en términos bakhtinianos (ver *The Dialogic Imagination*), una vez elidida la voz autoritaria se hace posible el «diálogo» de voces en libertad del discurso polifónico, lección cervantina fundamental para su más grande discípulo. Lo útil de la metáfora paterna, tanto para referirse a estructuras del inconsciente, como a las leyes públicas de nuestra cultura, como a una estructura narrativa, es precisamente que implica los tres órdenes, psíquico, cultural y formal, interrelación que me parece fundamental en el estudio de la literatura.

ción groseramente sensual. Tampoco nos sorprenderá el oír decir al sujeto alguna vez que se sentía orgullosísimo, durante el sueño, de su nueva facultad» (*Sueños*, II, 229).[15]

Lo original y característico de Galdós es el rechazo del oprobio moral que la caída invoca en la cultura judeocristiana y, desde luego, en la cultura católica y burguesa de los dos últimos siglos que, como vimos, contaba entre sus filas a Nicolás Rubín. Este orgasmo simbólico revindica la sexualidad femenina, y, en última instancia, también la del hombre. Piénsese en la pobre doña Paulita Porreño, y en María Egipcíaca, mujeres evidentemente desfiguradas no por sus ropas, pero sí por la supresión de su vida sexual, lo que en el mundo de Galdós desembocaba o bien en la locura, o en un misticismo espurio. Como le dice Nazarín a Beatriz, quien sufre unos extraños síntomas psicosomáticos después de ser abandonada por su novio, el Pinto: «Pues eso —dijo Nazarín— [como lo diría Charcot, a quien Fidela invoca en *Torquemada en el Purgatorio* (I, V)] no es brujería ni nada de demonios; es una enfermedad muy común y muy bien estudiada que se llama *histerismo*» (1.716).[16]

---

[15]. Además de este significado, dentro del nivel de la alegoría erótica del cuento, la paloma, como nota John T. Irwin, tiene un simbólico sentido fálico en la historia evangélica: «En la tríada cristiana, aquel término fálico intermediario mediante el cual el poder de generar vida espiritual se transmite no es el Hijo, sino el Espíritu Santo [...] su poder fálico se muestra en la fecundación espiritual que ocurre en Pentecostés, *y en la representación fálica de la tercera persona como paloma* [subrayado mío] [In the Christian triad, that phallic intermediary term whereby the power to generate spiritual life is transmitted is not the Son, but the Holy Spirit [...] his phallic power is shown in the spiritual fecundation that takes place at Pentecost, and in the phallic representation of the third person as a dove]», en («The Dead Father in Faulkner», en *The Fictional Father: Lacanian Readings of the Text*, 166). Irwin cita a Guy Rosolato (*Essais sur le symbolique*, Paris, Gallimard, 1969), quien nos recuerda que la cruz de Cristo coincide simbólicamente con el árbol de la vida, y que es el Espíritu Santo quien relaciona los dos entre sí (*Essais*, 80); es el sentido que el cuento mismo ofrece, pues si Celín le da a Diana de comer del árbol de la ciencia, también —al contrario de la historia bíblica, como vimos— la lleva precisamente al árbol de la vida al final del cuento, y al librarla de culpa (porque no sufre castigo Diana, al revés) el árbol del cuento es también la cruz, que borra el pecado original.

[16]. Jean Martin Charcot (1825-1893) había identificado la etiología sexual de lo que se llamaba «histerismo». En 1886, en una recepción del maestro francés, su joven estudiante Sigmund Freud oyó a Charcot argüir que una paciente debía sus desórdenes nerviosos a la impotencia de su esposo. «Mais dans des cas pareils —insistía— c'est toujours la chose génitale, toujours... toujours... toujours» (Gay, *Freud*, 92). Como vimos, Galdós lo menciona en *Torquemada en el purgatorio* (1.028).

La importancia de la caída del árbol de los amantes es destacada por la irrupción del cronista de este relato, Gaspar Díez de Turris, que aparece al principio y al final del episodio crítico, enmarcándolo. Este cronista oficial de las dos ilustres casas de Polvoranca y de Pioz, cuyo texto transfiere cervantinamente el narrador, ha hecho acto de presencia en varias ocasiones a lo largo del cuento. Algunas veces el narrador se avala del cronista para quitarse importancia en algunos pasajes de agudo ingenio, o de especial eficacia imaginista, achacándole la gracia. Por ejemplo, al principio, cuando Diana llora sobre la tumba de su novio recientemente sepultado, apostilla el narrador: «[...] besó el suelo, y aquí dice el ingenioso cronista que siendo la sepultura de secano, ella la hizo de regadío con el caudal fontanero de sus lágrimas» (406). Otra función importante del cronista es el de salvaguardar el decoro de la verosimilitud del texto del narrador, pues su *inverosimilitud* se ubica en el discurso del cronista, y no del narrador: «[...] todo el documento es pura confusión en lo tocante a la cronología, como si el autor hubiera querido hacer mangas y capirotes de la ley del tiempo [...] por lo cual le entran a uno tentaciones de creer cierto runrún que la tradición nos ha transmitido referente al tal Díez de Turris; y es que después de las comidas solía corregirse la flaqueza de estómago con un medicamento que no se compra en la botica [...]» (399).

Otro testimonio del conocimiento de la relación entre sexualidad y salud mental, de 1876, es el que, negativamente, ofrece el doctor estadounidense Jerome K. Brandy, profesor de medicina psicológica y enfermedades del sistema nervioso: «*Se ha dicho frecuentemente* [subrayo yo] que la histeria se desarrolla generalmente en solteras, viudas, o mujeres que viven separadas de sus maridos y que las manifestaciones histéricas se deben a un erotismo no aliviado de los órganos sexuales. Esta idea ha hecho que *muchos escritores anteriores* [subrayo yo] aconsejen el matrimonio como medio de curar la histeria en solteras. Pero yo estoy lejos de esta opinión, y lo considero una injusticia para con muchas puras y nobles mujeres el juzgarlas equivocadamente en este respecto sólo porque son histéricas [It has often been said that hysteria is generally developed in spinsters, widows, or women who live separated from their husbands and that it is an unrelieved erethysim of the sexual organs that produces hysterical manifestations. This view has caused many older writers to advise marriage as a means of curing hysteria in single women. But I am far from concurring in this opinion, considering it an injustice to many pure and noble women to misjudge them in this respect simply because they are hysterical]» (*Lectures on the Diseases of the Nervous System*, 1876, 202), (cit. Brill, *Leonardo*, XVII). Como vemos, la función del sexo como etiología del comportamiento humano no ostensiblemente erótico era bastante conocida a lo largo del siglo XIX.

Esta razón estructural parecería suficiente para explicar los «corchetes» que en forma del cronista encierran el pasaje climáxtico del cuento. El comienzo del pasaje reza así: «Durmióse profundamente, y, cosa inaudita, el sueño la llevó a la olvidada realidad de la vida anterior. Díez de Turris dice que en este pasaje no responde de la seguridad de su cerebro para la ideación ni que funcionaran regularmente los nervios que transmiten la idea a los aparatos destinados a expresarla: ¡tan extraño es lo que refiere!» (414). Y se cierra de nuevo con la aparición del cronista:

> [...] ambos cuerpos se estrellaron rebotando en cincuenta mil pedazos.
> Al llegar aquí, Gaspar Díez de Turris suelta la pluma y se sujeta la cabeza con ambas manos; su cráneo iba a estallar también. En una de las manotadas que el exaltado cronista diera poco antes derribó al suelo con estrépito media docena de botellas vacías que en su revuelta mesa estaban. El chasquido del vidrio al saltar en pedazos le sugirió sin duda la idea de que los cuerpos de Celín y Diana habían rebotado en cascos menudos como los botijos que se caen de un balcón a la calle. Luego se serenó un poco el gran historiógrafo y pudo concebir lo que sigue: [...] [415].

Si bien es evidente que este marco metaficticio sirve para salvaguardar el decoro de la verosimilitud al nivel del narrador (y del autor), no menos cierto es su importancia como síntoma del contenido subversivo, ideológicamente hablando, del pasaje en cuestión, y por ello, de todo el cuento, cuya función es principalmente preparar ese pasaje climáxtico. El cronista, que «no responde de la seguridad de su cerebro» (414) y despacha media docena de botellas de vino encima, es una figura estrafalaria, evidentemente separado de la «realidad» —como Don Quijote o el licenciado Vidriera. Pero resulta que estos héroes cervantinos dicen grandes verdades, como parece recordar un gran admirador del maestro español:[17] «Hemos de deducir, por tanto, que el sueño muestra

---

17. El adolescente Sigmund Freud formó una «Academia española» con su amigo Eduard Silberstein, llamándose los jóvenes Cipión y Berganza en sus cartas escritas en

con frecuencia una máxima sensatez allí donde más disparatado parece. En todos los tiempos han gustado de disfrazarse con los atributos de la locura aquellos que tenían algo que decir y no podían decirlo sin peligro. Aquel a quien se referían las palabras prohibidas, las toleraba mejor cuando podía reír al oírlas y mitigar su escozor con el pensamiento de que el atrevido crítico gozaba fama de loco» (*Sueños*, III, 25). Igual que Freud, Luis Martín Santos desentraña la crítica ideológica enmarascada en la locura quijotesca: «Lo que Cervantes está gritando a voces es que su loco no estaba realmente loco, sino que hacía lo que hacía para poder reírse del cura y del barbero, ya que si se hubiera reído de ellos sin haberse mostrado previamente loco, no se lo habrían tolerado y hubieran tomado sus medidas montando, por ejemplo, su pequeña inquisición local, su pequeño potro de tormento y su pequeña obra caritativa para el socorro de los pobres de la parroquia. Y el loco, manifiesto como no-loco, hubiera tenido en lugar de jaula de palo, su buena camisa de fuerza de lino reforzado con panoplias y sus veintidós sesiones de electroshockterapia» (*Tiempo de silencio*, 76).

También Galdós consciente o inconscientemente cifra su enunciado radical en el discurso de la enajenación. Este cuento es profundamente cervantino,[18] no sólo por el uso del cronista, sino porque ese cronista es también un avatar del mismo caballero de la triste figura, en cuanto oráculo, hablante ante los palurdos y los nobles irónicos que, sin embargo, se encuentran sin saber ni cómo ni por qué heridos por aquella palabra. A fin de cuentas, la literatura inverosímil coincide con la locura en el lenguaje común del inconsciente que, quebrado como la hucha de Maxi Rubín, derrama su caudal para irrumpir en la vida de la conciencia. Sin duda, como señala Freud, el público lector de Galdós habrá podido

---

español (Gay, *Freud*, 22). En la misma obra, Gay nos enseña que Freud pasaba muchas horas leyendo el *Quijote*; le hacía reír, y se lo recomendó a su futura esposa, Martha Bernays (45). En una nota a su traductor al castellano, Luis López-Ballesteros y De Torres, Freud recuerda esa afición cervantina: «Siendo yo un joven estudiante, el deseo de leer el inmortal *Don Quijote* en el original cervantino me llevó a aprender, sin maestros, la bella lengua castellana» (*Psicopatología*, 7).

18. Schulman, sin señalar estas razones ideológicas, aduce algunos parecidos de estilo y anécdota con el *Quijote* y *El licenciado Vidriera* (72 y 78).

soportar esta fábula inconformista entre risas, y en la cómoda postura lectora de quien tiene un texto escrito —evidentemente— para no ser creído.

¿Qué importancia tiene esta interpretación erótica para el ideario galdosiano, y cómo entra dentro de la economía del cuento en su totalidad?

Alas de libertad

Los antiguos, como enseña Bachofen, ya consideraban la libertad sexual y la política como «nescriamente unidas» (94). Y Gay indica, «[...] las costumbres sexuales, como ideal o como práctica, van a la quintaesencia de la política. Ser reformador de la sexualidad significaba ser crítico de la sociedad burguesa, según percibía Freud; pero, más aun, de las dictaduras ascéticas que apretaban su dominio sobre el mundo durante los últimos años de Freud» (*Freud*, 548).* Efectivamente, la expresión sexual, dentro del orden natural, implica en Galdós una verdadera liberación con importantes connotaciones políticas. Así, en este cuento que guarda una semejanza estrechísima con un sueño orgásmico, las críticas políticas y sociales son numerosas. Una de las más pertinaces es la caracterización de los espectáculos públicos que se anuncian en Turris, y que hieren la conciencia de Diana en momentos diferentes, y con resultados radicalmente distintos. El primero es, elocuentemente, un auto de fe, donde la mezcla de épocas que caracteriza este relato descubre su sentido: «En el de esta tarde achicharrarán setenta entre judíos, blasfemos, sargentos y falsificadores» (408). Para Galdós, la represión política que produjo la espeluznante ejecucción de los sargentos del cuartel de San Gil, el 22 de junio de 1866, y que permanecerá grabada en su conciencia durante toda su vida, era descendiente directa (por línea de varón, en términos de un patriarcado justiciero) del fanatismo que se

---

* «[...] sexual mores, both as ideal and as practice, go to the quintessence of politics. To be a reformer of sexuality was to be a critic of bourgeois society as Freud perceived it; but also, even more, of the ascetic dictatorships tightening their grip on the world during Freud's last years.»

cebó en tantos inocentes tres siglos antes. En el pueblo fantástico de Turris, donde se juntan épocas y calles, y donde el río se mueve campo a través, hace acto de presencia la invariable crueldad y estupidez de varios siglos de historia española. Ante esta espantosa fiesta, la primera Dianita, la que aprecia la ropa de su clase y desprecia su cuerpo de mujer, reacciona entusiasmada, sintiendo viva lástima que, a causa de la tristeza de su ánimo por la muerte de don Galaor, no podrá gozar del espectáculo: «—¡Qué tristeza me dan la animación y la alegría de Turris! La suerte mía es que no viviré esta tarde y así me libro del suplicio de la felicidad ajena» (408).

Muy otra es la reacción de aquella Diana vestida con su túnica liberadora, quien ha dejado atrás, con su ropa de señorita, aquellas espurias alegrías y tristezas. El cartel que ella y Celín hallan más adelante lee así:

> Espléndidos autos de fe en Turris los días 2 y 5 de brumario. Sesenta víctimas a la parrilla. Toros el 3, de la ganadería de Polvoranca. Congreso de la Sociedad de la Continencia. Juegos Florales. Torneo. Veladas con Manifiesto en el Ateneo. Regatas. Iluminaciones y Tinieblas. Gran Rosario de la Aurora, con antorchas, por las principales calles, etc., etc. [413].

> La lectura del cartel, despertando en la mente de la niña de Pioz algunas de las ideas dormidas, produjo en ella cierta perplejidad. Parecía que la realidad del pasado la reclamaba, disputando su alma a la sugestión de aquel anómalo estado presente. Pero esto no fue más que una vacilación momentánea, algo como un resplandor prontamente extinguido, o más bien como el sentimiento fugaz de una vida anterior que relampaguea en nosotros en ciertas ocasiones. El olvido recobró pronto su imperio de tal modo, que Diana no se acordaba de haber usado nunca zapatos [413].

Ahora sabemos por qué el narrador identifica el recuerdo de una visión del mundo anterior, en la que la niña gozaba de los autos de fe, con haber usado zapatos, como si esta prenda, sobre todo, cifrara la opresión mutiladora de una sociedad que no permitía el ritmo ligero de un andar natural.

Si antes estos carteles la entusiasmaban, ahora se siente infinitamente alejada de su reclamo, tan sólo fugazmente picada por un recuerdo efímero. En este cartel, menú de debilidades y abusos históricos y contemporáneos, aparecen promiscuamente las hogueras de la Inquisición, el engrasado guillotineo de la Revolución francesa, la mojigatería de la Sociedad de la Continencia, la beatería del Gran Rosario y hasta la posible pedantería suficiente del ateneísta. Pero semejante picante ensalada ya no provoca el alterado paladar de la heroína.

Fascinante es ver cómo un novelista igualmente crítico de nuestro siglo, y por ello profundamente galdosiano, reincide en la misma mezcla de sangres vertidas en momentos diversos de la historia nacional. Me refiero a *Señas de identidad*, de Juan Goytisolo. En el capítulo III de esa novela hay una coincidencia de planos temporales en la que se confunden 1936 y la matanza de campesinos por la guardia civil y 1958, en ocasión de una fiesta popular en la que un toro es vejado y punzado hasta morir martirizado por las múltiples cortaduras que le infligen los mozos del pueblo. La sangre de los campesinos es la misma que la del toro, y leemos: «El hombre herido en el brazo y la pierna agoniza aún, perdiendo sangre y escupiendo baba» (116), y «el toro babea y arroja sangre por la boca» (117). Para unirse definitivamente en esta frase: «Cuando el matarife lo acaba con la cuchilla los mozos se precipitan encima del cadáver, lo palpan, lo manosean como si fuera una reliquia y exhiben triunfalmente sus pañuelos manchados de sangre... El hombre que yace en el olivar, herido en el brazo y la pierna, ¿agoniza aún?» (118-119). Igual que en el cuento de Galdós, hay unos carteles que anuncian los actos de la fiesta popular:

Día 20
A las 5 de la tarde. *Gran Cabalgata Juvenil de Apertura de Feria*, con asistencia de la Banda de Música y la comparsa de Gigantes y Cabezudos

Día 21
A las 7 de la mañana, *Floreada Diana* por la Banda de Música a las 5 de la tarde, *Festejos populares* en el Real de la

> Feria a las 8, *Concierto*, por la Banda de Música en el Kiosco de la plaza [etc. etc.] [101].
>
> Día 23
> *Típico Encierro*, con ganado del acreditado ganadero Don Samuel Flores [102].

La inocencia del cartel esconde (o subraya) la crueldad inherente a esa fiesta popular, expresión de una violencia endémica, en la que se mata al padre toro en una especie de bárbara Fuenteovejuna.[19] Y ya está en Galdós esta visión y esta técnica literaria, pues no otra cosa significa el barajeo de épocas y espectáculos en «Celín» (corridas, muertes de sargentos, autos de fe) que la crítica a una historia de opresiones, historia en que Dianita se reconoce al principio, pero ante la cual, cuando la ve por segunda vez, en forma de un cartel, llega a sentir gran distancia.

No sorprende, pues, que tanto Goytisolo como Galdós coincidan con la visión histórica de Américo Castro. La predilección de Goytisolo por Castro encuentra en el capítulo III su expresión artística.[20] La afinidad de Galdós con la visión del gran historiador ha sido puesta en evidencia por Stephen

---

19. En *Moses and Monotheism*, Freud tiene algunas palabras de fascinante aplicación para este pasaje de Goytisolo al describir un grupo social primordial: «La relación con el animal totémico retenía íntegramente la primitiva antítesis (ambivalencia) de los vínculos afectivos con el padre. Por un lado, el totem representaba al antepasado carnal y espíritu tutelar del clan, debiéndosele veneración y respeto: por el otro, se estableció un día festivo en el que se le condenaba a sufrir el mismo destino que había sufrido el padre primitivo: era muerto y devorado en común por todos los hermanos (banquete totémico, según Robertson Smith). En realidad, esta magna fiesta era una celebración triunfal de la victoria de los hijos aliados contra el padre. [Instead of the father a certain animal was declared the totem: it stood for their ancestor and protecting spirit, and no one was allowed to hurt or kill it. Once a year, however, the whole clan assembled for a feast at which the otherwise revered totem was torn to pieces and eaten. No one was permitted to abstain from this feast; it was the solemn repetition of the father-murder, in which social order, moral laws, and religion had had their beginnings. The correspondence of the totem feast (according to Robertson Smith's description) with the Christian Communion has struck many authors before me]» (242).

20. Goytisolo cita con frecuencia a Castro en *El furgón de cola*, *Crónicas sarracenas*, *Contracorrientes* y *Disidencias*, entre otros sitios. Como ejemplo, con pertinentes asociaciones para el siglo XIX, sirva esta cita de su prólogo a *J.M. Blanco White: obra inglesa*, que me ha facilitado el profesor José Carlos Pérez: «Si, en la opinión de Menéndez Pelayo "el genio español muere y se ahoga en las prisiones de la herejía y sólo tiene alas para volar al cielo de la verdad católica", es lógico que cuantos piensan como él deduzcan que "Si de algo puede acusarse el Santo Oficio, es de descuido en no haber

Gilman, en su artículo «Judíos, moros y cristianos en las historias de don Benito y don Américo», en el que Gilman comenta la esencial coincidencia en una visión política de España basada en el conocimiento de su historia. Igual que Castro (y Goytisolo), Galdós halla los orígenes de violencias actuales en el pasado de su patria, que entonces como después intentó hacerse una identidad basada en la supresión de una pluralidad de voces.

En el sueño de Diana, en el gran nido en la copa del árbol, la niña ve a su padre, el senador, quien pronunciaba «un discurso en apoyo de la proposición para *el encauzamiento y disciplina del río Alcana* [sic]. El marqués pintaba con sentido acento los perjuicios que ocasionaba a la gran Turris el tener un río tan informal, y proponía que se le amarrase con gruesas cadenas o que se le aprisionase en un tubo de palastro» (414). Este párrafo expresa un antropormofismo implícito en los calificativos y los castigos que se le adjudican a la corriente: si bien unos son evidentemente fluviales, como «encauzamiento», otros muchos son castigos que sufren los hombres y no las aguas: «disciplina», «amarrase con gruesas cadenas», «aprisionase»; y, además, se le describe con un adjetivo nítidamente humano, característico ya no del hombre en la naturaleza, sino del hombre en la sociedad: «informal». Después de ver que el río se caracteriza en el sueño de Dianita como un hombre, a quien su padre quiere encadenar, queda claro lo que antes parecía un capricho más dentro de este inocente cuentecito, la intercalación del sueño de la joven justo antes de su gran «caída»: el río es la libertad humana, y también la sexualidad humana, que la sociedad y el discurso patriarcal —explícitamente definido aquí, pues su padre es también la voz del gobierno— intentan encadenar, pues intu-

---

atajado la circulación de libros que bien merecían sus vigores". Como en muchos otros dominios, las ideas esparcidas por Blanco no tuvieron la posibilidad de arraigar, y sus compatriotas debieron aguardar más de un siglo para intepretar correctamente, merced a la obra de Américo Castro, su auténtico pasado historiable» (79). Como enseña Gilman, esta trayectoria de conciencia histórica anti-inquisitorial y pluralista pasa de manera importante por Galdós («Judíos, moros y cristianos en las historias de don Benito y don Américo», en *Homenaje a Sánchez Barbudo*, 25-36). Esto llevaría a Goytisolo a hablar de «la presencia de elementos islámicos en autores tan dispares como Cervantes y Galdós [...]» (*Contracorrientes*, 13).

yen con toda la razón su tremendo poder subversivo. Ahora comprendemos por qué Galdós suprime de esta corriente mutable cualquier efecto perjudicial, tachando de su manuscrito hasta las muertes de unos pececillos abandonados por su casa-río; para Galdós este río es a la vez la imaginación y la libertad, ambas caracterizadas también en la figura del igualmente inquieto y mutable Celín.

En términos generales, vemos que si bien la movilidad temporal (siglos XVI y XIX en la misma oración) entrañaba una crítica política, también lo es cierto de la movilidad espacial, pues no sólo el río se mueve, sino la urbe entera. En el movimiento de los barrios se subraya esta crítica, pues imposibilitan la existencia de enclaves de espaldas a la miseria, como indica el narrador: «No se sabe nunca en tal ciudad, de quién uno es vecino y de quién no» (403). También Dianita, al entrar accidentalmente en un barrio pobre, «a la malicia», como vimos en el manuscrito original, representa la incursión de una conciencia anestesiada en un mundo de miseria antes simplemente inexistente para ella. Esta escapada de Diana sin duda representa, en su ritmo itinerante, como señala De la Nuez un descubrimiento de la Naturaleza (193), pero también de un paisaje social y cultural cuyo movimiento plástico sugiere otros de índoles quizás mas problemáticas.

Tiempo y espacio del mito

Este movimiento de tiempo y espacio, típico de los sueños, propicia un mundo por encima de la historia; en cierto sentido, el mundo de los mitos, que se sobrepone a la crítica específica que hemos visto, no para borrarla o trivializarla, sino para resumirla y cifrarla de una manera transcendente. Ya vimos cómo se recrea el mito bíblico del jardín del Edén, pero para criticarlo, invirtiéndolo. También hay varios atisbos de la mitología clásica. Los atuendos ya son indicativos, pues son explícitamente helénicos o romanos. Cuando Celín ve que Diana podría llevar a cabo su intento de ahogarse en el río, lo espanta a pedradas (411). Lo mismo hace con las nubes: «las nubes, heridas por las piedras, corrieron presurosas, y pronto se despejó el firmamento» (412). En este acto de temeraria bravura, así como en su musculatura poderosa, la figura de Celín recuerda la del joven Hércules quien, en una ocasión, cuando tiene mucho calor, amenaza al sol con su flecha. En otra ocasión, cuando el barco en que viajaba era sacudido por las olas, amenaza con castigar a las aguas si no se acalman, según cuenta Apolodoro. El mito clásico que más resonancia tiene en este cuento es la historia de Amor, el alado dios. No olvidamos, tampoco, que el ave de Venus era la paloma, que tan importante papel juega en la familia de Dianita, como representación del Espíritu Santo. También recordamos como cuenta Apuleyo que Psique, tras el abandono de su amor, y desanimada por las tareas que le impone Venus, quiere suicidarse por el mismo procedimiento de ahogarse en un río.

Sin embargo, el mito más importante, como vimos, es el del jardín del Edén, que aparece subvertido en el cuento, pues comer del fruto del árbol del café con leche, subir al árbol de la vida, y caer en el placer sexual, no provocan el castigo, sino la salvación. El mismo mito es recreado, con la añadidura del suicidio frustrado, por un autor a quien Galdós leyó con devoción.

Al final de *Illusions perdues*, de Balzac, Lucien, de femenil belleza, decide suicidarse por el mismo procedimiento de lanzarse a un río. Como en «Celín», aparece un trecho del río especialmente profundo: «Pendant la journeé pasée au moulin de Courtois il s'était promené le long de la rivière et avait remarqué, non loin du moulin, une de ces nappes rondes, comme il s'en trouve dans les petits cours d'eau dont l'excessive profondeur est accusée par la tranquillité de la surface [...] On devinait facilement un précipice plein d'eau. Celui qui pouvait avoir le courage d'emplir ses poches de cailloux devait y trouver une mort inévitable, et ne jamais être retrouvé» (689).

En «Celín» también se encuentra un sitio de especial hondura en el río, «précipice» lleno de agua: «—Pues como hondura no hay nada que pedir —declaró Celín, sentándose tranquilamente—. Aquí había unas canteras, de donde se sacó mucho mármol [...] Cuando viene el río y llena estas cámaras sin fin, los peces tienen ahí una condenada república [...]» (410).

Igual que Diana, Lucien encuentra a alguien en su camino que le distrae del suicidio, Vautrin —Carlos Herrera, en guisa de jesuita español. Lo fascinante del caso reside en la luz que vierte sobre la recreación galdosiana del mito del paraíso. Parangonar los dos textos, el de Balzac y el de Galdós, pone de relieve la originalidad de éste: ¡la conversión del diablo en el dios del amor y el Espíritu Santo! Para Balzac, Vautrin es precisamente el diablo, que seduce a Lucien, esclavizando su voluntad en una relación homosexual. Pero en Galdós, el diablo, que trae el conocimiento del sexo y del bien y del mal, es transformado en el dios del Amor y en el mismo Espíritu Santo. ¿Por qué? Precisamente porque Galdós rechaza el discurso patriarcal del relato bíblico: el conocimiento no es una transgresión que merece castigo.[21] No, para Galdós el conocimiento (del cuerpo, del amor, de la propia conciencia) no lleva al castigo, sino a la vida misma. Galdós rechaza, pues, aquellos elementos del mito hebreo que intentan reestablecer el dominio del Dios Padre, simbólicamente castrando, infligiendo terrible castigo al hombre. Ante la evidente realidad del conocimiento sexual, que prefigura e implica el conocimiento intelectual,[22] el mito bíblico recrea filogenéticamente la historia de cada uno de nosotros;

---

21. En su tesis doctoral, *La mujer liberada en la obra de Galdós* (University of Miami, 1974), María del Busto señala la misma subversión del mito edénico en *Electra*, donde la heroína rechaza su «pecado original» y, aunque no lo diga así, la ley del nombre del padre, pues señala «al mismo tiempo rechaza el camino que le propone seguir el que se ha erigido juez de ese pasado, y que para ella representa una "autoridad que me abruma, que no me deja respirar"» (107-108). Del Busto nota cómo, de nuevo, Galdós cambia la «historia oficial»: «Esta interpretación de Galdós parece eximir de culpa a la primera mujer, cuyo fin nunca ha sido relatado en la literatura bíblica» (108-109, nota 73). Cita también un pasaje que puede servir de emblema para «Celín»: «Dios hace estas maravillas para que el hombre las coja y se las coma [...] Pero no todos tienen la dicha o la suerte de pasar bajo el árbol [...] (monda una manzana)» (citado por Del Busto, 110). Precisamente como en «Celín», Galdós corrige el mito oficial, reivindicando los fueros de la vida como experiencia y experimento, eximiendo el conocimiento y el gozo de su terrible castigo.

22. En *Leonardo da Vinci* Freud señala la relación entre el impulso erótico y el de la investigación (371). Y en *Una teoría sexual*, amplía: «[...] el instinto de saber infantil es atraído —y hasta quizá despertado— por los problemas sexuales en edad sorprendentemente temprana y con insospechada intensidad. [(...) the instinct for knowledge

pero también refleja la conciencia de que esta experimentación es subversiva y por tanto hay que aliarla con el dolor y el castigo, para que el ejemplo que configura no cunda. En este sentido el mito griego del conocimiento, en el que el castigo es asumido por un inmortal, Prometeo (cuyo fuego es también el fuego de eros), es más generoso con los mortales, uniendo los dos mitos bíblicos del conocimiento, el edénico y el evangélico. De ahí el verdadero valor revolucionario de la historia de Jesús: al asumir él la culpa por el pecado original, libera el conocimiento de su emparejamiento moral con la culpabilidad y el castigo. Quizá por eso Galdós había de volver con predilección a la historia del Nazareno.

Paganismo, cristianismo

Schulman indica, sin desarrollar su idea, que la imaginería pagana y la sagrada forcejean en este cuento (70). Pero, ¿por qué y para qué? Ahora estamos preparados para comprender esta doble presencia mítica, pues se trata de un intento de liberar el mito bíblico de su derrota conclusiva y, en ese sentido, arrimarlo a cierto espíritu helénico frente al cuerpo y el conocimiento en general. Como indica Brill en su introducción al estudio de Freud sobre Leonardo, la sexualidad humana, que el mundo pagano consideraba natural, «fue suprimido sistemáticamente por los nuevos seguidores del Mesías. Los griegos y los romanos celebraban la belleza y hasta deificaron al sexo, pero San Pablo, el ascético apóstol dijo en su Primera Epístola a los Corintios: "Es bueno que el

---

in children is attracted unexpectedly early and intensively to sexual problems and is in fact possibly first aroused by them]» (795). Freud postula también el fracaso inevitable de la investigación infantil ante el problema de la generación humana, debido a dos elementos que el niño no puede conocer: la función fertilizadora del esperma y la existencia del orificio sexual femenino, precisamente porque el testimonio de su propio cuerpo no puede informarle: «[...] los trabajos de la investigación infantil permanecen infructuosos y terminan en una renuncia que produce muchas veces una interrupción duradera del instinto de saber» (796). [«It therefore follows, that the efforts of the childish investigator are habitually fruitless, and end in renunciation which not infrequently leaves behind it a permanent injury to the instinct for knowledge» (*Sexuality*, 63).] Posiblemente este fracaso inevitable ayude a explicar la condena final del mito del Edén.

hombre no toque a la mujer" [...]. Los tempranos padres de la Iglesia, no sólo seguían la austeridad sexual de los judíos, sino que, como siempre sucede con movimientos nuevos, los sobrepasaron en su dureza» (*Leonardo*, IX-X).*

Este oprobio, ajeno al mismo Jesús, quien perdona a Magdalena, fue necesario cuando la revolución que había realizado se convierte en institución: atar el impulso erótico fue una de las maneras más eficaces de fortalecer la autoridad institucional de la Iglesia imperial.

Precisamente gracias al sincretismo mítico que Galdós realiza en «Celín», puede convertir el donante del conocimiento ya no en un agente saboteador de las fuerzas del mal, cuya intervención causa la muerte de los amantes edénicos, sino precisamente en un nuevo dios grecocristiano, cuya intervención lleva a Diana a la vida: Eros-Espíritu Santo, Celín.

Turris, turris

No quisiera dejar de referirme, aunque sea dentro del artificio de una coda, a una etimología y una sinestesia. Turris es el nombre del pueblo. ¿Por qué? Primero, se podría pensar que con ese vocablo Galdós caracteriza lo esencial de una población urbana: las torres que implican por extensión el resto del caserío; y, por tanto, que Galdós quiere decir pueblo, por antonomasia, es decir, todos los pueblos, todas las sociedades. Turris, consecuentemente, es el microcosmos de la sociedad en general. Vimos que la crítica social y moral del cuento justifica la interpretación de Turris como (por lo menos) España.

Pero es fascinante la segunda acepción de *turris, turris*: desde luego torre, pero también palomar. Si bien la torre representa la autoridad de la ley (el-nombre-del-padre) —como

---

* «[...] was systematically suppressed by the new followers of the Messiah. The Greeks and Romans exalted beauty and even deified sex, but St. Paul, the ascetic apostle said in his First Epistle to the Corinthians: "It is good for a man not to touch a woman..." [...] The early Church fathers not only made every effort to follow the Jewish austere views of sexuality, but, as is always the case in new movements, they surpassed them in rigidity.»

por ejemplo notamos en el comienzo de *La Regenta*, donde la ley como hombre (Fermín de Pas) otea desde el símbolo concreto de su fuerza, la torre de la iglesia—, palomar es ya no alta voz, sino casa, albergue de pájaros, y, por tanto, estructura femenina. En vista de esta última acepción (simbólicamente esposa y madre) se puede comprender un aspecto del cuento que antes parecía como una inorgánica interrupción: la breve presencia, al principio, del campanero ciegamente borracho, maese Kurda:

> Penetraron [Diana y Celín] en una pieza abovedada y rectangular, mal alumbrada por un candilón, cuya llama ahumaba la pared. Por un agujero del techo aparecían varias sogas, cuya punta tocaba al suelo. En éste había un ruedo, y sobre él, un hombre sentado a la turquesca, y entre sus piernas montones de castañas y dos botellas de aguardiente. Era el campanero, maese Kurda, y estaba profundamente dormido, la barba pegada al pecho [...] [406].

El maestro está borracho, aquel quien da voz a la torre —como el que da voz al cuento, el cronista Gaspar Díez de Turris—, y por tanto esa voz misma articula su discurso a partir de una acción reflejo completamente inconsciente, los estirones espasmódicos que maese Kurda da a las sogas, sin despertar. La torre como *logos* patriarcal se nos revela en su más absoluta trivialidad. Por ello, rebajado su dominio fálico al descubrir su origen, la torre se presta a la imposición de una nueva identidad simbólica: casa, palomar, mujer. Se corrobora este sentido en un pasaje extraño y bello: «Atravesó después la niña un tenebroso parque y hallóse por fin en sitio solitario y abierto. Vio pasar una gran torre que iba de Norte a Sur, cual un fantasma, y como al mismo tiempo sonaban en ella las campanas, el eco de éstas se arrastraba por el aire a modo de cabellera» (404). El pronombre de objeto directo femenino, «ella», y esa cabellera que ondea al aire, feminizan a la torre que parece huir, como imagen de la misma Diana.

Esta sinestesia, que representa un fenómeno acústico (campanada) en términos visuales (una cabellera observada), no sólo transgrede la ley lógica de los sentidos, sino también la ley simbólica de lo masculino y lo femenino. Este movimiento hacia un discurso que podríamos llamar la-ley-de-la-madre, será una de las características fundamentales en toda la expresividad literaria de Galdós.

Se podría argüir que es probable que Galdós ignorara la segunda acepción de *turris* y, de hecho, cualquier asociación simbólica, divisible o no en órdenes masculino y femenino. Ante esta observación, lo primero que habría que decir es que estos cuentos, por su misma naturaleza inverosímil que los ubica como vecinos inmediatos del idioma inconsciente, manifiestan con demasiada frecuencia una sensibilidad galdosiana ante la reverberación del simbolismo del inconsciente en el lenguaje (que, por otra parte, se había comentado antes de que Galdós publicara una sola novela),[23] y lo segundo, que la capacidad expresiva del escritor profundamente

---

23. Por ejemplo, Bachofen (1861): «En la narración de Herodoto, la diferencia entre la indumentaria caria-jónica y la doria-helénica adquiere un significado religioso. Son ante todo los "broches" los que obtienen un relevante significado simbólico. Quedan prohibidos a las mujeres atenienses, mientras que las mujeres de los argivos y eginios doblan su tamaño y los consagran a sus divinidades maternas, Auxesia y Damia, ¿Qué significan estos datos? No se puede poner en duda su significado afrodítico-erótico. La sacralización del broche (*perone, porpe*; el último designa la anilla del broche y el primero el alfiler que la cruza), que mantiene atados los vestidos, tiene el mismo significado que la sacralización del cordel de las mujeres. Ambos hacen referencia a la *entrega de la virginidad*. La sacralización del broche denota, indica, el paso al matriarco, a la institución del matrimonio, la realización del designio de la mujer, que halla su culminación en la consecución de la "meta del matrimonio en la flor de la vida". Ahora, los vestidos cerrados se abren. El broche, antes símbolo de la virginidad, se convierte en la imagen del matrimonio. El *círculo* atravesado por un *alfiler* representa él mismo la imagen de los sexos unidos para concebir. Todos los detalles de la narración de Herodoto coinciden en esta referencia erótica. [In Herodotus' narrative the divergence between the Carian-Ionian and the Dorian-Hellenic dress takes on a religious significance. A symbolic meaning attaches particularly to the clasp pins. These are taken away from the Athenian women, while the Argives and Aeginetans make them longer by half again, and consecrate them to the maternal goddesses Auxesia and Damia. What then is this symbolic meaning? The Aphroditean-erotic significance of the episode cannot be doubted. The consecration of the clasp pin [...] that held the cloak together has the same meaning as the dedication of the woman's girdle. Both signify the sacrifice of virginity. The consecration of the clasp signifies the transition to motherhood, the entrance into marriage, the fulfillment of the feminine vocation through "marriage in the flower of youth". The closed garmet is now opened. The clasp, formerly symbol of chaste virginity, becomes an image of marriage. The ring traversed by the pin is itself an image of the sexes united for generation. Every detail of Herodotus' narrative fits in with this erotic interpretation]» (128-129).

exacto parece con frecuencia tomar en cuenta las más escondidas etimologías, precisamente por constar éstas también en su ubérrimo acervo de signos arcaicos que, ya mucho antes de Freud, se identificaba con el inconsciente.[24]

A fin de cuentas, Turris misma, toda ella, representa perfectamente la fluidez y discronía del inconsciente; el arte de Galdós es soñar en público, en el sentido creativo del ejercicio de la imaginación, y también como acto de fe soñar una sociedad mejor, compuesta de hombres y mujeres que, como Dianita, decidan despojarse de impropios y viejos hábitos, y ágiles alcancen la fruta del árbol de la ciencia y de la vida.

---

24. Por ejemplo, Gay cita a Platón, los padres de la Iglesia, Coleridge, Goethe, Herbart, Schopenhauer y Nietzsche (*Freud*, 366-367).

Capítulo IV

LA BELLE DAME SANS MERCI

Muy larga es la tradición en Occidente del tópico de la amada cruel que desaparece tras enamorar a su víctima, o que, vampirescamente (como en el caso de la princesa de Pacorrito, que veremos), lo incorpora a su mundo desnaturalizado. Antecedentes bíblicos abundan, como la historia de Dalila o Salomé. El poema de Keats que da título a este capítulo cuenta esa historia de seducción y abandono, y es una continuación culta del motivo popular, que se puede ver, por ejemplo en el poema anónimo inglés «Thomas the Rhymer». Thomas equivocadamente cree ver a la Virgen María: «Hail to thee, Mary, Queen of Heaven! / For thy peer on earth could never be» (*Oxford Book of English Verse*, 415). La bella mujer le advierte que no es la Virgen, sino la reina de los duendes, antes de llevárselo. Nada tiene de extraño este *quid pro quo*, pues la figura perversa retenía atributos de su ascendente divino,[1] «palimpsesto» típico de las degradaciones

---

1. Krisztina Weller estudia este tópico en su artículo «"The Mysterious Lady": An Enigmatic Figure in the Fantastic Short Story of Nineteenth-Century Spain», *Scripta Mediterranea*, 8-9 (1987-1988), 59-68, específicamente en «Theros» y «Los ojos verdes» de Bécquer, ejemplos ambos de lo que ella llama «este tipo de cuento fantástico que se encuentra en España, pero también en otras culturas, casi como fenómeno universal, que conjura la figura de una dama misteriosa o diosa pagana que seduce a un joven protagonista por capricho o maldad, tan sólo para llevarle a su inevitable perdición

de figuras míticas femeninas, como ha mostrado Pamela Berger, en su libro *The Goddess Obscured*. Berger estudia el caso de la Madre Tierra (Deméter fue una de sus expresiones) que, camino a convertirse en la Virgen María, evoluciona precisamente en sus representaciones plásticas del bajo y alto medievo, desde una madre que nutre con sus pechos, hasta pasar a ser una figura emblemática de la lujuria o la lascivia (44).

En vista del trasfondo mítico de estos relatos de Galdós, podemos comprender su visión cultural y natural basada en el amor como expresión de la integración del hombre y la naturaleza. Estos encuentros con «la belle dame sans merci» no son expresiones de una crítica a la mujer, ni al amor, sino la constatación de la dificultad de amar en nuestra (aún nuestra) cultura, pues ella nos ha enajenado de la naturaleza, del colectivo humano, de la amada como síntesis de ambos. Antes de esta figura femenina destructiva, en el tiempo y en el orden simbólico, está la otra figura: la madre tierra, que Galdós volvería a encontrar, empezando con la figura de Benigna, para llegar a la Madre de *El caballero encantado*.

«La princesa y el granuja»

El primer cuento de esta serie, «La princesa y el granuja», se publicó inicialmente en la *Revista Cántabro-Asturiana* (Santander), en el tomo I (1877), pp. 87-92, 126-128 y 137-145. Su segunda publicación fue en Madrid, en *El Océano*, números 80 bis y 81, el 10 de junio de 1879, páginas 1 y 2. Su última versión en vida de Galdós fue la que apareció en el tomo de la primera edición de *Torquemada en la hoguera*, en 1889.

El argumento es directo y sencillo. Pacorrito Migajas, un

[this type of fantastic short story found in Spain but also in other cultures almost as a universal phenomenon, which conjures up the figure of a mysterious lady or pagan goddess who seduces a young male protagonist as an act of mischief or evil, only to lead him to his ultimate doom]» (59). La naturaleza bisémica de esta figura femenina lleva a Weller a caracterizar las que aparecen en los dos cuentos como «angelical-diabolical» (63).

granuja madrileño de siete años, huérfano y solo en el mundo, se enamora de una muñeca que ve en un escaparate. Un día alguien la compra, y Pacorrito logra entrar en la casa de sus dueños. Embriagado por el cocinero, divaga por el palacio y tropieza con su amada, que yace medio destrozada en el suelo. Huye con ella, y, una vez a salvo, abrazado a la muñeca, se duerme. Cuando despierta ella ha cobrado vida, y está completamente sana. Juntos asisten a un banquete muñequil, donde, provocado por la figura de de Bismark, Migajas saca su navaja y no deja títere con cabeza en el festín miniaturizado. Maravillada por su valentía, su amada, princesa de esa población, le da su mano en matrimonio —pero sólo a condición de que Pacorrito abandone su naturaleza humana. Pacorrito accede y nota en seguida que no siente nada al besar a su mujer. Dan las doce y todos desaparecen. Despierta desesperado. Pero se encuentra en el escaparate de la misma tienda donde antes había sido expuesta la muñeca, mirando a la calle a través del vidrio. El cuento termina así, con la angustia muda y lágrimas no expresables de Pacorrito, prisionero en su cuerpo de muñeco, «por los siglos de los siglos», como exclama silenciosamente para sí al final del relato (479).

Diálogo con los clásicos

En seguida se echa de ver el abolengo picaresco de este pequeño héroe galdosiano. Su descripción es descendiente directa de la de Rincón y Cortado, y reúne también rasgos velazqueños:

> Tenía la piel curtida del sol y del aire y una carilla avejentada que más bien le hacía parecer enano que niño. [...] Vestía gallardamente una camisa de todos colores, por lo sucia, y pantalón hecho de remiendos, sostenido con un solo tirante. En invierno abrigábase con una chaqueta que fue de su señor abuelo, la cual, después de cortadas las mangas por el codo, a Pacorrito le venía que ni pintada para gabán. En el cuello le daba varias vueltas a manera de serpiente, un

guiñapo con aspiraciones de bufanda, y cubría la mollera con una gorrita que afanó en el Rastro. No usaba zapatos, por serle esta prenda de grandísimo estorbo, ni tampoco medias, porque le molestaba el punto [470].

La descripción del atuendo de Rincón y Cortado, con el que igualmente empieza el cuento de Cervantes, es muy parecida en el aprovechamiento de prendas viejas desajustadas a los cuerpos de los muchachos, también quemados por el sol. La diferencia importante está en la belleza de los pícaros noveles que contrasta con la fealdad casi deforme del granuja de Galdós, como si el destino de los jóvenes cervantinos, a fin de cuentas positivo, ya se anunciara en su belleza, a diferencia del destino trágico del maltrecho Pacorro Migajas.

Por otra parte, el cuento de Cervantes está estructurado alrededor de la armonía (interrumpida y reestablecida, representada por la sociedad del patio de Monipodio), mientras que este es un cuento del ayuntamiento de naturalezas discordes entre sí.

Fiel al modelo del primero de los pícaros, Lazarillo de Tormes, los padres de Pacorrito han sufrido castigo a manos de la justicia:

> La familia de Pacorrito Migajas no podía ser más ilustre. Su padre, acusado de intentar un escalo por la alcantarilla, fue a tomar aires de Ceuta, donde murió. Su madre, una señora muy apersonada que por muchos años tuvo puesto de castañas en la Cava de San Miguel, fue también metida en líos de justicia [...] [470].

Nótese el lenguaje bisémico, característico del *Lazarillo*, por ejemplo en la frase «fue a tomar aires de Ceuta», para indicar un castigo con la misma expresión que un burgués usaría al anunciar su intención de tomar las aguas de un balneario. Esta estructura irónica, típica de los juegos de palabras basados en el código de germanía que caracteriza al *Lazarillo*, halla expresión contundente al final, donde, en vez de la vida eterna que la princesa le promete al granuja, éste se encuentra en una muerte eterna.

No obstante la relación con Cervantes y el anónimo autor del *Lazarillo*, es con la trágica y amarga visión de Mateo Alemán que este cuento galdosiano comparte su naturaleza esencial. Pacorrito, según nos informa el narrador, «había tenido ocasión, en su breve existencia, de conocer los vaivenes del mundo, y algo de lo falso y mentiroso de esta vida miserable» (470). Consecuente con esta visión, este cuento es el más cruel de todos los relatos breves galdosianos. Cuando Pacorrito intenta rescatar a su amada de las manos de los niños ricos que la acaban de comprar, leemos:

> En el pórtico de la casa grande donde se detuvo el coche cesaron las ilusiones del granuja, porque un criado le dijo que, si manchaba el piso con sus pies enlodados, le rompería el espinazo [473].

Pero la crueldad física es superada por la crueldad psíquica y social. En el banquete, donde Pacorrito entra avergonzado de su atuendo, se mofan de él todos, con el beneplácito de su supuesta amante:

> —¡Que baile!— gritó el canciller con desparpajo—, que baile encima de la mesa [...].
> Migajas sintió que afluía toda su sangre al corazón. Su cólera impetuosa no le permitió pronunciar una sola sílaba.
> —No seáis cruel, mi querido príncipe —dijo la señora sonriendo—. Por lo demás, yo espero quitarle al buen Migajas esos humos que está echando.
> Una carcajada general acogió estas palabras, allí era de ver todas la muñecas y los mas célebres generales y emperadores del mundo dándose simultáneamente cachiporrazos en la cabeza como las figuras de *guignol*.
> —¡Que baile! ¡Que pregone *La Correspondencia*! —clamaron todos [476].

Estas imprecaciones multitudinarias que exigen de Pacorro una actuación delante de un público burlón recuerdan el poema de Vallejo «Nómina de huesos», donde se lee:

> Se pedía a grandes voces:
> —Que muestre las dos manos a la vez.
> Y esto no fue posible.
> —Que, mientras llora, le tomen la medida de sus pasos.
> [...] [Vallejo, 2].

El parangón con el poema de Vallejo, a pesar de la diferencia grande de tono y belleza (y el modelo cristiano de donde éste desciende) pone de manifiesto lo que es más cruel en este cuento: la inocencia esencial de la víctima. ¿Cuál es su pecado, que tal castigo mereciera? Quizás la respuesta la podríamos encontrar en *La Celestina*.

Igual que el «melibeo» Calisto, Pacorrito idolatra a su amada:

> ¡Ay! Migajas se quedó deslumbrado, atónito, suspenso, sin habla. Púsose de rodillas y adoró a la señora como a una divinidad [474].

Por ese «insensato amor» (473) el granuja pagará con su vida. De esa manera Pacorro Migajas se une al elenco de amantes infortunados galdosianos quienes, ciegos ante las disparidades de su amada, se entregan a los brazos de la desgracia como Muriel, Morton o León Roch, como si de una advertencia se tratara ante el poderoso fuego de Eros.

Pero otro sentido de este cruel castigo se puede ver tomando en cuenta al acerbo Quevedo, en contexto de las recreaciones de este modelo que Eamonn Rodgers pone de manifiesto en su artículo «Galdós y Quevedo, modernizadores de mitos antiguos». Como muestra Rodgers, en *La de Bringas* Galdós critica la corte isabelina quevedescamente, «recalcando la vacuidad moral de esa sociedad [...] [y] revelando en forma dramática cómo al régimen isabelino le va a llegar muy pronto (en menos de medio año) su hora [...] Usando un procedimiento parecido en ciertos aspectos al de *La hora de todos*, Galdós hace que la enfermiza Isabelita tenga, durante un sueño febril en la noche de Jueves Santo, una visión grotesca, distorsionada, pero en el fondo más verdadera, de la realidad que ha presenciado durante el día» (117).

El pasaje que cita Rodgers se parece estrechamente a «La princesa y el granuja»: «Por diversos lados salían blancas pelucas, y ninguna puerta se abría en los huecos del piso segundo, sin dar paso a una bonita figura de cera, estopa o porcelana; y todas corrían por los pasadizos gritando: "Ya es la hora...". Todos los muñecos [...] repetían: "¡La hora!..."» (cit., 117).

Por su parte, el cuento reza así:

> La princesa le estrechó en sus brazos, y besándole con sus rojos labios de cera, exclamó:
> —Eres mío, mío por los siglos de los siglos—. En aquel instante oyóse gran bulla y muchas voces que decían:
> —¡La hora, la hora!
> Doce campanadas saludaron la entrada del Nuevo Año. Todo desapareció de súbito a los ojos de Pacorrito: princesa, palacio, muñecos, emperadores, y se quedó solo [478].

Para Rodgers, el sueño de Isabelita «puede considerarse como una imagen en miniatura de lo esencial de la Revolución del 68, por lo menos desde la perspectiva moral de Galdós. [...] El desconcierto de las "bonitas figuras de cera" refleja la ceguera del régimen isabelino en querer hasta el último momento conjurar la tormenta que se cernía sobe su cabeza» (118). De la misma manera, el sueño de Pacorrito y su trágico o absurdo desenlace puede considerarse como la ilusión del pueblo ante el rumbo de su historia, y el desengaño que sufre, uniendo así mito (alienación del mundo, esquizofrenia) e historia (una renovación histórica que ha llevado a la muerte en vida).

Modelos degradados

Otra tradición literaria aparece acatada en este cuento. Pero, al contrario de la aceptación recta y candorosa de la retórica y los motivos clásicos españoles, aparece ésta explícitamente señalada y ridiculizada. En el comienzo del capítulo IV del cuento leemos:

Nuestro personaje se hallaba en ese estado particular de exaltación y desvarío en que aparecen los héroes de las novelas amatorias. *Su cerebro hervía; en su corazón se enroscaban culebras mordedoras; su pensamiento era un volcán; deseaba la muerte; aborrecía la vida; hablaba sin cesar consigo mismo; miraba a la luna; se remontaba al quinto cielo, etc.* [*sic*] [471].

¿Qué significa esta incorporación paródica de modelos literarios? Recordemos las primeras dos frases del cuento: «Pacorrito Migajas era un gran personaje. Alzaba del suelo poco más de tres cuartas, y su edad apenas frisaba en los siete años» (470). Esta ironía paradójica, basada en la yuxtaposición de dos elementos opuestos, que completan el oxímoron, es la misma que aquella expresada en la cita paródica de los folletines, pues los sentimientos enfáticos, de héroe de novela folletinesca, colgados de la pequeña percha humana que es el casi enano Pacorrito, configuran igualmente un oxímoron intertextual. Es más, se expresan simbólicamente en la vestimenta del granuja, hecha de tamaños grandes, pero mutilados para adecuarse al niño.

De idéntica manera vemos la reacción airada de Pacorrito ante las chanzas del muñeco-Bismark —otro caso de modelo rebajado—, pues el chiquillo saca su navaja noblemente:

> Ciego de furor, echó mano al cinto y blandió la plegadera. [...] el fiero Migajas [...] arremetió contra los insolentes y empezó a repartir estacazos a diestra y siniestra [...] [476].

Más evidente es la degradación del modelo heroico en la variante de la primera edición, donde en lugar de «estacazos», reza «tizonazos», blandiendo simbólicamente el granuja ni más ni menos que la imponente espada del Cid Campeador. Esta estructura oximorónica consiste, pues, en degradar un modelo heroico al otorgar sus actos, actitudes o pertenencias a un protagonista de mínima —o cuando menos de menor— importancia.

Tal degradación intertextual se había dado y se habría de dar después, por supuesto. Se cumple de manera ejemplar en el *Quijote*, como es sabido, donde el héroe asume los ademanes y armamentos de los caballeros de los libros de caballerías, que a su vez descendían de los héroes épicos, o donde degrada modelos del Romancero tradicional. Velázquez, con cuyos retratos de granujas-dioses y vagabundos-sabios también se relaciona nuestro pequeño héroe, había rebajado a los dioses paganos a la condición humana más humilde. Posteriormente a Galdós, Valle-Inclán basará su género «esperpéntico» en este oxímoron, configurado por unos seres pequeños que laboran bajo descomunales coronas.[2]

¿A qué fin esta degradación? En Valle-Inclán es la manera de representar un sistema político y social degenerado. En Cervantes la parodia de los héroes nacionales es también una crítica a esa sociedad que los había alzado en hombros. ¿Y en este cuentecito de Galdós?

Para empezar a contestar esa pregunta, podríamos recordar cuánto sufre el niño. Su vida misma es una injusticia social. Quizás por eso Galdós aquí carga las tintas, precisamente para subrayar esa injusticia.

La diferencia de clase social es un tema notable en el cuento. Los que «raptan» a su amada son niños ricos. Sus lacayos se muestran crueles con Pacorrito, como vimos. Los niños rompen y luego abandonan a su muñeca, como quienes tienen muchas y mejores para su regocijo. La misma princesa difiere del granuja, no sólo por su condición muñequil, sino por su alteza social. Algo o mucho de condescen-

---

2. Al respecto, apunta Valle: «La vida —sus hechos, sus tristezas, sus amores— es siempre la misma, fatalmente. Lo que cambia son los personajes, los protagonistas de esa vida. Antes, el destino cargaba sobre los hombros —altivez y dolor— de Edipo o de Medea. Hoy, ese destino es el mismo, el mismo su dolor... Pero los hombres que lo sostienen han cambiado. Las inquietudes, las coronas, son las de ayer y las de siempre. Los hombres son distintos, minúsculos para sostener ese gran peso. De ahí nace el contraste, la desproporción, lo ridículo». Citado en Cardona y Zahareas, p. 239 —quienes citan de Francisco Madrid, *La vida altiva de Valle-Inclán*, p. 114. Antecedente preciso de esta visión es la de Gamborena, en *Torquemada y San Pedro*, primera parte, cap. II: «[...] vivimos en tiempos de muchísima prosa y de muchísima miseria y poquedad de ánimo. La voluntad humana degenera visiblemente, como árbol que se hace arbusto, y de arbusto planta de tiesto; no se le pueden pedir acciones grandes, como al pigmeo raquítico no se le puede mandar que se ponga la armadura de García de Paredes y ande con ella» (1.136).

dencia hay en su trato con el niño, condescendencia que oculta una esencial despreocupación o falta de amor.

Así, al parodiar las novelas folletinescas, Galdós critica los valores que en ellas se expresaban: una sociedad cuya jerarquización vertical era sólo salvable mediante aquellos dispares amores de novela, entre criada o lavandera y noble o rico burgués. Este patrón, que proviene por lo menos desde *Clarissa*, florecería en nuestro siglo con la facundia fabulosa de Corín Tellado.

Al intentar Pacorrito el salto social de marras, no tiene el mismo éxito que las heroínas de las novelas cuyo estilo él parodia en su pequeña hombría furiosa. Para él, esa unión dispar significará morir. Notemos que se le había prometido vida eterna pero, también paradójicamente, esa vida eterna de muñeco es la muerte de su humanidad. Con lo cual Galdós nos parece decir que no hay, precisamente, final feliz, o por lo menos no lo hay dentro de los esquemas de la ficción que divulgaba un orden socio-político de mucha mayor resistencia que la que encontraban sus heroínas. Pero hay otra lección galdosiana, como ya hemos vislumbrado, que trasciende el conflicto social y económico, si bien está relacionada con ello, y que podemos empezar a estudiar con un motivo clásico.

Pigmalión, modelo galdosiano

Además de la disparidad de sus naturalezas sociales, la esencial diferencia entre hombre y muñeco de los protagonistas de este cuento recrea el mito de Pigmalión. Como se recordará, Pigmalión, consumado escultor (o rey, o ambos, según las leyendas), se enamora de una de sus propias estatuas que él ha tallado conforme el ideal de belleza femenina que en su alma tenía. En el momento en que abraza a la escultura, siente que el frío mármol se mueve y que la estatua le devuelve sus besos —transformación milagrosa debida al favor de Afrodita. Esta misma escena aparece en nuestro cuento pero invertida, pues Pacorrito Migajas ha sido transformado en muñeco:

> Cuando, solo ya con su mujercita, la estrechó entre sus brazos, no experimentó sensación alguna de placer divino ni humano, sino el choque áspero de dos cuerpos duros y fríos. Besóla en la mejilla y las encontró heladas. En vano su espíritu, sediento de goces, llamaba con furor a la naturaleza [478].

Es la segunda inversión de papeles que vemos con respecto a un modelo pretérito, pues arriba notamos cómo Pacorrito, si bien asume el papel del héroe masculino de novela folletinesca al blandir su navajita y al llorar ante su dama destrozada, de manera más importante asume el papel de las heroínas de baja condición que se casan por encima de su clase.

Esta misma inversión del mito de Pigmalión reaparece al año siguiente de la publicación de «La princesa y el granuja» en las páginas de la *Revista Cántabro-Asturiana*, en la última novela de la primera época de Galdós, *La familia de León Roch* (1878).

La «escultura» en este caso es María Egipcíaca, tan hermosa «que ningún escultor la soñara mejor» (799). Su belleza era «tan acabada, que parecía sobrehumana» (799). Igual que Pigmalión, León quiere amoldar a su mujer-estatua a su gusto, pero se equivoca:

> ¡Estupendo chasco! No era un carácter embrionario, era un carácter formado y duro. No era barro flexible, pronto a tomar la forma que quieran darle la hábiles manos, sino bronce ya fundido y frío, que lastimaba los dedos sin ceder jamás a su presión [801].

Igual que en el cuento que estudiamos, el hombre sufre un desengaño horrible y se muñequiza, pues María Egipcíaca se impone a su esposo, por lo menos antes de su ruptura definitiva. En la escena siguiente de la primera parte, María Egipcíaca le confiesa a Roch que ellos tienen un forcejeo de voluntades, y que ella le va a imponer la suya. Al preguntarle cómo, la mujer le arrebata el libro a León y lo lanza al fuego de la chimenea:

—¡María! —gritó León aturdido y desconcertado, alargando la mano para salvar al pobre hereje.
Ella le estrechó en sus brazos, impidiéndole todo movimiento; le besó en la frente [...] [802].

La inmovilidad de León Roch es comparable a la de Pacorrito, consciente de su nueva condición terrible:

¿Qué es esto que pasa en mí?
La princesa le estrechó en sus brazos, y besándole con sus rojos labios de cera, exclamo:
—Eres mío, mío por los siglos de los siglos [478].

Este modelo de Pigmalión invertido, en el cual al supuesto «escultor» le sale el tiro por la culata, lo repetirá Galdós también en *El amigo Manso*, donde Irene se libra de la visión de Máximo Manso causándole tal dolor, que le lleva a morir unamunescamente. Maxi Rubín será igualmente destrozado al intentar modelar a su más que muñeca, Fortunata. Unamuno, sin duda influido por el modelo galdosiano, lo recrea en su muerte de amor, *Niebla*. Fue un mito fundamental en las artes plásticas y literarias a lo largo del siglo XIX europeo, mediante el cual se ponían de manifiesto unas relaciones entre los sexos que entraban en crisis ante la reacción vigorosa de la mujer-muñeca. De hecho, el mito de Pigmalión no es tanto la expresión de la mujer muñeca, como de la muñeca que se convierte en mujer.[3] Pero el mito entraña un sentido más abarcador: la necesidad de considerar al prójimo como sujeto, como interlocutor y no como materia moldeable. Este modelo interpersonal implica, en el uso que de él hace Galdós, el modelo histórico de las relaciones entre los dirigentes de la historia nacional y su nación, cuya naturaleza ignoran.

Por ejemplo, entre las numerosas ocasiones en que el narrador o un personaje se refiere a Fortunata como piedra

---

3. Ver Peter Gay, *The Bourgeois Experience: Victoria to Freud, Education of the Senses*, vol. I, Nueva York/Oxford, Oxford University Press, 1984. Especialmente pertinente es el sub-capítulo «The Castrating Sisterhood», 197-213, al que volveremos al estudiar «¿Dónde está mi cabeza?».

tallable,[4] es especialmente informativa la siguiente para las presentes consideraciones:

> «Usted no tiene sentido moral; usted no puede tener nunca principios, porque es anterior a la civilización; usted es un salvaje y pertenece de lleno a los pueblos primitivos.» Esto o cosa parecida le habría dicho Guillermina si su espíritu hubiera estado en otra disposición. Únicamente expresó algo que se relacionaba vagamente con aquellas ideas:
> —Tiene usted las pasiones del pueblo, brutales y como un canto sin labrar.
>
> Así era verdad [apostilla el narrador] porque el pueblo, en nuestras sociedades, conserva las ideas y los sentimientos elementales en su tosca plenitud, como la cantera contiene el mármol, materia de la forma. El pueblo posee las verdades grandes y en bloque, y a él acude la civilización conforme se le van gastando las menudas de que vive [407].

Si bien es cierto, según la fórmula de Gilman, que «los años narrados en *Fortunata y Jacinta* sí parecen justificar la comparación entre la política de la Restauración y el enjuiciamiento de esa sociedad por una parte, y la caprichosa mutabilidad de Juanito por otra» (*Galdós*, 237),* no menos lo parece ser la resonancia simbólica entre Fortunata y aquel pueblo (Rodríguez Puértolas, *Burguesía*, 53) con que comparte las mismas líticas metáforas. Y de ser así, lo que resulta evidente es que los Juanitos de esa política de la Restauración ignoraban la naturaleza del pueblo que había caído en sus pigmaliónicas manos. De hecho, la historia española desde el 2 de mayo de 1808 que Galdós escruta recreaba el mito de Pigmalión: cada nuevo grupo en el poder imponía un ré-

---

4. Entre los ejemplos enumerados por Kronik en su artículo «Galdosian Reflections: Feijoo and the Fabrication of Fortunata,» *MLN*, 97 (marzo de 1982), 272-310, baste el siguiente para ilustrar el motivo: «Sentía la señora de Jáuregui el goce inefable del escultor eminente a quien entregan un pedazo de cera y le dicen que modele lo mejor que sepa. Sus aptitudes educativas tenían ya materia blanda en quien emplearse. De una Salvaje en toda la extensión de la palabra, formaría una señora, haciéndola a su imagen y semejanza» (262, cit. parcialmente por Kronik, 302, n. 38).

* «[...] the years chronicled in Fortunata y Jacinta do seem to justify the comparison of both Restoration politics and the evaluation of restoration society with Juanito's capricious mutability.»

gimen nuevo, a su imagen y semejanza, cuando no una nueva constitucion, que tenía en común con las demás su radical inadecuación a las necesidades de su país (podríamos pensar también en el lecho de Procusto).

De esta manera hemos visto cómo un cuento inverosímil de Galdós, rico heredero de una tradición española y clásica, se anticipa, de manera literal y casi plástica, a modelos que habrían de fundamentar la obra novelística principal del gran «realista». Pacorrito, pueblo, despierta de su sueño para hallarse muerto en vida. Este amante infortunado, cosificado por su amada, expresa en su nueva condición la más radical enajenación ante la naturaleza y su propia humanidad.

«Theros»

Otro amante desgraciado es el viajero en tren de «Theros», cuento que apareció bajo el nombre de «El verano» en 1877, en el *Almanaque de la Ilustración Española y Americana para 1878*. Reimpreso en la edición de *La sombra* (1890), vuelve a aparecer, durante la vida de Galdós, según Hernández Suárez, en *La República de las Letras* (Madrid), el 22 de julio de 1907.[5]

El cuento empieza reincidiendo en un motivo caracterizado por Baquero Goyanes, en otro contexto, como «tan del gusto de su época, como es el encuentro en tren o en diligencia con una *hermosa desconocida* [sic]» (441), y aduce, entre otros ejemplos, «El tren expreso» de Campoamor. El narrador-protagonista, en viaje desde Cádiz a Madrid, baja en Jerez momentáneamente, y, cuando regresa, después de tomar algunas copas del licor de esa tierra, se encuentra en su compartimento con una mujer desnuda y, literalmente, muy caliente. Tal es el calor que emana, que el protagonista tiene que salir del tren en una parada para pedir ayuda a los empleados del ferrocarril. Éstos, aunque se ríen de él, sin em-

---

5. Corrijo la indicación de Hernández Suarez, quien indica el almanaque del año anterior. Tampoco pude encontrar la aparición de «Theros» en *La Correspondencia de Canarias* (Las Palmas), del 14 de junio de 1883, pp. 8-12, que él señala, pues en esas mismas páginas busqué infructuosamente.

bargo, picados por la curiosidad, le acompañan a su compartimento donde no hallan a nadie más que a una joven señora, vestida convencionalmente. Una vez en marcha el tren, la mujer se transforma de nuevo en aquella ardiente aparición, quien se presenta, por fin, como personificación del verano. Tras varias descripciones animistas del paisaje, que el avance del tren va desenvolviendo por la ventanilla, llegan a Madrid. Después de pasar una semana juntos en la capital, ambos se trasladan a Santander. Allí el burgués y la diosa se casan. Finalmente, mientras están gozando de un baño en el mar, tomados de la mano, la esposa desaparece, dejando en terrible soledad al narrador, quien nos asegura que no olvidará la fecha de ese terrible día: el 22 de septiembre, primer día de otoño.

La desnudez de la diosa desnuda

El género alegórico se puede desarrollar en un mundo ficticio de maravilla, donde las leyes naturales se rompen para todos, estableciéndose, en efecto, un consenso nuevo sin que resulte chocante el fenómeno inverosímil; una escritura donde, en palabras de Irene Bessière, no haya una «antinomia» entre un discurso mimético y otro maravilloso (32). Más hostil para la alegoría es el contexto fantástico, basado precisamente en esa misma antinomia, un mundo ambiguo donde el orden está roto y donde la bisemia segura de la alegoría se hace imposible. Por ello, Todorov señala la mutua exclusión de lo fantástico y la alegoría (37).

En ese sentido, la transformación selectiva de la diosa en humana sólo para los ojos del protagonista señala un importante elemento desalegorizador de este cuento, que podríamos llamar su «soledad fantástica», aislamiento que le sirve a Bessière para caracterizar al héroe fantástico (54). El narrador recalca su soledad «epistemológica» al contar su llegada a Madrid, donde la aparición persiste en acompañarlo, «vuelta ya a su primitiva desnudez abrasadora en que se apareció, pero conservando siempre aquel natural fantástico que la hacía invisible para todos excepto para mí» (426).

La inicial naturaleza alegórica de la aparición se define, además de por su ardor, por su desnudez, pues vestida convencionalmente los empleados del ferrocarril la tomaron por una dama normal. Como indica Angus Fletcher en su libro *Allegory: The Theory of a Symbolic Mode* (1964), el escritor de alegorías es consciente del paralelo entre la ropa y el cuerpo, el personaje y su representación alegórica (192). Lo que se substrae a las normas alegóricas en «Theros» es que ese ropaje especial de la alegoría —ardiente desnudez, o, a veces, ligera túnica— desaparece para los demás, como también llegará a desaparecer para el protagonista-narrador. Al principio, el aspecto de la diosa representa una estampa sacada de la misma tradición iconográfica que Diana invoca en «Celín» para entender el atuendo de su amigo. Como nos indica el mismo protagonista de «Theros»: «Yo recordaba vagamente haberla visto en pintura no sé dónde, en techos rafaelescos, en cartones, dibujos, quizá en las célebres *Horas*, en relieves de Thornwaldsen [*sic*] [1770-1844, escultor danés, autor de obras decorativas], en alguna región, no sé cuál, poblada por la imaginación creadora de los dioses del arte» (423). Esta capacidad para ser cifrada en una imagen pone de relieve la inicial cualidad alegórica del personaje femenino. Como indica Fletcher, «cuentos de características rituales e iconográficas tienden hacia un punto fijo, transformándose sus agentes en imágenes estáticas» (369).*

Pero ese icono estático y unívoco evoluciona en «Theros» hacia un personaje actuante y literal, convirtiéndose en amante del protagonista, como veremos. Es gracias a este amor que el nivel literal se impone al alegórico. Como apreciaba Coleridge, «[...] si el personaje es fuertemente individualizado, hasta el punto de interesarnos, desistimos de considerarlo alegoría [...]» (*Miscellaneous Criticism*, 31).** Por su parte, Fletcher reincide en esta observación: «[...] la superficie literal de ciertos tipos de alegoría se libera de la intención alegórica habitual, de manera que la obra ya no se percibe

---

* «ritualized, iconographic stories tend toward points of fixation, their agents being transformed into static images.»
** «[...] if the allegoric personage be strongly individualized so as to interest us, we cease to think of it as allegory [...].»

como acusadamente iconográfica; es decir, su superficie literal tiende a aceptarse de manera completamente literal. La superficie literal entonces se basta a sí misma, y el lector se siente libre del control iconográfico» (317).*

Esta falta de «control» es lo que puede explicar el desplazamiento del nivel alegórico al literal en este cuento, pues el narrador galdosiano, incluso en sus novelas de tesis, es poco dado a modalidades autoritarias, aun aquellas tan aparentemente inocentes como la definición alegórica de una estación del año.

De esa manera, podemos decir que al desnudarse de su maravillosa desnudez la diosa «plutónica» en ese momento se despoja de sus atributos alegóricos, y en el abrazo con el mortal burgués los dos cambian el rumbo del cuento hacia derroteros de actos humanos, más significativos porque son más complejos. Como Galdós le escribe a Clarín, criticando *Lo prohibido*: «no me gusta que la moral de una obra sea de las que están al alcance de todas las retinas» (cit. en Gilman, *Galdós*, 151, nota 23).

La relación erótica entre el narrador y su diosa se anuncia apenas comienza el cuento en las descripciones caloríficas de la aparición: «Y eso que la señora, si no era el mismo fuego, lo parecía. Dígolo porque echaba de su cuerpo un calor tan extraordinario, que desde su misteriosa entrada en el vagón empecé a sudar cual si estuviera en el mismo hogar de la máquina» (424).[6] En castellano, como en muchos idiomas, tener calor, ser ardiente, son signos inequívocos de deseo sexual. Lo interesante es que el narrador masculino se sienta amenazado por ese calor, y tenga que disculpar su actitud huidiza en términos de la galantería:

---

* «[...] the literal surface of certain kinds of allegories is freed of the usual allegorical intention, so that the work is no longer felt to be strongly iconographic; that is, its literal surface tends to be taken in a completely literal way. The literal surface then becomes sufficient unto itself, and the reader senses his own freedom from iconographic control.»

6. Más explícitamente erótica es la primera edición, donde el «tufo de infierno que de su hermoso cuerpo emanaba» se califica con el nada ambiguo «como de un femenino volcán». Al final del relato, donde la edición de 1890 dice «dejó de echar fuego como fragua su hermoso cuerpo, y pude acercarme libremente a ella, sintiendo, antes que calor, un dulce temple», la de 1877 especifica «un dulce y amoroso temple».

—Señora, señora, por amor de Dios —exclamé—. Es muy doloroso para un caballero huir... Es un desastre, una grosería, pero...
Me hubiera arrojado por la ventanilla si la rapidez de la locomoción no me lo impidiese. Felizmente, la misma que tan sin piedad me achicharraba brindóme con refrescos, que sacó no sé de dónde, y esto me hizo más tolerable su plutónica respiración y aquel tufo de infierno que de su hermoso cuerpo emanaba [424].

La mención de su «hermoso cuerpo» evidencia que el narrador no era insensible a los encantos de la diosa desnuda, y no podrá arrojarse «por la ventanilla» porque la locomoción de su deseo no se lo permitirá. El protagonista nos dice que suda «cual si estuviera en el mismo hogar de la máquina», y, metafóricamente, lo está pues el tren es el correlato objetivo de su erotismo soliviantado, y metáfora común en la europa burguesa del siglo XIX, como muestra Peter Gay en su fascinante libro *The Bourgeois experience: Victoria to Freud. Education of the Senses*: «Hans von Bülow, brillante conductor y virtuoso del piano, expresó lo que se estaba convirtiendo en un tópico entre la gente culta cuando, en 1874, llamó su época "la época del tren exprés". Los deseos y temores eróticos, estimulados por la rítmica experiencia de viajar en tren, subyacían no infrecuentemente la superficie de tales aseveraciones» (63).* Antes vimos cómo Baquero Goyanes señala el motivo de la desconocida hermosa que el narrador masculino conoce en el tren, incluyendo también la diligencia como vehículo propicio.

Es interesante recordar que la primera novela fantástica francesa, según el consenso de la crítica, *Le diable amoureux* de Cazotte, publicada en 1772, consta, en buena parte, de un largo viaje en diligencia que el narrador hace con el diablo en forma de mujer. Diabólica también, recordemos, es la compañera en «Theros», con su «plutónica respiración y

---

* «Hans Von Bulow, brilliant conductor and piano virtuoso, expressed what was becoming a cliché among the cultured when, in 1874, he called his age "an age of express trains". The erotic desires and fears stimulated by the rhythmic experience of the train ride were never far beneth the surface of such epithets.»

aquel tufo de infierno que de su hermoso cuerpo emanaba» (424). Se trata, pues, de una figura cuyo sentido es bastante más complejo y alusivo que el de simple alegoría de la estación tórrida del año. La referencia a su cualidad infernal era un tópico decimonónico —anunciado claramente por Cazotte en el siglo anterior— para referirse a la sexualidad femenina como un peligro para el hombre burgués, y, por extensión, para la sociedad burguesa. Como señala Rosemary Jackson en su libro *Fantasy: the Literature of Subversion* (1981), «La sombra al margen de la cultura burguesa se identifica de forma varia como negra, loca, primitiva, criminal, socialmente desheredada, desviada, tullida, o (en casos de agresividad sexual) femenina. Las realidades sociales difíciles o desagradables se distorsionan en muchas fantasías literarias para emerger en formas melodramáticas: monstruos, culebras, murciélagos, vampiros, enanos, bestias híbridas, demonios, reflejos, *femmes fatales*» (121).[*7] En cierto sentido, se puede considerar la aparición femenina de «Theros», que abandona cruelmente a su mortal seducido, como una variación de la *femme fatale* descendiente de *«la belle dame sans*

[*7]. De una manera más polémica, con referencia a *Drácula* (1897) de Bram Stoker, apunta Joretta Joyce Vann en su tesis doctoral *Ghosts Upon the Daylight: Fantasy and Realism in Nineteenth-Century Britain*: «Cuando, finalmente, nos encontramos ante Lucy transformada en vampira, comprendemos plenamente el miedo y el odio con que se contemplan a las mujeres en esta novela. Es importante ver la transformación de uno de los personajes en uno de estos monstruos. Mientras el uso del vampiro representa, indirectamente, y por tanto impunemente, el miedo al egoísmo, el apetito, la sexualidad, y la mujer, el lector debe experimentar el vampirismo directamente si ha de ser advertido contra su propio egoísmo, sexualidad y apetitos. [...] es la cualidad femenina misma de Lucy, su capacidad para tentar, porque es bella y sensual, lo que hace de ella la víctima más amenazadora y terrorífica del vampirismo de Drácula [When we finally are confronted by Lucy as vampire, we fully realize the fear and the hatred of women in the novel. It is important that we see the transformation of one of the characters into this kind of monster. While the use of the vampire represents indirectly, and therefore safely, the fear of egoism, apetite, sexuality, and women, the reader must experience vampirism directly if he is to be warned about the potential of his own egoism, sexuality, and appetites. [...] it is Lucy's femaleness, her potential as temptress because she is beautiful and sensual, which makes her the more threatening and frightening victim of Dracula's vampirism]» (150).

«The shadow on the edges of bourgeois culture is variously identified, as black, mad, primitive, criminal, socially deprived, deviant, crippled, or (when sexually assertive) female. Difficult or unpalatable social realities are distorted through many literary fantasies to emerge as melodramatic shapes: monsters, snakes, bats, vampires, dwarfs, hybrid beasts, devils, reflections, *femmes fatales*.»

merci» de Keats, pues también deja a nuestro héroe «perdido, solo y pálido» («alone and palely loitering»).[8]

Conforme se van acercando a Madrid, nos indica el narrador, la compañía de aquella aparición es más grata de noche. Una vez en la capital, relata el narrador: «Por el día hízome sudar la gota gorda y me sofocaba con sólo acercar a mí las yemas de sus candentes dedos; mas llegada la noche, recobró su constitución tibia y placentera, alcanzando de mí las amistades que no podía concederle a la luz del sol» (426). La mención de las yemas, sitio por excelencia del tacto, incrementa la tensión erótica de la relación. Por fin, las últimas palabras sugieren la consumación sexual, una vez rebajada la fogosidad de la mujer.

Esta pareja, pues, que se había ido acercando y «forjando» desde el principio, se quiebra de golpe al final:

> ¡Oh qué felices días pasamos! ¡Qué apacibles noches! ¡Cómo rodaban las horas sin que sus pasos sonaran sobre aquel césped florido ni sobre las cariñosas arenas de la playa! Yo era el hombre más feliz de la creación, hasta que un día, [...].
>
> Nos bañamos juntos, disfrutando del halago de las olas, asidos de las manos, mirándonos el uno al otro, cuando de repente desapareció no sé cómo ni por dónde, dejándome lelo, lleno de desesperación. Busquéla por todos lados, dentro y fuera del agua. No estaba en ninguna parte. Me eché a llorar y sentí frío, un frío que penetraba hasta mis huesos.
>
> ¡Triste, tristísimo día, horrible fecha! La recuerdo bien.
> Era el 22 de septiembre [429].

Lo que se nota en este final, por tanto, es mucho más que el cumplimiento de la figura alegórica con la necesidad de su extinción como personificación del verano el primer día de otoño. Es la destrucción inesperada del amor que hemos vis-

---

8. Señala Gay: «Pintores, poetas y novelistas resucitaron y elaboraron hembras fatales del pasado lejano, de la mitología religiosa y las leyendas históricas, o crearon *femmes fatales* propias: Keats, *la belle dame sans merci*; Swinburne su dama del dolor, Dolores [Painters and poets and novelists revived and elaborated fatal females from the distant past, from religious myth and historical legend, or invented *femmes fatales* of their own: Keats, *la belle dame sans merci*; Swinburne, his lady of Pain, Dolores]» (201).

to elaborado a lo largo del cuento. El frío brutal del final, a la vez físico y emocional, golpea una piel y una sensibilidad que habían abierto sus poros ante la caricia tibia de la naturaleza («las cariñosas arenas de la playa», el «halago de las olas»), enfatizando la contundencia de la sorpresa final.

En la obligación de cumplir con un cometido específico, el de alegorizar la estación del verano para un almanaque, Galdós no puede menos que... contar, contar una historia y no simplemente crear una personificación iconográfica. El mismo Cazotte ya tenía finas palabras de advertencia contra la fría mecánica de la alegoría en el breve epílogo a *Le diable amoureux*. Después de explicar cómo ha convertido las historias de exorcismo en «une allégorie» advierte que, no obstante, sus personajes de ficción son más bien como los personajes de Tasso, quienes no deben ser sometidos a un desciframiento sistemático: «on perdait des chimères trop agréables si ces princesses étaient reduites à n'être que de simples emblèmes» (97).

El relato de Galdós, como hemos visto, empieza precisamente como un simple emblema del verano, pero se desplaza hacia la complejidad del nivel literal, e incide, como veremos a continuación, en el ámbito del mito. Como indica Fletcher: «Si bien la alegoría retrocede al segundo plano en obras cuya superficie literal llega a bastarse a sí misma, a ser nudamente una ficción "realista", y si cede cuando se impone el comentario al nivel figurativo, también puede ceder y esfumarse cuando la alegoría se hace mítica y onírica» (321).*9

---

*9. A partir principalmente del libro de Edwin Honig, *Dark Conceit: The Making of Allegory*, de 1959, la alegoría se ha revalorizado como una forma abarcadora, en contra de apreciaciones más críticas y estrictas que tienen su origen en el romanticismo alemán y en el gran teórico del romanticismo inglés, Samuel Taylor Coleridge. Siguen a Honig, varios críticos recientes, entre ellos, hasta cierto punto, Fletcher. Gay Clifford reivindica la alegoría en su libro *The transformations of Allegory* (1974). Quizás la revalorización más radical a favor de la alegoría sea la de Paul de Man «The Rhetoric of Temporality» (1969). Como respuesta a de Man Krieger Murray reivindica de nuevo el símbolo, a la vez que critica los planteamientos teóricos de de Man, en «A Waking Dream: The Symbolic Alternative to Allegory» (1981). Con todo, las apreciaciones de Coleridge siguen siendo de gran utilidad. Para el gran pensador y poeta romántico, el símbolo es parte del significado a que remite, y guarda relación orgánica, no mecánica, es decir arbitraria, con el significado ulterior (*Miscellaneous Criticism*, 99); de esa ma-

Deméter, Perséfone y Eurídice

Tanto Oliver (241) como Schulman (108) notan que la figura femenina es la alegoría del verano. Y bien a las claras lo indica el autor en tres ocasiones. El título es suficientemente elocuente, incluso en su segunda modalidad, pues «Theros» significa verano en griego. También todo el capitulillo V es la autodefinición de la figura, que empieza, a propósito, con «Yo soy [...]» (425). La tercera ocasión explícita es al final del cuento, donde la coincidencia de la muerte de la esposa y la muerte del verano señalan su identidad.

Sin embargo, vale la pena volver sobre aquellas autodefiniciones que la aparición femenina hace en el apartado quinto del cuento. Si bien señala, veraniegamente, que por ella «vive todo lo que vive», por otra parte añade atributos a su identidad que rebasan los límites de la alegórica figura del verano, y que sugieren otros sentidos más diversos por más humanos: «En el hombre soy la edad de discernimiento y del trabajo; en la mujer, la fecundidad y el amor conyugal; en la Naturaleza, el desarrollo de todos los seres que al verse completos se recrecen en sí mismos, apreciando por su propia magnificencia la magnificencia del Creador» (425). No es simplemente representación de tres meses del año, una metonimia alegórica, sino un signo polivalente, metafórico, es el verano de la vida, y en sus referencias al amor y a la fecundidad, podría hacer pensar en la vida misma, de la misma manera que el invierno sugiere la muerte. Estos valores que transcienden lo astronómico, o climatológico, son los que Galdós hace resonar (además de otros de orden social y político), al tocar la cuerda profunda del mito de Deméter y Perséfone. Recordemos brevemente la historia griega.

Deméter representaba no sólo la tierra, sino la tierra fértil

---

nera, el símbolo se puede considerar como una armonía de dos notas simultáneas, en vez de un desplazamiento de una a otra nota, alegóricamente, y es por tanto más plural y más ambiguo.

«If allegory recedes into the background of works whose literal surface becomes a self-sufficient, nakedly adequate, "realistic" fiction, and if it recedes when commentary takes over the figurative level, it can also recede into insignificance when the allegory becomes mythical and dreamlike.»

y cultivada. Sucesora de Gaia, la diosa de la tierra, también llegaba su influjo al infierno, pero este aspecto pronto se despegó del mito original produciendo la historia de Perséfone. Deméter siempre se mantuvo en contacto con los mortales, y les bendijo con los beneficios de la civilización. La palabra «cultura» en su doble sentido de arar la tierra y crear una civilización encierra su múltiple significado.

Su representación plástica es muy parecida a la diosa galdosiana. Suele estar vestida con una túnica y con un tocado de trigo. En su mano suele llevar o un cetro o una antorcha. El narrador de «Theros» describe así la figura ardiente: «De sus cabellos no diré sino que me parecieron hilos del más fino oro de Arabia, perfumados de aroma campesino, y que en ellos se entretejían amapolas y espigas en preciosa guirnalda. Su vestido era más que tal vestido, una especie de túnica caliginosa [...]» (424).

El elemento de pérdida en el cuento galdosiano es una confluencia de dos mitos griegos: el de Perséfone, hija de Deméter, raptada por Hades, y el de Eurídice. La pérdida de Perséfone estremeció de dolor a Deméter, quien por fin consiguió de Zeus un acuerdo: su hija pasaría los meses cálidos del año sobre la tierra, pero al terminar el verano tenía que volver a Hades. La desaparición de la esposa del narrador contiene el elemento principal de este mito: la muerte en sincronía identificadora de la joven y de la estación. Perséfone es la figura más apegada al limitado sentido alegórico, pues los otros adheridos semánticos de plenitud espiritual y cultural se atribuyen a su madre. Por otra parte, el cuento galdosiano recuerda a Eurídice, esposa de Orfeo, quien pudo ascender del infierno, bajo la condición de que aquel no había de volver la mirada atrás para contemplarla, hasta el final del extraordinario viaje. Al no poder resistir Orfeo su deseo de verla de nuevo, su esposa se pierde irremediablemente. Según algunas versiones, el inconsolable esposo se suicida. En otra versión es despedazado por las mujeres de Tracia, enfurecidas por su singular amor a Eurídice. En ambos casos su desconsuelo reverbera en el del narrador de «Theros».

¿Qué importancia tiene la mitificación del verano en la

figura de Deméter? Para empezar a contestar a esta pregunta, podríamos recordar otra irrupción de Deméter en la ficción galdosiana. Me refiero, claro está, a la figura de la Madre en *El caballero encantado*. «Theros», pues, sería la primera aparición de esta figura que jugará un papel importante en la imaginación mitológica galdosiana. Se recordará que *El caballero encantado* es, al igual que «Theros», una ficción fantástica, pero también es un texto revolucionario en el sentido estrictamente político, como ha mostrado Rodríguez Puértolas (Introducción a *El caballero encantado*).

Lo fascinante de la figura de Deméter como mito esencial en Galdós es, entre otras razones, su naturaleza matriarcal. Como explica Josephine Donovan en su reciente libro *After the Fall: the Demeter-Persephone Myth in Wharton, Cather, and Glasgow* (1989), «el mito de Deméter y Perséfone [...] alegoriza la transformación de una cultura preindustrial y matricéntrica —el reino de Deméter— a otra dominada por los varones, capitalista e industrializada, caracterizada por un profesionalismo y una burocracia crecientes: el reino del cautiverio patriarcal» (2).*

El mito de Deméter es representativo del matriarcado que J.J. Bachofen analizó en su libro *Mutterrecht*, publicado en 1861: un orden cultural previo a la hegemonía de los dioses varones, representación mítica de una sociedad matriarcal caracterizada por una estructura egalitaria y en oposición a la propiedad privada (66). En vista de la evolución de las figuras femeninas poderosas en Galdós, desde caracterizaciones negativas, como doña Perfecta, hasta otras polarmente opuestas, como Benigna o la Madre de *El caballero encantado*, el mito de Deméter cobra gran significado. Recordemos que la primera experiencia de la nueva vida del caballero encantado es precisamente arar la tierra. Galdós cambia su visión de la mujer a la vez que evoluciona a posturas políticas basadas ya no en la propiedad burguesa, sino en la solidaridad humana. La hembra ardiente, demasiado fuerte para

---

* «[...] the Demeter-Persephone myth [...] allegorizes the transformation from a matricentric preindustrial culture —Demeter's realm— to a male-dominated capitalist-industrialist ethos, characterized by growing professionalism and bureaucracy: the realm of patriarchal captivity.»

su consorte, de «Theros», es el primer ejemplar explícito de esta diosa en la ficción de Galdos. El hecho de ser aquí esposa y no madre, como en la novela tardía que hemos mencionado, es material digno de considerar en otra ocasión, pero quizás tenga que ver con un cambio de visión que considera la naturaleza ya no como posesión, sino como matriz común como casa común de la familia humana.

«Tropiquillos»

Siete años después de publicar «La princesa y el granuja» y «Theros», Galdós vuelve a desarrollar el motivo del amante infortunado en una «Fantasía de otoño» (así la titula en su inicial aparición), que envía como su colaboración normal para *La Prensa* de Buenos Aires (Shoemaker, *Las cartas desconocidas*, 123), fechada el 9 de noviembre de 1884, y publicada el 12 de diciembre de ese mismo año. Eliminando el preámbulo disculpatorio (pues ha mandado un cuento, cuando se esperaba de él el acostumbrado reportaje y comentario sobre la realidad nacional española), vuelve a publicar el relato, pulido en una redacción nueva, con el título definitivo de «Tropiquillos» en la edición de *La sombra* (1890). Lo publicó de nuevo en *El Imparcial* el 18 de diciembre de 1893, texto que se puede considerar definitivo. La posterior reedición en el mismo *La Prensa* de Buenos Aires (18 de enero de 1894) compagina trozos de la inicial edición en aquel periódico, incluyendo evidentes errores tipográficos con pasajes que reflejan cambios posteriores incorporados en la versión del tomo de *La sombra*, y no puede considerarse como revisada por el autor. Finalmente, edita un trozo del cuento en *El Diario de Las Palmas* con el nombre de «Boceto Vino», según Hernández Suárez (406), en el número del 2 de noviembre de 1895.

Se trata, pues, de cinco ediciones en breve espacio de tiempo, lo que parece desmentir las disculpas del prólogo al tomo de *La sombra* (por el tenor de aquéllas al frente de la edición de *Torquemada*, que vimos en la introducción a este estudio): «El carácter fantástico de las cuatro composiciones contenidas en este libro reclama la indulgencia del público, tratándose de un autor más aficionado a las cosas reales que a las soñadas, y que sin duda en éstas acierta menos que en aquéllas». A pesar de estas disculpas, la frecuencia de su publicación y la calidad y complejidad que veremos en «Tropiquillos», como en los otros relatos compañeros de tomo, contradice aquel tono de repudio convencional.

El argumento invierte el orden normal del cuento inverosímil, que consiste muchas veces en dar una solución plausible al final del cuento a todos los sucesos extraños que le han precedido, como vimos, por ejemplo, en «La novela en el tranvía». Aquí, a pesar de un evidente discurso alegórico, los sucesos del relato se suceden dentro de las leyes normales de la naturaleza, si bien combadas por la convención literaria del idilio. Sólo al final cae de repente el cuento de lleno en la incertidumbre todoroviana y es, por ello, junto con «¿Dónde está mi cabeza?» y «Una industria que vive de la muerte», uno de los tres relatos de Galdós estrictamente «fantásticos».

A Zacarías Tropiquillos habíanle pronosticado los médicos su muerte «cuando caigan las hojas» (416) y es, efectivamente, a finales de octubre cuando, enfermo moral y físicamente, regresa a la tierra de sus padres tras haber amasado y perdido una inmensa fortuna en América, África y Oriente. Toda su familia ha muerto, su antigua casa yace por el suelo en escombros, y de las viñas apenas ha brotado algún escrofuloso pámpano como símbolo de ese acabamiento familiar y personal.

De repente se le aparece, entre el humo de su pipa, un grande y jovial ser que le cambia la vida. El maestro tonelero, Cubas, antes protegido del padre de Tropiquillos, y ahora hombre rico, lo acoge en el seno de su familia, a su mesa generosa y al ritmo natural de la vendimia.

Ocasión hay para que Cubas cante la alabanza del vino y del otoño. Mientras tanto, Tropiquillos y una de las dos hijas del *mestre* Cubas, Ramoncita, se enamoran, y con la bendición de los padres se casan. Pero en el momento mismo de la boda, o poco después, mientras tiene a su novia de la mano o del talle, Tropiquillos sufre un desmayo. Cuando recobra el sentido yace debajo de una mesa en un estado de estupefacción. Alguien le recoge del suelo. Es un criado suyo, quien, dándole un tazón de café, le conforta asegurándole que «eso va pasando». Con este enigmático final termina el cuento, sin que se sepa qué ha pasado de aquel bucólico mundo que parecía restaurarle la vida al pródigo Tropiquillos.

Figuras y paisajes

Como hemos visto en el resumen del argumento, el paisaje es más que el trasfondo contra el que se desplazan los personajes. Tropiquillos regresa a un solar familiar cuya desintegración es reflejo de su propia enfermedad. Es también personificación del otoño en su aspecto mortal, en el caer de las hojas. Por su parte, el *mestre* Cubas es un paisaje personificado, pues cifra en su figura el otoño como plenitud, caracterizado por la vendimia. Como los pámpanos dorados, sus bigotes rubios parecen una alegre vegetación cuando lo conocemos por primera vez. Según Schulman, el tonelero es, pues, el mismo Baco (104). En ambos personajes vemos una identidad del hombre y la naturaleza, y ésta es representada como una conciencia totalizadora, móvil e inteligente. Es decir, que la relación entre el hombre y la naturaleza en «Tropiquillos» es la que informa un texto mítico; como señala Bakhtin: «Generalmente, el pensamiento mitológico no reconoce nada que no sea vivo o no reaccione [...]» (*Dialogical Imagination*, 351).* Podríamos añadir que ese mismo vaivén vital existe en los cuentos folklóricos, trocitos desprendidos de un primordial mosaico mítico. Piénsese, por ejemplo, en las hormigas solícitas que ayudan a Psique en una de sus pruebas, y en sus múltiples descendientes en los cuentos de hadas. Por otra parte, este animismo natural se habrá notado en «Celín», donde el río y las nubes son capaces de percibir la agresión del muchacho, huyendo de sus pedradas, o en el tren y el paisaje animado de «Theros».

En el caso de uno de los descendientes de la imaginación

---

* «Mythological thought does not, in general, acknowledge anything not alive or not responsive [...].»

149

mitológica, el cuento fantástico, la animación del contexto natural lleva, en una graduación regular, a la animación del muerto. Tal ocurre en un cuento de Poe que guarda interesantes semejanzas con éste galdosiano, «The Fall of the House of Usher». Es muy probable que Galdós leyera éste y otros cuentos del genial norteamericano en las traducciones de Charles Baudelaire que figuraban en su biblioteca (Berkowitz, 197), además de otra en castellano.[10] En *Nouvelles histoires extraordinaires*, en la edición de 1857 (Galdós poseía la de 1865) precisamente, se incluyen «La chute de la maison Usher» y «Le puits et le pendule», uno inmediatamente después de otro. Ambos tienen relación con «Tropiquillos», como veremos.

El cuento de Galdós toma lugar en el otoño; a su vez, «The Fall of the House of Usher» en la traducción de Baudelaire, de la cual citaré a continuación, empieza: «Pendant toute une journée d'automne...» (86). Aunque no sea el protagonista-narrador en el cuento de Poe el enfermo, sí ve, al llegar a Usher, una casa y un paisaje tristísimos, deprimentes, muy parecidos al panorama que encuentra Tropiquillos: «Je regardais le tableau placé devant moi, et, rien qu'à voir la maison et la perspective caractéristique de ce domaine, les murs qui avaient froid, les fenêtres semblables à des yeux distraits, quelques bouquets de joncs vigoureux,[11] quelques troncs d'arbres blancs et dépéris [...]» (86). Por su parte, Galdós escribe: «Finalizaba octubre. Agobiado por la doble pesadumbre del dolor moral y de la cruel dolencia que me aquejaba, arrastréme lejos de la ciudad ardiente [...]. Los campos eran para mí más tristes que el cementerio. Habíanme dicho los médicos: "Te morirás cuando caigan las hojas" [...]. El campo de mis padres y la humilde casa en que nací eran lastimoso cuadro de abandono, soledad, ruinas» (416).

No está enfermo el narrador del cuento de Poe, pero sí

---

10. Las traducciones de Poe, hechas por Baudelaire, que poseía Galdós (según el catálogo de Berkowitz) son: *Histoires extraordinaires*, París, 1857³; *Aventures d'Arthur Gordon Pym de Nantucket*, París, 1862; *Nouvelles histoires extraordinaires*, París, 1865. La traducción española, de Vicente Algarra, es *Historias grotescas y serias*, Valencia, s.a.
11. Equivocación de Baudelaire. El original dice «rank hedges», mejor traducido, dentro de este contexto de enfermedad, como «fétide».

lo está su anfitrión, desdoblamiento de aquél, el señor de la casa de Usher, cuyo rostro evidencia «un teint cadavéreux [...]» (92) y una «pâleur maintenant spectrale [...]» (92). Usher informa a su huésped que está gravemente enfermo, y desespera de encontrar ninguna cura. Otro narrador de Poe, precisamente el desafortunado hablante de «The Pit and the Pendulum», empieza su relato en la traducción de Baudelaire: «J'étais brisé, brisé jusqu' à la mort par cette longue agonie [...]» (112). Ambos resuenan en las palabras del enfermo pródigo galdosiano.

Esta enfermedad —poesca y galdosiana— es emblemática de un malestar en la cultura, como indica Sam B. Girgus: «Las palabras de Poe en "La fosa y el péndulo" —"estaba enfermo de muerte con esa larga agonía"— dramatizan hasta cierto punto la "enfermedad hasta morir, esta contradicción agónica, esta enfermedad del yo" de Kierkegaard» (190).* Como veremos después, esta enfermedad no es privativa tan sólo de los protagonistas de los cuentos galdosianos, sino que caracteriza a varios varones novelescos suyos.

Entre Usher y su casa hay una relación especular que transgrede incluso la identificación romántica entre el alma del poeta y el paisaje que describe, fenómeno que Ruskin llamó, como es sabido, «the pathetic fallacy» en el tomo tercero de *Modern Painters* (1856). Más bien, la relación que Poe establece puede considerarse una parodia de aquella identificación romántica, un llevar al último extremo ese concepto, o, si se quiere, una interpretación al pie de la letra de un recurso retórico de manera parecida al procedimiento logomimético que hemos visto en los sueños, y, especialmente, en los relatos fantásticos. La casa no sólo se personaliza, metafóricamente, sino que se «anima». Ya hemos visto que sus ventanas se caracterizan como «des yeux distraits». El narrador nota el «parfait accord entre le caractère des lieux et le caractère proverbial de la race [...]» (88-89). Consecuente con esta identidad monstruosa, Usher opina que las pie-

---

* «Poe's words in "The Pit and the Pendulum" —"I was sick sick unto death with that long agony"— dramatize to some extent Kierkegaard's "sickness unto death, this agonizing contradiciton, this sickness of the self" [...].»

dras mismas de su casa sienten, tienen conciencia, provocando la atmósfera caliginosa que a él le ha formado, le ha hecho lo que es. Esta identidad se confirma al final, cuando, tras la muerte y resurrección de la hermana, Madeline, y la doble muerte en un abrazo cadavérico entre ella y su hermano, la casa misma parece ser fulminada por un rayo, pues se agrieta en zigzag, descomponiéndose al instante, para acompañar —en un acto de voluntad— en su derrumbamiento a sus dos moradores.

También la casa de Tropiquillos la encuentra él «hundida por el rayo como por un lanzazo, renegrida por el incendio, con el techo en los cimientos» (416). Además hay un paralelo al nivel de los seres pequeños, pues la casa de Usher está recubierta de un hongo que la roe («de menues fongosités recouvraient toute la face extérieure» [90]). En cuanto al solar de Tropiquillos,

> [...] las cercas de piedra no resistían ya ni el paso resbaladizo de los lagartos, y se caían, aplastando a veces a sus habitantes [como un micro-modelo de la suerte final del mismo Usher].
> Por todas partes veíase el rastro baboso de los caracoles, plantas mordidas por los insectos, enormes cortinajes de tela de araña y nubes de seres microscópicos ávidos de poseer tanta desolación [416].

Los siguientes pensamientos de Tropiquillos pueden haber sido expresados por el tétrico modelo poesco: «Al ver tanta cosa muerta, me pregunté si no estaría yo también desbaratado y descompuesto como las ruinas de aquellos objetos queridos, hallándome en tal sitio al modo de espectro que a visitar venía la escena de los días reales y la existencia extinguida» (414) Y, también como Usher, siente que el contexto natural, hasta el nivel microscópico, desea su aniquilación: «El polvo, los lagartos, las arañas, la humedad, las alimañas diminutas que alimentan su vida de un día con los despojos de la vida grande, me cercaban aguardándome con expectación famélica» (417).

Igual que la visión decadente de la casa de Usher está

provocada por la culpabilidad del narrador (Girgus, 191), la de Tropiquillos se adecua a la visión paranoica. Nacida de la culpabilidad, la paranoia exterioriza las mordeduras de su conciencia, proyectando los castigos interiores al mundo que de esa forma se percibe como enemigo hostigador. El origen de esa culpabilidad estriba en haberse dado cuenta de que ha desperdiciado su vida, dedicándola a la búsqueda del «lucro», en vez de una riqueza de mucho mayor valor. En este sentido, como apuntamos antes, Tropiquillos comparte el crimen y el castigo de tres otros neurasténicos galdosianos con quienes tiene estrecha relación.

Neurosis y el malestar de la cultura

Durante los mismos meses en que escribía «Tropiquillos», Galdós estaba enfrascado en la redacción de *Lo prohibido*. Su protagonista, Bueno de Guzmán, nos relata la historia de su enfermedad, igualmente moral y física:

> Desde niño padecía yo ciertos achaquillos de hipocondría, desórdenes nerviosos [...]. Consistían en la ausencia completa del apetito y del sueño, en una perturbación inexplicable que más parecía moral que física, y cuyo principal síntoma era el terror angustioso, como cuando nos hallamos en presencia de inevitable y cercano peligro [...]. Díjome primero [el tío Rafael] [...] que aquello era el mal del siglo, el cual, forzando la actividad cerebral, creaba una diátesis neuropática constitutiva en toda la Humanidad. [...]. En lo que principalmente hacía hincapié mi tío Rafael era en dar a mi dolencia la importancia histórica de un mal de familia, que se perpetuaba y transmitía en ella [...] [1.688-1.689].

Si bien esto podría parecer un guiño de Galdós a las candorosas tesis naturalistas, también se podría pensar en una etiología romántica. El visitante en la casa de Usher nos refiere las palabras de su señor:

> Il s'étendit assez longuement et s'expliqua à sa manière sur le caractère de sa maladie. C'était, disait-il, un mal de

famille, un mal constitutionnel, un mal pour lequel il désespérait de trouver un remède —une simple affection nerveuse, [...]. Il souffrait vivement d'une acuïté morbide des sens [...]. Je vis qu'il était l'esclave subjugué d'une espèce de terreur tout à fait anormale. —Je mourai —dit il—, il *faut* [*sic*] que je meure de cette déplorable folie [...] la vie et la raison m'abandonneront à la fois, dans quelque lutte inégale avec le sinistre fantôme —LA PEUR!

Como se ve de inmediato, ambos protagonistas tienen un temor sin objeto específico, una ansiedad devastadora. También comparten el origen familiar de ese mal. El tío Rafael, por su parte, nos hace ver que la familia de Guzmán puede perfectamente simbolizar la humanidad entera, presa del «mal de siglo». Como veremos en el análisis de «¿Dónde está mi cabeza?», con referencia a su descabellado protagonista, ese mal de la cultura tiene orígenes específicamente históricos, nacidos de las contradicciones internas de la civilización occidental moderna. Por otra parte, tanto la herencia controladora zolaesca, como el peso de un mal familiar romántico, una especie de «fuerza del destino» son reinterpretaciones del hado trágico griego. Baudelaire intenta emparentar esa lucha con el esfuerzo trágico, precisamente añadiendo el adjetivo «inégal» a lo que en la versión original es simplemente «struggle». Pero la esencial diferencia entre ambos gestos es que el hombre decimonónico no alcanza grandeza trágica en su lucha con su sino, sino la aniquilación, pues la fuerza que lo domina carece del sentido trascendente del destino clásico, y sin él, la «lucha desigual» del hombre es simplemente una expresión más de la desintegración de la coherencia antigua. En aquella coherencia perdida reincorpórase Zacarías Tropiquillos al entrar fugazmente en el idilio agrícola virgiliano, en el ritmo de la familia, de la naturaleza y del amor, recuperándola, como veremos, aunque solamente para perderla de nuevo. El desiderátum de Zacarías corresponde muy precisamente a la caracterización de M.H. Abrams de uno de los centrales motivos románticos: «El comienzo y el final de un viaje es la casa ancestral del hombre, frecuentemente relacionada con una contrafigura femenina, de quien ha sido separado al partir. [...] Alcanzar la meta se representa como una escena de reconocimiento y reconciliación, y se señala frecuentemente por una unión amorosa con el otro femenino, condición en la que el hombre se encuentra integrado consigo mismo, su ambiente y su familia humana» (*Natural Supernaturalism*, 255).* Pero Galdós ya no es un romántico (aunque quizás sí en compañía de Goya), y el mundo escindido finisecular reclama su víctima.

Igual que Tropiquillos, Bueno de Guzmán tuvo su idilio, tan sólo para ser expulsado de él brutalmente. Su vida, como la de Zacarías, había sido una de «soltería estéril, infructuosa y malsana» (1.716), siempre de viajes. Sin embargo se enamora de Kitty, a quien adora: «La pedí y me la concedieron. Mi padre y el suyo se congratulaban de nuestra unión...» (1.716), igual que Cubas, quien accede feliz al matrimonio entre Tropiquillos y su hija, y le asegura a su yerno que «nadie, absolutamente nadie, se opone» (421).

Pero Galdós se opone. Precisamente uno de los valores del discurso de estos cuentos es su mayor fidelidad a la voluntad autorial, sin tener que refractarse por el prisma de la verosimilitud. O, para decirlo de otra manera, el devenir de la trama es dócil a la intención abstracta del escritor; si cree que la felicidad en el amor de su protagonista traiciona una convicción íntima, el autor puede, por arte de encantamiento, hacer que al protagonista se le esfume la novia bonitamente de entre los brazos, aunque, en el «mundo» de su ficción, «nadie, absolutamente nadie» se oponga a la felicidad de aquella pareja. Y consigue la ruptura sin tener que acudir a peripecias folletinescas, como ladrones o accidentes.

En este sentido, el discurso fantástico se asemeja al arte abstracto de la pintura moderna: igual que el pintor no realista goza de absoluta libertad para expresar su impulso estético, combinando formas y colores a voluntad, sin tener que

---

* «The beginning and end of the journey is man's ancestral home, which is often linked with a female contrary from whom he has, upon setting out, been disparted. [...] the achievement of the goal is pictured as a scene of recognition and reconciliation, and is often signalized by a loving union with the feminine other, upon which man finds himself thoroughly at home with himself, his milieu, and his family of fellow men.»

adecuarlos a formas del mundo objetivo, así el escritor fantástico disfruta de poderes demiúrgicos, yuxtaponiendo peripecias según éstas expresen su concepto (consciente o inconsciente), sin tener que ceñirse al perfil de ninguna topografía verosímil. De ahí que remitan al autor, a esa conciencia en la historia, de una manera más directa que el discurso de la verosimilitud.

Con todo, en el discurso «realista» la muerte es siempre válida. Así, a Bueno de Guzmán Kitty se le escapa de las manos, no por el despertar de un sueño, sino porque ella, como Tropiquillos, muere a la vez que el otoño, acompañada por el recurrente arabesco de las hojas caídas: «¡Maldita sea mi suerte! Aquel verano, cuando Kitty volvió con su padre de una breve excursión a Londres, la encontré desmejorada. La pobrecilla luchaba con un mal profundo que el régimen y la ciencia disimulaban sin curarlo. Octubre la vio decaer día por día. Noviembre la llamaba a la fría tierra con susurro de hojas caídas y secas» (1.716). Luego, como se recordará, se enamora de su prima Eloísa, quien le recuerda a Kitty. Pero tampoco puede realizar su gozo: «Era ella, la mismísima, reencarnada, como las diosas a quien los antiguos suponían persiguiendo un fin humano entre los mortales, y asomada a la expresión de aquel semblante y de aquellos ojos, me decía: "Aquí estoy otra vez: soy yo, tu pobrecita Kitty. Pero ahora tampoco me tendrás. Antes te lo vedó la muerte; ahora la Ley"» (1.716-1.717).

Digno de notar es el valor metaficticio del pasaje, pues viene a ser un comentario sobre la técnica artística de su autor. Precisamente, vemos que un motivo, como el del amante infortunado, se «reencarna» en varios personajes. También es expresión perfecta del procedimiento de aprovechar una figura mitológica —artificio muy galdosiano, como vimos en «Theros» y «La princesa y el granuja» de manera evidente, y como se nota en varias novelas galdosianas—[12]

---

12. Por ejemplo, el mito de Pigmalión, que recurre a lo largo de la producción novelística galdosiana como vimos al considerar «La princesa y el granuja», y que tuve ocasión de estudiar en una conferencia sobre el tema en el IV Congreso Galdosiano en Las Palmas. Como vimos, Correa trata este tema brevemente en *Realidad, ficción y símbolo en las novelas de Pérez Galdós*, capítulo XIV: «El simbolismo mitológico».

que se presenta en la ficción de nuestro escritor bajo el avatar de un personaje cotidiano.[13]

Otro solterón viajero y seductor, Moreno Isla, reincide en este motivo, y guarda estrecha semejanza con el personaje de Zacarías Tropiquillos. Igual que Tropiquillos, carece de hogar propio, y ha vivido como transeúnte por países y mujeres. Aurora le cuenta a Fortunata: «Estos solterones vagabundos y ricos son así... [...] Ahí le tienes ya, aburrido, enfermo; no sabe qué hacerse; quiere calor de familia y no la encuentra en ninguna parte» (444). Jacinta le reprocha: «No le conviene andar siempre de ceca en meca, como un viajante de comercio que va enseñando muestras» (449). Tropiquillos, a su vez, recuerda su pasado como una fantasmagoría de países y aventuras, y concluye: «Ya no quedaba en mí sino el dejo nauseabundo de una navegación lenta y triste en buque de vapor cuya hélice había golpeado mi cerebro sin cesar día tras día [...] sólo quedaba en mí la conciencia de mi ignominia y los dolores físicos precursores de un fin desgraciado» (417). Y añade esta interesante imagen: «Todo era polvo esparcido, lo mismo que el de la casa. Y yo que existía aún como una estela ya distante que a cada minuto se borra más, perecía también de tristeza y de tisis: las dos formas características del acabamiento humano» (417). Moreno Isla recuerda su pasado estéril en idénticos términos: «Todo pasó, todo va cayendo atrás y revolviéndose en la estela que deja el barco...» (452). A Guillermina le habla como antes Usher y Tropiquillos: «Mi vida está completamente truncada y rota. No hay manera de soldarla ya» (454). Finalmente, su muerte también se describe en términos del otoño, época precisamente en que ocurre: «Se desprendió de la humanidad, cayó del gran árbol la hoja completamente seca, sólo sostenida por fibra imperceptible. [...] Por aquí y por allí caían en el mismo instante hojas y más hojas inútiles [...]» (461).

¿Qué importancia tiene señalar las afinidades entre estos

---

13. Un detalle biográfico quizás no esté de más, pues es notable la semejanza de esta medio-inglesa «Kitty» con la amiguita de Galdós, Sisita, de quien, según Berkowitz, estaba enamorado, y de quien fue irremediablemente separado (Berkowitz, 95-96).

desgraciados galdosianos? Primero, notar su reincidencia define un *motivo* en el arte de Galdós, más allá del interés anecdótico de cada uno de estos casos considerados aisladamente. El haber definido este motivo conlleva necesariamente la identificación de un tema fundamental, precisamente el que nos ha servido para organizar este capítulo: el amante infortunado, relacionado con cualquier expósito, o con el primero de todos, Adán. En general, los amantes infortunados masculinos galdosianos parecen expiar alguna culpa, o bien su irresponsabilidad sexual, o bien el egoísmo profundo que esta misma irresponsabilidad delata, egoísmo, por otra parte, relacionado con los yerros de su clase. Como veremos al estudiar «¿Dónde está mi cabeza?», estos motivos apuntan a un enjuiciamiento de la burguesía decimonónica, que subyace la obra de Galdós, especialmente a partir de la década de los ochenta. En este sentido, podemos ver que Tropiquillos ha abandonado el calor del hogar —en cierto sentido la comunidad humana concebida como una gran familia en armonía con la naturaleza— a cambio de buscar un lucro fabuloso.[14] «Lucro», precisamente, es la palabra que Galdós impone a la segunda versión del cuento, en la edición de 1890, donde antes (en la primera versión en *La Prensa*) había escrito «riquezas», al recordar su «temprana ausencia de la casa paterna para correr en busca de locas aventuras, enardecido por la fiebre del lucro» (417). Ese cambio no es, desde luego, inocente. Galdós siente necesidad de cargar las tintas contra aquel afán, y añade el sustantivo de connotaciones peyorativas. Para fines de su siglo, otro soltero peripatético escogerá mejor: me refiero, claro está, al dulce Mordejai.[15]

---

14. Esta figura está relacionada con Ícaro y con el rey Midas. Pero no tiene que ser una ganancia material fabulosa lo que le lleve a desorbitarse; también puede ser un ideal artístico (con lo cual está muy cerca de ciertas actitudes románticas). Según muestra María Luisa Sotelo, Emilia Pardo Bazán también recrea este tópico en su novela de 1903, *La quimera*, cuyo héroe Silvio Lago es caracterizado por la crítica como un hombre que «buscando siempre la *quimera* de la perfección, el ideal de la perfección, el ideal artístico, finalmente regresa de nuevo a Galicia, con su cuerpo enfermo de tisis y su alma también enferma de sed de trascendencia, de inmortalidad no conseguida [...]» («*La Quimera* de Emilia Pardo Bazán: Autobiografía y síntesis ideológico-estética», en *Homenaje al profesor Antonio Vilanova*, Barcelona, Universidad de Barcelona, 1989, p. 759. Las semejanzas con Zacarías son bastante notables.

15. Como recordará el lector, Mordecai, el ciego moro y judío de *Misericordia*,

Sin embargo, Tropiquillos halla una segunda oportunidad en la persona del *mestre* Cubas y su familia; pues, en su momento de mayor abatimiento, aparece el tonelero, y la naturaleza del relato da un cambio de ciento ochenta grados.

Idilio

El paréntesis de gozo y salud que Tropiquillos encuentra con *mestre* Cubas, su familia y su viña, ocupa la mayor parte del relato. Como si juntara Poe con Virgilio o Hesíodo, Galdós pasa de aquel terrible principio a una escena bucólica, un idilio agrícola, en términos de Bakhtin (*The Dialogic Imagination*, 224-236).[16] Según el crítico ruso, el idilio, desde la Antigüedad, ha tomado esencialmente cuatro formas: el amoroso, el de temas agrícolas, el idilio que trata de trabajos manuales, y el idilio familiar (224). El espacio en todos estos idilios se ancla en un sitio. «La vida idílica y sus sucesos son inseparables de este rincón del mundo espacialmente concreto, donde vivían los padres y los abuelos y donde han de vivir los hijos y los nietos» (225).* Al contrario de las generaciones

---

dado a escoger entre una riqueza fabulosa o una buena y bella mujer, no duda en sacrificar el oro en aras del amor conyugal. En este sentido, se podría pensar en el mito de Atalanta, joven bellísima y atlética, que se casaría tan sólo con el hombre que pudiera vencerla en una carrera, muriendo los que fracasasen. Muchos mueren, pero Peleo tira bolas de oro en el camino a su futura esposa cada vez que ella le sobrepasaba. Atalanta, al recoger las bolas, pierde finalmente la carrera. Así, el muchacho, al desprenderse del oro obtiene el amor. Si se considera el valor simbólico del oro, como síntesis de la civilización urbana, del afán de riqueza acumulada, y, por otra parte, el amor como expresión de un sentido coherente de la vida incorporada en algún orden de salud, este mito podría servir para cifrar algunos aspectos de la evolución madura del pensamiento de Galdós.

16. Bakhtin menciona específicamente las *Geórgicas* como un origen importante del tópico. Galdós también las había citado años atrás en un artículo en *La Nación* (8-II-66), «Galería de españoles célebres. III. D. Alfredo Adolfo Camus»: «En cuanto a las *Geórgicas*, no es necesario decir que Camus se vuelve loco en presencia de aquellas atinadas experiencias agrícolas; empuña el arado, cata la colmena, apacenta las ovejas, ordeña las cabras, siembra el trigo y hasta parece que saborea aquel duro y sabroso queso y aquellas dulces pomas de que nos habla el gran bucólico al fin de su primera égloga» (cit. por Shoemaker, *Artículos*, 268).

* «Idyllic life and its events are inseparable from this concrete, spatial corner of the world where the fathers and grandfathers lived and where one's children and their children will live.»

del tópico que acabamos de ver, que se transmiten sucesivamente la maldición, el idilio celebra precisamente la acumulada fuerza del tiempo generacional en un espacio específico.

Rara vez se encuentra el idilio familiar en estado puro; lo normal es hallarlo precisamente junto con el agrícola, puesto que el idilio familiar no se modela en el motivo pastoral, sino en la vida real del trabajador agrícola (226). Para Bakhtin el tema del trabajo es importante, pues forma el nexo entre los actos de la vida humana y los ritmos de la naturaleza (227). De origen antiguo (Hesíodo, Virgilio), estas formas llegan a la novela del siglo XVIII y XIX. En la novela de provincias, como en el idilio, las fronteras temporales se borran para atenerse al ritmo de la naturaleza (229). En los idilios del siglo XVIII, el tiempo orgánico del idilio se opone al tiempo frívolo y fragmentado de la vida urbana y de la misma historia (228).

Esto ocurre con Zacarías Tropiquillos, pues el sentido del pulso fidedigno de la naturaleza se opone a la fragmentación de su vida anterior, vertiginosa y arrítmica. Como se ve en seguida, la estructura espacio-temporal —lo que Bakhtin llama «cronotópico», «chronotope», en la traducción al inglés (84)— del idilio describe exactamente el «cronotópico» de «Tropiquillos» en su fase vital y regeneradora, tras la aparición del *mestre* Cubas. Pero, si el idilio dieciochesco y decimonónico opone un tiempo «natural» al «histórico», ¿significa esto que Galdós huye de la historia al huir de la ciudad? Es decir, ¿hasta qué punto es «Tropiquillos» tan sólo una deleitosa estructura estética, sin relación precisamente con aquel ritmo «histórico»? Creo que hemos contestado a esta pregunta al seguir la pista del motivo del amante infortunado en las novelas urbanas de su autor. Se trata, precisamente, de una figura característica de la realidad cultural, económica y social de la España decimonónica, a despecho de su «desarraigo» en la ficción en que se encuentra. Por otra parte, y de manera importante, este idilio campestre de Galdós prefigura el redescubrimiento del campo español, ya no como escenario de actitudes ideológicamente retrógradas, como en *Doña Perfecta*[17] o *Gloria*, sino más bien a la manera

---

17. En este sentido compárense las siguientes escenas de orgullo campesino. Cuan-

noventaiochesca, como búsqueda de aquellos valores «intrahistóricos» e históricos, traicionados por lo que pasaba por civilización en la España finisecular, visión que desembocaría en la celebración del campo y la reivindicación del obrero agrícola en *El caballero encantado*.

El idilio de Tropiquillos le lleva a la mesa de Cubas, alrededor de la cual se sientan padres e hijos, tal como lo caracteriza Bakhtin: «Comer y beber en el idilio participa de un proceso natural, social, o, más frecuentemente, familiar: todas las *generaciones* y *edades* [*sic*] se reúnen alrededor de la mesa» (227).*

Señala el crítico ruso: «[...] la gente consume el producto de su propia labor; el producto está ligado figurativamente con el proceso de producción [...] El vino, asimismo, está inmerso en el proceso de su cultivo y producción, y beberlo se relaciona necesariamente con las fiestas que, a su vez, están unidas a ciclos agrícolas» (227).** Y así vemos que el tonelero invita a su joven amigo: «Echa un buen trago de este divino clarete, plantado, cogido, prensado, fermentado, envasado, clarificado y embotellado por mí, en este propio

---

do, en *Doña Perfecta*, Pepe Rey cabalga acompañado por Licurgo por sus tierras se entabla el siguiente diálogo: «—Este campo parece mejor cultivado. Veo que no todo es tristeza y miseria en los Alamillos. [...]

»El labriego puso cara de lástima, y afectando cierto desdén hacia los campos elogiados por el viajero, dijo en tono humildísimo:

»—Señor, esto es mío. [...] entraron en un campo lleno de piedras, sin la más ligera muestra de vegetación.

»—Esta tierra es muy mala —dijo el caballero [...].

»*Licurgo*, lleno de mansedumbre, contestó:

—Esto... es de usted» (418).

En cambio, contrasta la simpatía del narrador hacia otro vinicultor, Cubas, en este pasaje al principio de «Tropiquillos»: «Pues yo, que era pobre, soy rico. Lo debo a mi trabajo, a la ayuda de Dios y a tu padre, que me protegió grandemente. ¿Ves esto?

»Señaló con su mano atlética las lomas cercanas llenas de viñas, cuyos pámpanos, dorados ya, dejaban ver el fruto negro.

»—Pues todo eso es mío.

»—¿Ve usted esto? —le respondí con amargura señalando mi capisayo—: pues ni siquiera esto es mío.»

* «Food and drink in the idyll partake of a natural process that is social or, more often, family: all *generations* and *age-groups* come together around the table.»

** «[...] people consume the produce of their own labor; the produce is figurally linked with the productive process [...] Wine is likewise inmersed in the process of its cultivation and production, and drinking it is inseparable from the holidays that are in turn linked to agricultural cycles.»

sitio» (419). Y caracteriza la vendimia como «el *Corpus Christi* del campo [...]» (419).

¿Cómo comprender este «diálogo»[18] de Poe y Virgilio, del tópico romántico del hombre destruido y abandonado y el opuesto, del hombre completamente integrado en el seno de la sociedad y de la naturaleza? Lo primero que notamos es que cada postura configura un polo extremo, una situación límite, definitoria. Es esta yuxtaposición de contrarios lo que ayuda a explicar la fuerza de este cuentecito. Cada uno de los dos polos sirve para perfilar más dramáticamente el opuesto, como en un claroscuro: más patética es la soledad morbosa a la que regresa Tropiquillos por haber gozado de aquella solidaridad total y gozosa, y más celebrativa y cálida es la sociedad de Cubas al compararla con la desnudez y el aislamiento previos del recogido. Estos dos polos semánticos también se expresan al nivel del ritmo mítico del cuento, formando un contrapunto de gran energía, como en seguida veremos.

Nacer en invierno, morir en primavera

Como vimos, Schulman señala el significado simbólico de Cubas, como Baco, el dios del vino, pero también lo explica como la alucinación etílica de Tropiquillos (104). Schul-

---

18. El concepto de diálogo en Galdós fue desarrollado por Gilman en su artículo «La novela como diálogo: *La Regenta* y *Fortunata y Jacinta*», *NRFH*, 24 (1975), 438-448, y elaborado luego en el capítulo VI de su libro *Galdós and the Art of the European Novel*. Para Gilman un escritor escribe teniendo en cuenta no sólo las obras de otros, sino su propia producción anterior, en un doble «diálogo» activo, y no sólo en la recepción pasiva de «influencias», pues el concepto de diálogo lleva implícito la réplica. Recientemente, Alicia Andreu ha aplicado el concepto dialogal, según lo presenta Mikhail Bakhtin, en algunas novelas galdosianas, en su libro *Modelos dialógicos en la narrativa de Benito Pérez Galdós*, Amsterdam/Filadelfia, John Benjamins Publishing Company, 1989. Lo señalado por Andreu es pertinente para «Tropiquillos», según hemos señalado: «[...] la narrativa galdosiana contiene el principio carnavalesco descrito por Bakhtin en su obra crítica. Semejante a los escritores decimonónicos mencionados [Stendhal, Balzac, Hugo y Dickens], participa la obra de Galdós del realismo grotesco. Al igual que lo que sucedió con el carnaval antiguo, el escritor español incorpora en su narrativa discursos contradictorios provenientes de una variedad múltiple de textos. De esta manera, relativiza el escritor el discurso oficial, aparentemente estable, de la España decimonónica y lo transforma, renovándolo» (xv).

man apoya su interpretación de la borrachera de Zacarías en el pasaje, cerca del final del cuento, en que éste recobra la conciencia tras su síncope: «Sólo sé que todo cambió bruscamente ante mis ojos, que el mundo dio una rápida vuelta, que me encontré arrojado en el suelo debajo de la mesa en un estado que si no era la misma estupidez se le parecía mucho» (422). Y concluye la estudiosa: «Claramente, la narración se ha de entender como las alucinaciones de un borracho» (107).*

Sin duda, la interpretación de Schulman es perfectamente justificable. Pero lo que nos interesa más de su interpretación no es la «explicación» de los hechos extraños como alucinación de un borracho, sino el concepto de un doble discurso en el cuento al nivel de su estructura literaria, es decir, el haber visto que el cuento no funciona meramente como alegoría del otoño en tanto que época de muerte, de la caída de la hoja, sino que en el relato hay una corriente mítica, incluso más poderosa, que va en el sentido contrario: el otoño como época de vida expresada en el vino.

Este motivo vital está ligado en el cuento metafóricamente con la historia de Cristo. Recordemos que Cubas ha llamado la vendimia «el Corpus Christi del campo» (419). También alude al calendario biográfico cristiano, recordando a varios hombres que nacieron, si no en diciembre, en las postrimerías del año, para morir en la primavera: «Casi todos los grandes hombres han nacido en otoño [...] Cervantes, Virgilio, Beethoven, Shakespeare, nacieron en otoño... Pues todos ellos fueron a morirse a la primavera, y verás cómo nacemos en estos meses y nos morimos en los de abril o mayo... ¡Ja, ja, ja!... A los que me hablan mal de mi querido otoño, les digo que es el papá del invierno y el abuelo de esa fachendosa primavera... Vamos a ver: a su vez, es el hijo del verano, que al mismo tiempo viene a ser bisnieto... De modo que...» (421). Y no sale del atolladero el genial vinicultor, achacándole el narrador su confusión al «prurito de unir el ejemplo a la regla en aquel ardiente panegírico del otoño» (421). Vemos que el contrapunto de otoño-muerte-vida y pri-

---

* «Clearly, the narrative is to be understood as the hallucinations of a drunkard.»

mavera-vida-muerte, desemboca por fin en la resolución del ciclo, en el cual cada estación es a la vez engendradora y engendrada. A pesar de la confusión del alegre Cubas, este pasaje representa un esfuerzo por configurar una coherencia redentora que, sin incidir en la mitología de la vida de las almas, ofrece la visión de una totalidad cíclica, de la que el hombre, con sus fiestas, evidentemente forma parte, y que, con su muerte, abona.

Por otra parte, esta sucesión de épocas es descendiente de las grandes épocas clásicas, la dorada, la de plata, etc., a las que alude Virgilio en su Égloga IV, por ejemplo. En tal caso, podría pensarse en un retorno cíclico a la primera de ellas, la de oro, en la que como vimos al comentar «Celín» no hay, cervantina y galdosianamente, ni «mío ni tuyo».

Galdós sugiere en «Tropiquillos» de alguna manera un ritmo transcendente, basado en la naturaleza, que opusiera un sentido a los desplazamientos sincopados del hombre en su civilización, pero el final desastroso del cuento podría indicar un recapacitar frío ante la imposibilidad de aquella reintegración del desahuciado, debido a las contradicciones que Tropiquillos personifica. «Tropiquillos» expresa en su fantasía, «la realidad [...] disfrazándola con afeites imaginativos y perendengues de forma», como dice Galdós en las palabras introductorias a la primera edición del cuento, refiriéndose ostensiblemente a la pintura del otoño, pero que cobran completo sentido dentro del discurso que hemos visto. Y protesta, de nuevo, aparentemente con referencia a la estación, pero de manera pertinente también para estas consideraciones, que, a pesar de la naturaleza literaria de su colaboración (en vez del artículo esperado), «no quiere decir esto que las presentes líneas carezcan en absoluto de oportunidad ni de actualidad» («Fantasía de otoño», *La Prensa* [Buenos Aires], [12 de diciembre de 1884]).[19]

---

19. Reproduzco la introducción, que no se ha vuelto a imprimir fuera de su primera aparición, para que el lector juzgue las palabras arriba citadas en su contexto completo. Como se ve, se podría considerar la frase que sigue a la segunda oración le quita a ésta el sentido de referencia a la realidad histórica y social que en mi opinión tiene el cuento. Pero una consideración de esas palabras («Basta que sean pintura [...] sus encantos») deja claro que son pura fórmula. No dice, a fin de cuentas, que la

Precisamente, se nota en el cuento una desilusión con aquella «actualidad», con los objetivos de la burguesía decimonónica, con su concepto de éxito personal y de progreso colectivo. Esta conciencia en crisis, presentada en «Tropiquillos»? emblemáticamente en su brutal claroscuro, es la misma que crea un Bueno de Guzmán, un Moreno Isla o un Juanito Santa Cruz.[20] ¿Cuál es la importancia de «Tropiquillos? Mucho más que un canto al otoño, es la representación dramática de un «centro» y de un desahucio de ese centro. Por una parte, la imposibilidad de Zacarías para reintegrarse en un «sentido» perdido tiene connotaciones económicas y políticas; por otra, refiérese a un orden espiritual, y ambas alienaciones, no podría ser de otra manera, se relacionan entre sí.

Desde el punto de vista político y económico, el cuento prefigura la nueva dirección del pensamiento ideológico de Galdós, desde una celebración de la burguesía a una crítica

---

oportunidad del tema sea su actualidad climatológica (lo cual, para un público antípoda carecería de sentido), sino tan solo que no se cansa nunca de celebrar esa encantadora estación. Teniendo en cuenta el diálogo con Poe evidente en el relato, y su naturaleza dolorosa, esta razón de almanaque no se puede mantener. Además el sentido referencial del cuento es congruente con su aparición en una columna cuya naturaleza era precisamente el comentario cultural, político y social. La introducción reza así: «España / Correspondencia especial para *La Prensa* / Hermoso cuadro literario / Madrid, Noviembre 9 de 1884. *Señor Director* /.

»Esta vez no he podido resistir la tentación, y dejando a un lado los sucesos corrientes, envío a Ud. una correspondencia exclusivamente literaria.

»Mas no quiere decir esto que las presentes líneas carezcan en absoluto de oportunidad ni de actualidad. Basta que sean pintura y como apoteosis del otoño para que estén dentro de nuestro programa, pues siendo la citada estación la más apacible y hermosa en nuestro clima, no nos cansamos nunca de celebrarla y de ponderar sus encantos. En lo que me extralimito es en ofrecer a mis lectores un cuadro descriptivo, fantaseando la realidad y disfrazándola con afeites imaginativos, y perendengues de forma. Pero las rutinas de mi oficio me impulsan a cometer este pecado. Días ha que se anidaba en mi intención la idea de cometerlo. Mi conciencia de corresponsal *serio*, cuya misión es reseñar los sucesos auténticos y positivos, me argüía en contra de este desmán. La escasa importancia de los acontecimientos del día me impulsaba a probar fortuna en el terreno de la imaginación. Por fin, ha podido más el *vicio* que el deber, y héme dispuesto a trocar la reseña por la pintura, echando hoy aquí, como vulgarmente decimos, "una cana al aire".

»Ruego, pues, a mis bondadosos lectores que sean indulgentes con la ficción exclusivamente dedicado [*sic*] a *LA PRENSA* y que titulo— / *FANTASÍA DE OTOÑO.*»

20. La caracterización que Rodríguez Puértolas hace del «Delfín» pone en evidencia las semejanzas entre él y Tropiquillos: «La destrucción de Juanito no es física ni moral [moral, en el sentido de psíquica, sí lo es, me parece], pero sí es quizá más patética y trágica: la soledad» (*Galdós: burguesía y revolución*, 83).

165

de ese grupo, y finalmente a una lucha estrictamente política contra sus intereses, evolución que se marca durante la escritura de *Fortunata y Jacinta*.[21] Como repudio, consciente o aún inconsciente, del concepto del progreso decimonónico, basado en la explotación de mercados coloniales, como una sublevación del mundo sometido y por ello violado (la imagen sexual es apta, pues hay una fundamental identidad en Galdós entre la relación con el mundo y con una mujer por un hombre, como se ve en la en la cita siguiente, en que se entromete una defraudación conyugal entre desgracias comerciales), se puede considerar esa especie de vómito preexistencial que Tropiquillos sufre al recordar su pasado desde su presente destruido:

> Al ver tanta cosa muerta, me pregunté si no estaría yo también desbaratado y descompuesto [esta imagen daliesca, tomada al pie de la letra, dará lugar a «¿Dónde está mi cabeza?», como veremos] [...]. Esta consideración evocó mil recuerdos: [...] mi temprana ausencia de la casa paterna, para correr en busca de locas aventuras, enardecido por la fiebre del lucro [...] mi sed insaciable de dinero [...] recordé la ceguera a que me llevó mi vanidad y el valor que di a mis fabulosas riquezas, allegadas en los bosques de pimienta y canela, o bien sacada del mar y de los ríos, así como de las quijadas de los paquidermos muertos; extraídos también del zumo que adormece a los orientales y de la hierba verdinegra que aguza el ingenio de los ingleses [...]. Mi decadencia brusca pasó ante mis ojos envuelta en humo de incendios, en olas de naufragios, en aliento de traidores, en miradas esquivas de mujer culpable, en alaridos de salvajes sediciosos, en estruendo de calderas de vapor que estallaban, [...] en atmósfera espesa de epidemias asiáticas, en horribles garabatos de escritura chinesca, en una confusión espantosa de injurias dichas en inglés, en portugués, en español, en tagalo, en cipayo, en japonés, por bocas blancas, negras, rojas, amarillas, cobrizas y bozales [416-417].

Discúlpese la longitud de la cita en vista de su valor crucial dentro del discurso de «Tropiquillos». Este pasaje de en-

---

21. Ver el capítulo I de este trabajo, pp. 25-26 y nota 16.

crespada prosodia, que en su ritmo a veces dáctilo, a veces anapéstico, sugiere el galope (se podría pensar en el ritmo galopante del forajido don Juan), podría considerarse, en su fantasmagoría racial, como anticipo de las vulgares escenas hollywoodescas de indígenas sublevados, generalmente africanos, ante sus bien vestidos señores blancos, de fusta y casco tropical. Es apto emblema de un orden colonial basado en la fuerza militar, cuyo fin era la explotacion de los recursos y mercados que mantenían el imperio, que eran el combustible para la máquina del progreso. El elefante destruido para extraerle sus preciosos colmillos, en sí, es símbolo patético de ese despojo.

Tropiquillos, con sus «locas aventuras», su «fiebre del lucro», su «sed insaciable de fabulosas riquezas» ejemplifica aquella explotación histórica. La alusión al opio, «el zumo que adormece a los orientales» y la mención de los ingleses acto seguido, recordaría los no tan lejanos atropellos que aquellos narcotraficantes oficiales perpetraron en China, país que Inglaterra llenó de opio, provocando dos ventajosas guerras al intentar China cerrar sus puertos al destructivo producto (1839-1842, 1856). Como resultado, China fue obligada a admitir en sus puertos todo el opio que los negociantes ingleses quisieron vender.

Razones concretas como las señaladas en este pasaje, y otras de características menos mensurables, si bien determinantes en la psique colectiva, hacían a algunos cuestionar el concepto europeo del progreso, hacia el último cuarto del siglo XIX, y forman el contexto en el cual la visión formal —la estética— de ese siglo «positivo», que podríamos llamar «realismo», fue desplazado por el surgimiento del modernismo europeo.

El malestar de la cultura española provoca en Galdós imágenes de enfermedad y aniquilamiento, como vemos en «Tropiquillos», e imágenes de cadáveres, en el viejo Galdós, como recuerda Gilman (*Galdós*, 121). Y añade el crítico: «La condición de España, claro está, era tan sólo un reflejo nacional de un malestar mucho más amplio en la civilización occidental, que se hizo notar hacia finales del siglo y que fue explicado por Max Scheler como el resultado de un vacío metafísico [...] que era el efecto inevitable de ambos el historicismo y el positivismo [...]. Por otra parte, Marx, según Edmund Wilson, se empeñaba "en los años centrales de su producción" en demostrar que un sistema basado en la crueldad, recubierto de una falsa apariencia moral "que animaba al por mayor la hipocresía [...] era una característica intrínseca e irremediable de la estructura económica misma"» (*Galdós*, 121-122, nota 64).*

La «mala conciencia» de Usher, de Tropiquillos y otros muchos personajes, refleja aquella realidad, y redundaba en dos discrepancias: entre la voluntad y la palabra (es decir, la mentira), y entre la voluntad y el amor (quizás la palabra fundamental). La mentira formaba parte fundamental no sólo de los discursos de los políticos, sino del «discurso» (en el sentido bakhtiniano de lengua e ideología mutuamente implicadas)[22] de la cultura en general que, desacreditada, va cediendo su puesto a nuevos enunciados sociales y artísticos.

El amor, tema galdosiano y cervantino esencial (junto con el de la libertad) es imposible en «Tropiquillos». Como señala Rodríguez-Puértolas en su estudio sobre Cervantes y Galdós, el amor y la naturaleza están unidos en el concepto neoplatónico (y, diríamos, desde luego en el original concepto de Platón),[23] que informa tanto el pensamiento cervantino

---

* «Spain's condition, of course, was only one national reflection of a far more widespread malaise of Western civilization, which became apparent towards the end of the century and which was explained by Max Scheler as derived from a metaphysical vacancy [...] which was the inevitable result both of historicism and positivism [...] Marx, on the other hand, according to Edmund Wilson, was intent "in the middle years" on demonstrating that a system based on ruthlessness covered with moral pretense "with its wholesale encouragement of cant [...] was an inherent and irremediable feature of the economic structure itself".»

22. «Un lenguaje particular en la novela —indica el crítico ruso— es siempre una manera particular de ver el mundo, que intenta llegar a un significado social [A particular language in the novel is always a particular way of viewing the world, one that strives for a social significance]» (333). Ver el capítulo titulado «Discourse in the Novel», en *The Dialogical Imagination*, ya citado.

23. Véase Gustavo Correa, «Galdós y el platonismo», *Anales Galdosianos*, 7 (1972), 3-17. Correa concluye que «es posible afirmar que Platón influyó desde muy temprano en la obra novelística de Galdós. Las influencias del filósofo griego son en algunas ocasiones de carácter específico. En general, puede hablarse más propiamente de una influencia difusa, aunque no por ello menos efectiva y persistente. Ante todo, la lectura de los diálogos de Platón debió prestar al novelista ciertas direcciones fundamentales que iban a ser decisivas en su concepción del hombre y de la sociedad» (12-13).

como el de su más grande discípulo (70). De ahí que Zacarías Tropiquillos —fugazmente— se integre en la naturaleza a la vez que en el amor, pero lo pierde todo. Este es, pues, el sentido de la figura del amante infortunado en Galdós, un ser no meramente en soledad sentimental, sino, más radicalmente, un ser alienado de la naturaleza, en última instancia, hasta de su propia naturaleza, como veremos en el último cuento de este capítulo.[24]

«¿Dónde está mi cabeza?»

Descendiente directo de Zacarías Tropiquillos es el extraño protagonista de «¿Dónde está mi cabeza?». Este relato fue publicado por primera vez en 1892, en el número especial de Navidad de *El Imparcial*, entre los del 30 y 31 de diciembre, en las páginas 6 y 7.

La trama es chocante. Un hombre despierta sin cabeza. Tras comprobar con el tacto la mutilación, pide la verificación de su criado, y posteriormente la ayuda del doctor Miquis. El afable médico le sugiere que puede haber dejado su cabeza en la casa de una marquesa con la que, al parecer, mantiene unas relaciones ilícitas. En el camino a la casa de su amiga, entra en una peluquería, en cuyo escaparate acaba de ver su cabeza. Allí una hermosa mujer se le acerca, peine

---

24. Cerca del final de la curva de su grande imperio, Inglaterra pudo producir este emblema perfecto de los efectos de sus contradicciones, en voz de Evelyn Waugh quien, en *Brideshead Revisited*, describe la perspectiva que el capitán Charles Ryder tenía enfrente de su campamento: «Al otro lado del camino, ocasión de muchos comentarios irónicos, medio escondido, aun en el invierno, por los árboles protectores, estaba el asilo de locos de la municipalidad, cuya verja de hierro fundido y noble portón ponían en evidencia nuestro áspero alambrado. Los veíamos a los locos, en días apacibles, pasearse y dar saltitos entre el agradable césped y las cuidadas veredas de grava; felices colaboracionistas que habían abandonado la lucha desigual, resueltas todas las dudas, cumplida toda obligación, herederos indisputables de un siglo de progreso, que disfrutaban la herencia a su placer [Over the way, the subject of much ironical comment, half hidden even in winter by its embosoming trees, lay the municipal lunatic asylum, whose cast-iron railings and noble gates put our rough wire to shame. We could watch the madmen, on clement days, sauntering and skipping among the trim gravel walks and pleasantly planted lawns; happy collaborationists who had given up the unequal struggle, all doubts resolved, all duty done, the undisputed heirs-at-law of a century of progress, enjoying the heritage at their ease]» (4).

en mano, y el cuento se corta abruptamente. La edición de Aguilar omite la advertencia final del autor: «La continuación en el número de Navidad del año que viene» —continuación que no se publicó nunca, en lo que yo haya podido averiguar, por razones inherentes al cuento, que luego veremos.

Inicio maravilloso

En vista de lo poco leídos que son estos relatos de Galdós, transcribiré el comienzo de éste con cierto detenimiento:

> Antes de despertar, ofrecióse a mi espíritu el horrible caso en forma de angustiosa sospecha, como una tristeza hondísima, farsa cruel de mis endiablados nervios, que suelen desandarse con trágico humorismo. Desperté; no osaba moverme, no tenía valor para reconocerme y pedir a los sentidos la certificación material de lo que ya tenía en mi alma todo el valor del conocimiento. Por fin más pudo la curiosidad que el terror; alargué mi mano, me toqué, palpé... Imposible exponer mi angustia cuando pasé la mano de un hombro a otro sin tropezar en nada... El espanto me impedía tocar la parte, no diré dolorida, pues no sentía dolor alguno... la parte que aquella increíble mutilación dejaba al descubierto... Por fin, apliqué mis dedos a la vértebra cortada como un troncho de col; palpé los músculos, los tendones, los coágulos de sangre, todo seco, insensible, tendiendo a endurecerse ya, como espesa papilla que al contacto del aire se acartona... metí el dedo en la traquea, tosí... Metílo también en el esófago, que funcionó automáticamente queriendo tragármelo...; recorrí el circuito de piel de afilado borde... Nada, no cabía dudar ya. El infalible tacto daba fe de aquel horroroso, inaudito hecho. Yo, yo mismo, reconociéndome vivo, pensante y hasta en perfecto estado de salud física, no tenía cabeza [1.647].

Si he copiado extensamente este pasaje, es para que el lector no se ahorre ninguno de los minuciosos detalles anatómicos que prodiga el narrador. Precisamente, se trata de establecer la certidumbre maravillosa de este acontecimiento.

Para asentar esta premisa, el narrador acude exclusivamente al sentido del tacto. En la lengua, este sentido juega el papel verificador por excelencia, hablándose de «verdad palpable» o «hechos palpables». Ejemplarmente, en la historia de Jesús, se expresa el poder certificador del tacto en el episodio de Tomás. Por otra parte, privilegiar este sentido es «verosímil» dentro de la economía ontológica del inicio del cuento, por la sencilla razón de que sin cabeza carecería el protagonista de los otros cuatro —aunque luego, al cambiar la modalidad del cuento, el protagonista hable y vea. En todo caso, no cabe duda de que el narrador quiere establecer lo más vívidamente posible la facticidad de este hecho inaudito; de ahí que él mismo se refiera al «infalible tacto», que elimina «la duda».

Una vez eliminada la duda, el relato se podría caracterizar como «maravilloso» según la categorización de Todorov.[25] Sin embargo, la ambigüedad aparece desde las primeras palabras: «Antes de despertar» sugiere el socorrido truco del sueño, como desenlace explicatorio. Además, se insinúa el otro gran predator de la maravilla, la locura; el narrador menciona sus «endiablados nervios», y luego especifica que goza de perfecto estado de salud «física», dejando la otra salud —la salud mental— en plena libertad para el deterioro.

La reacción de los otros

La ambigüedad aumenta por medio de la reacción de los personajes circundantes: el criado, los transeúntes, los muchachos, el doctor Miquis, la peluquera y el mismo narrador en tanto otro, cuando «ve» su propia cara en el escaparate de una peluquería. La primera reacción de nuestro héroe es llamar a su criado:

---

25. Como vimos, Todorov caracteriza lo maravilloso por la aceptación indudable de nuevas leyes de la naturaleza dentro de los esquemas cosmológicos del cuento; lo fantástico, por otra parte, depende de la incertidumbre, del personaje como del lector, frente a hechos que no se manifiestan claramente como «naturales» ni como «maravillosos». Ver la introducción a este estudio, pp. 18-22.

> [...] el pensar en la estupefacción de mi criado cuando me viese, aumentaba extraordinariamente mi ansiedad.
> Pero no había más remedio; llamé... Contra lo que yo esperaba, mi ayuda de cámara no se asombró tanto como yo creía [1.647].

Más bien mira a su amo «con lástima silenciosa». Cuando vuelve el criado de cumplir la orden de su señor, que fuera a buscar su cabeza, cuenta el narrador: «[...] con su afligida cara y su gesto de inmenso desaliento, sin emplear palabra alguna, díjome que mi cabeza no parecía» (1.648). La última palabra del criado consiste, pues, en no tenerla, ambigüedad que se repite en los demás testigos, quienes también reaccionarán con una absoluta falta de terror.

Cuando decide ir a la consulta del doctor Miquis, nota el protagonista:

> Mandé traer un coche, porque me aterraba la idea de ser visto en la calle y de que me siguieran los chicos, y de ser espanto y chacota de la muchedumbre. Metíme con rápido movimiento en la berlina. El cochero no advirtió nada, y durante el trayecto nadie se fijó en mí [1.649].

Cuando llega a la casa del doctor Miquis, éste reacciona con una absoluta normalidad. Pero es allí donde por fin se empieza a solucionar el terrible problema, y donde, de paso, el cuento cambia de rumbo. En un pasaje en estilo indirecto libre, el narrador parafrasea las observaciones del afable médico:

> ¿Quién tenía la cabeza? Para despejar esta incógnita convenía que yo examinase en mi conciencia y en mi memoria todas mis conexiones mundanas y sociales. ¿Qué casas y círculos frecuentaba yo? ¿A quién trataba con intimidad más o menos constante y pegajosa? ¿No era público y notorio que mis visitas a la marquesa viuda de X... traspasaban por su frecuencia y duración los límites a que debe circunscribirse la cortesía? ¿No podría suceder que en una de aquellas visitas me hubiera dejado la cabeza o me la hubiera secuestrado y escondido, como en rehenes que garantizara la próxima vuelta? [1.649].

Con esta riquísima sugerencia empieza a vislumbrarse el sentido del cuento. Primero, se hace explícita la estructura logomimética del relato. Es decir, la frase hecha ¿dónde está mi cabeza?», en su sentido cotidiano, se ha tomado al pie de la letra, produciendo esta extraña decapitación,[26] y aquí se revierte a su significado habitual, en la pregunta de Miquis, pues nos indica que el protagonista, precisamente, ha perdido la cabeza (o la chaveta) por una mujer, un acontecimiento claramente dentro del mundo que consideramos normal. Segundo, esta adivinación de Miquis cambia el rumbo del cuento desde un relato de obsesión personal, psicológica, hacia otro de dimensiones sociales, pues al mencionar la notoriedad de ese amor censurable, mete en juego una escala de valores socio-sexuales, que luego volveremos a considerar. Tercero, presenta la imagen mítica de la mujer decapitadora que es, como veremos, la mujer castrante, figura temible para el hombre burgués que aparece en las artes plásticas y la literatura decimonónica con una frecuencia sólo comprensible tratándose de una neurosis social.[27]

Antes de dejar al adivinador y esclarecedor doctor Miquis, notemos que el narrador nos cuenta sus palabras en estilo indirecto libre. Este recurso, que mezcla la voz y la conciencia del personaje con la voz de aquel que la narra, sugiere que el proceso de análisis de aquel malestar se ha desarrollado por medio de la doble participación de paciente y médico. A esta conclusión nos llevan también las interrogaciones retóricas, que sugieren una estructura dialogada, es decir, una indagación hecha por la colaboración de dos conciencias. Lo que es más importante, sin embargo, es la transgresión de la integridad del sujeto que este pasaje evidencia, mediante la cual el sujeto es informado por los objetos que le rodean y a su vez se vierte sobre ellos en un vaivén típico de los sueños, como veremos.

Además del cuento, el protagonista también encuentra un nuevo rumbo, y va derecho a la casa de la marquesa:

---

26. El término «logomimesis», como recordará el lector, lo caracteriza Clayton Koelb en su libro *The Incredulous Reader: Literature and the Function of Disbelief*, p. 42.
27. Según muestra Peter Gay en *Education of the Senses*, pp. 200-202.

> La esperanza me alentaba —confiesa—. Corrí por las calles hasta que el cansancio me obligó a moderar el paso. La gente no reparaba en mi horrible mutilación, o si la veía no manifestaba gran asombro.
> Algunos me miraban como asustados; vi la sorpresa en muchos semblantes, pero el terror, no [1.649-1.650].

Notemos, de pasada, esta falta de terror en todos los personajes secundarios. Tal reacción podría servir como caracterización general de los relatos inverosímiles de Galdós, en su totalidad, pues es notabilísimo que ninguno provoque el terror, aunque sí la curiosidad, la sorpresa y la reflexión.

Finalmente, ve su cabeza en el escaparate de una peluquería, y reclama mentalmente la certificación de los demas:

> Ideas contradictorias cruzaron por mi mente. ¿Era? ¿No era? Y si era, ¿cómo explicar el pasmoso parecido? Dábanme ganas de detener a los transeúntes con estas palabras: «Hágame usted el favor de decirme si es ésa mi cabeza». [Entra en la peluquería.] [...] Dado el primer paso, detúveme cohibido, recelando que mi descabezada presencia produjese estupor y quizá hilaridad. Pero una mujer hermosa, que de la trastienda salió risueña y afable, invitóme a sentarme, señalando la más próxima silla con su bonita mano, en la cual tenía un peine [1.650].

Nadie reacciona como era de esperar ante su mutilación. Por una parte, esta ambigüedad nos sitúa en el filo de la indecisión que señala Todorov, como vimos, característica fundamental del cuento propiamente fantástico;[28] por otra parte, esta falta de reacción guarda una fascinante semejanza con las características de los sueños.

Elementos oníricos

Además de la frase inicial que vimos («Antes de despertar»), aparece poco después otra alusión a los sueños:

---

28. Ver la nota 25 de este capítulo.

«[...] y el caso era de robo más que de asesinato; una sustracción alevosa, consumada por manos hábiles, que me sorprendieron indefenso, solo y profundamente dormido» (1.647). Pero no sólo en estas juguetonas posibilidades anecdóticas —de que todo el cuento sea un sueño— se muestra la afinidad con lo onírico. La frase que da el título al cuento, la falta de cualquier reacción de espanto por parte de los otros personajes, que vimos, y el valor simbólico de la trama son idénticas a las estructuras que Freud tipifica en los sueños en su primer, fundamental libro, *La interpretación de los sueños*.

La frase que recoge el título de la obrita, «¿Dónde está mi cabeza?», pone de manifiesto la estructura logomimética del relato, como ya indiqué de pasada. Merece la pena ahora reconsiderar esta forma. Clayton Koelb ofrece el ejemplo de «Las cabezas traspuestas» de Thomas Mann cuya historia, como la de Galdós (aunque se trate, evidentemente del castellano y no el alemán en nuestro cuento) «proviene de una lectura "letética" [en la que el lector asume una postura de suspensión de su incredulidad] de la frase alemana *"den Kopf verlieren"*» (51),* o sea, perder la cabeza (en este caso, también por una mujer).[29]

Logomimesis es también, como recordará el lector, una de las características de los sueños. Freud cita muchos ejemplos: la señorita «Blanca» provoca un sueño con una mujer vestida de blanco (II, 245); la mujer que sueña de «impresiones en los niños» sueña que un niño tiene la cabeza deformada por una gran presión (II, 239); o la mujer que soñaba que estaba en la ópera, y el hombre a quien deseaba ver estaba en una torre en medio del público, porque lo estimaba en muy alto (II, 182-183). El sueño, igual que el cuento fantástico, representa al pie de la letra las figuras metafóricas de la lengua y, al hacerlo, pone en evidencia una fisura en la psique individual y colectiva.

La falta de una reacción de espanto en los personajes circundantes también tiene una estructura homóloga en la

---

* «[...] arises from the lethetic reading of the German phrase *den Kopf verlieren*.»
29. Ver el capítulo II, nota 3 de este estudio.

configuración del sueño. A propósito de ello, Todorov aduce el ejemplo de «La metamorfosis» de Kafka:

> La chose la plus surprenante est précisément l'absence de surprise devant cet événement inouï, tout comme dans *Le nez* de Gogol («on ne s'étonnera jamais assez de cette manque d'étonnement», disait Camus à propos de Kafka) [177].

En su excelente artículo «Kafka and the Dream», Selma Fraiberg establece la relación esclarecedora que los cuentos de Kafka guardan con sus sueños, documentados, como es sabido, en sus diarios. Con respecto a la misma falta de reacción notada por Todorov y Camus, Fraiberg nota, siguiendo a Freud, que tales silencios pueden ser el resultado de una censura efectuada por los mecanismos de represión de la psique. «De esta manera —añade— recuerdos antes dolorosos aprecen en la conciencia como imágenes vacías o separadas de su cuerpo, fantasmas de sí mismas que ya no espantan por que no están [...] animadas por su carga orginal de energía» (215).* Freud observa este mecanismo en los sueños:

> Ha despertado siempre extrañeza el que las representaciones oníricas no traigan consigo muchas veces aquellos afectos que nuestro pensamiento despierto considera necesariamente concomitantes a ellas [...]. Sueños que nos muestran en una situación espantosa, peligrosa o repulsiva no nos hacen experimentar el menor miedo ni la más pequeña repugnancia [...] [*Sueños*, III, 41].

Esta falta de reacción afectiva, de sentimiento, en el soñador, se puede proyectar sobre los personajes circundantes, como ocurre en uno de los sueños típicos[30] que Freud comenta, el sueño de exhibición:

---

* «In this way once painful memories appear in consciousness as empty or disembodied images, ghosts of themselves which hold no real terror because they are not [...] animated by the original full charge of energy.»

30. Freud describe un sueño típico como uno de «cierto número de sueños que casi todos soñamos en idéntica forma y de los que suponemos poseen en todo individuo igual significación» (*Sueños*, II, 84).

> Otro carácter del sueño típico de este género es que jamás nos hace nadie reproche alguno, ni siquiera repara en nosotros, con motivo de aquello que tanto nos avergüenza [...].
>
> El avergonzado embarazo del sujeto y la indiferencia de los demás constituyen una de aquellas contradicciones tan frecuentes en el fenómeno onírico. A la sensación del sujeto correspondería, lógicamente, que los demás personajes le contemplasen con asombro, se burlaran de él o se indignasen a su vista. Esta desagradable actitud de los espectadores ha quedado, a mi juicio, suprimida por la realización de deseos, mientras que la no menos desagradable sensación de vergüenza ha logrado perdurar, mantenida por un poder cualquiera, resultando así la falta de armonía que observamos entre las dos partes de este sueño [*Sueños*, II, 86].

La desnudez no reconocida por el público recuerda el cuento del traje nuevo del emperador. En tal caso, el protagonista del sueño, y por analogía de «¿Dónde está mi cabeza?», sería el emperador mismo a punto de descubrir su propia falta. Freud advierte la conexión entre un sueño típico de exhibición y el famoso cuento:

> El falsario es el sueño; el rey, el sujeto mismo, y la tendencia moralizadora revela un oscuro conocimiento de que en el contenido latente se trata de deseos ilícitos sacrificados a la represión [*Sueños*, II, 87].

Esta es exactamente la situación en el cuento de Galdós. No sólo ve el protagonista-narrador la misma falta de reacción en los otros, sino que el elemento de culpabilidad se vislumbra en la suave reprobación de Miquis al revelarle la etiología de su mutilación: unas relaciones sexuales ilícitas. Además, la relación del cuento de Galdós con el cuento popular del emperador, que el parangón con un sueño típico de exhibición ha puesto de manifiesto, encauza la comprensión del cuento hacia significados de orden social: la hipocresía y el miedo a la crítica de la comunidad, grupo que, por otra parte, es partícipe de la misma falta (la bastardía en el cuento) que criticaría.[31]

---

31. Así como Zacarías Tropiquillos vuelve a ser «recreado» en Moreno Isla y Bue-

Recapitulemos. Una vez establecida la estrecha semejanza entre el cuento fantástico de Galdós y la estructura de los sueños, estamos mejor preparados para comprender la forma del cuento y ver en ella su sentido. Como comenta Freud, «las relaciones de nuestros sueños típicos con las fábulas y otros temas de creación poética no son ciertamente escasas ni casuales (*Sueños*, II, 89-90).

Si se acepta que la literatura fantástica se gesta en un registro de la psique muy próximo al de los sueños, como espero que los muchos paralelos que hemos visto así lo indique, y como se ha mantenido en muchas ocasiones por varios estudiosos de ambos fenómenos creativos,[32] estamos ante la posibilidad de ver la crítica que este cuento entraña.

---

no de Guzmán, el protagonista de «¿Dónde está mi cabeza?» reincide en la misma figura. Como me señala la profesora Martha Krow-Lucal en un comentario que hizo a la conferencia mía en la que se basa el estudio de este cuento, especialmente el capítulo IX de la primera parte de *Lo prohibido*, se relaciona con él: «Es allí —indica Krow-Lucal— que José María habla claramente de su enredo con Eloísa, y subraya el hecho de que todos saben de esto (incluso la familia), pero que nadie (aparte de Camila) le comenta nada. Así como ninguno de los transeúntes de "¿Dónde está mi cabeza?" se extraña de verlo sin cabeza [...] [lo que representa sus relaciones con la marquesa] nadie se espanta de lo que hay entre los primos. La sociedad corrupta de la Restauración también tiene su papel que desempeñar». Incluso la descripción que José María Bueno de Guzmán hace de sí mismo recuerda al protagonista del cuento que nos concierne: «Francamente, en mi cerebro había algo anormal, un tornillo roto, como gráficamente decía mi tío al descubrir las variadas chifladuras de la familia. Yo no estaba en mí en aquella época; yo andaba desquiciado, ido, con movimientos irregulares y violentos, como una máquina a la cual se le ha caído una pieza importante» (1.728).

32. Además de Freud, Selma Fraiberg, Peter Gay y Rosemary Jackson, ya citados, puede verse T.E. Apter, *Fantasy Literature*, Bloomington: Indiana University Press, 1982: «En cuanto exhibe características oníricas, la literatura fantástica es particularmente susceptible a la interpretación psicoanalítica de los sueños. Al llevar la impronta del proceso inconsciente —atemporalidad, fragmentación, contradicción mutua, exageración, distorsión, desplazamiento, condensación— tienta al crítico a leer tal literatura como una manifestación del proceso del inconsciente [In its display of dream characteristics, fantasy literature is peculiarly susceptible to psychoanalytic interpretation of dreams. In bearing the mark of unconscious process —timelessness, fragmentation, mutual contradiction, exaggeration, distortion, displacement, condensation— it tempts the critic to read such literature as an exhibition of unconscious process]» (4). Por su parte, Ursula K. Le Guin afirma: «Las grandes fantasías, mitos y cuentos son, de hecho, como sueños: hablan *desde* el inconsciente *al* inconsciente —en el idioma del inconsciente— símbolo y arquetipo [The great fantasies, myths, and tales are indeed like dreams: they speak *from* the unconscious *to* the unconscious —in the *language* of the unconscious— symbol and archetype]» (citado en John Timmerman, *Other Worlds: The Fantasy Genre*, Bowling Green, OH, Bowling Green University Press, 1983, p. 26).

Igual que en los sueños de exhibición, se trata de la dramatización de un sentimiento de culpabilidad que busca expiarse a través de la confesión con *otros* —unos otros en los que el protagonista proyecta su autodenuncia. En términos freudianos, el protagonista (el ego) acude al juez-público (el super ego) en busca de la certificación de su falta (confirmación del castigo). Por tanto, Miquis y los demás personajes secundarios son espejos de la propia ansiedad del protagonista, como lo demuestra el que el silencio de los otros se colme con el ruido de la conciencia del protagonista, pues él ve en la reacción del criado y en Miquis la confirmación de su mutilación. También así se comprende mejor la oportunidad del estilo indirecto libre, en que vimos unidas la voz del narrador-protagonista y las reprobaciones cruciales de Miquis, el *otro* principal del cuento.

Pero ¿cuál es el origen de aquella ansiedad en busca de censura, y de qué manera —pues un cuento es un enunciado dentro de una colectividad— transciende la conciencia personal para ejercer su enunciado crítico en el orden colectivo?

Salomé, Dalila y Judit

Podríamos empezar por considerar la censura textual que el propio Galdós ejerce: su final silencioso, la interrupción de la conclusión del relato. Recordemos que el protagonista va camino de la casa de la marquesa cuando ve en un escaparate de una peluquería a su propia cabeza, con la diferencia de que la cabeza del protagonista «apenas tenía cabello que peinar, y aquella cabeza ostentaba una espléndida peluca» (1.650). Entra y concluye el cuento, como vimos: «[...] una mujer hermosa, que de la trastienda salió risueña, y afable, invitóme a sentarme, señalando la más próxima silla con su bonita mano, en la cual tenía un peine» (1.650).

Puesto que, como enseña Freud, la represión sexual hace uso de la tansposición de una parte inferior del cuerpo a otra superior, representando frecuentemente los órganos genitales por la cara (o parte de la cara, como la nariz o los ojos —de allí la castración simbólica de Edipo), la pérdida de la cabeza, así como cortarse el pelo, se nos revelan como expresiones del miedo de castración a manos de un padre justiciero (la conciencia, o el super ego).[33]

Que el final del cuento galdosiano pertenece al acervo general de mitos particulares y colectivos lo atestiguan, además de la historia de la peluquera bíblica, dos fascinantes testimonios decimonónicos. Narra Peter Gay: «No era la primera vez [...] que el diario de los Goncourt registraba sueños de castración. En noviembre, 1855, indica que uno de los dos hermanos, casi seguramente Jules, soñó con una mujer en una jaula de piedra, una especie de jaula de osos. "Entré", y, "apenas había entrado, una criada me cogió y me pellizcó la nariz entre sus dos dedos, como un peluquero, y con su otra mano, me metió algo en la boca que era algo en un papel"» (200).*

Y Freud registra el siguiente sueño: «Un estudiante, enfermo hoy de una grave neurosis obsesiva, recuerda que a los seis años tuvo repetidas veces el sueño siguiente: va a la peluquería a cortarse el pelo. De pronto aparece una mujer de alta estatura y severo rostro y le corta la cabeza. En esta mujer reconoce a su madre» (II, 204).

Este final del sueño del paciente de Freud ofrece una fascinante pista para considerar a la peluquera del cuento de

---

33. En cuanto a la transposición vertical, ver *La interpretación de los sueños*, II, p. 227. Con respecto a la castración, explica Freud: «La calvicie, el cortarse el pelo, la extracción o caída de una muela y la decapitación son utilizadas para representar simbólicamente la castración» (II, 195). Como me indicaba mi amigo el profesor Salustiano Martín González, es eminentemente lógica, gracias a la comprensión de esta simbología, la enervación de Sansón, pues nadie ha perdido sus fuerzas por un recorte de pelo, aunque se entiende perfectamente tratándose de la castración que simboliza. Por otra parte, la historia reincide en la simbología de la castración, pues también lo cieguen sus tormentadores. Fascinante leer que el atleta judío se venga de sus enemigos, precisamente gracias a las dos grandes columnas del templo, dobles falos simbólicos de su potencia recuperada, que al ser empujadas, convertidas en instrumentos de exterminación, provocan el derrumbamiento del palacio filisteo. Curiosamente, esta visión simbólica explica también el fondo común de las expresiones «tomar el pelo» a alguien, o en inglés, igualmente elocuente, «to pull someone's leg».

* «This was not the first time, [...] that the Goncourt journal records dreams of castration. In november, 1855, it notes one of the brothers, almost certainly Jules, had dreamt of seeing a woman in a stone cage, a kind of bear cage. "I entered", and "hardly inside, a chambermaid took hold of me and squeezed my nose between two fingers, like a barber and with her other hand, thrust something into my mouth which was something on paper".»

Galdós como repetición de la misma figura castrante de la marquesa. Vemos por qué al aproximarse la peluquera con un peine —palabra que se impone en vez de la posible «tijeras» por su calco fonético (inconsciente, evidentemente) de «pene», miembro castrante paterno— el cuento se interrumpe antes de su lógica, pero intolerable consumación. Como explica Selma Fraiberg en relación a Kafka: «A partir de estas ideas sobre las defensas contra los sentimientos que Kafka empleaba en sus escritos, creo que también puedo deducir la razón por la cual tantos cuentos suyos están sin terminar. Frecuentemente, sus cuentos y bosquejos se cortan al surgir una señal de peligro. Me parece probable que en aquellos sitios en sus cuentos donde una fuerte emoción amenaza con atropellar las defensas, sea donde se corte la historia. La historia se interrumpe igual que el sueño, y puede que por las mismas razones» (215).*

El protagonista, incapaz de tolerar su culpabilidad por sus relaciones ilícitas, soluciona el problema castrándose, en lo que puede ser, efectivamente, su propio sueño, como, en cierto sentido se castra el cuento. Además de la decapitación y el corte de pelo, debemos añadir que el protagonista es calvo, otro símbolo de castración en los sueños, como también lo es su masturbación simbólica:

> Y enlazando estas impresiones, vine a recordar claramente un hecho que llevó la tranquilidad a mi alma. A eso de las tres de la madrugada, horriblemente molestado por el ardor de mi cerebro, y no consiguiendo atenuarlo pasándome la mano por la calva, me cogí con ambas manos la cabeza, la fui ladeando poquito a poco, como quien saca un tapón muy apretado, y al fin, con ligerísimo escozor en el cuello, me la quité y cuidadosamente, la puse sobre la mesa. Sentí un gran alivio, y me acosté tan fresco [1.648].

---

* «From these ideas on the defenses against affect which Kafka employed in his writing, I think I can also deduce the reason why so many of his stories are unfinished. Frequently Kafka's stories and sketches break off at the critical moment as a dream breaks off when a signal of danger occurs. It seems probable to me that at those points in Kafka's stories where a strong emotion threatens to break through the defenses, the story breaks off [...]. The story breaks off just as the dream breaks off and this may be for the same reasons.»

Es importante señalar esta masturbación simbólica porque recoge una verdadera obsesión con ese acto íntimo a lo largo del siglo XIX en Europa, como indica Peter Gay en su libro *The Education of the Senses*: «El persistente pánico ante la masturbación es más fácil de documentar que de explicar. Extremadamente "sobredeterminado", era un síntoma cultural cargado de sentidos enigmáticos que alcanzaban a toda la sociedad decimonónica y al profundo centro inconsciente de sus más problemáticas obsesiones» (309).* En Génesis 38, Onán se niega a fecundar a la viuda de su hermano, «y cuando entraba en [ella] [...] vertía en tierra». Este abandono, en sus dos interpretaciones de coito interrumpido o masturbación, es delito tan grande que recibe el castigo de la muerte. Si consideramos que la estabilidad de la familia era una de las bases del orden burgués, vemos que el pecado de Onán, cuya consecuencia inmediata es no formar otra familia, ataca simbólicamednte esa institución. Esto es uno de los «sentidos enigmáticos» que la obsesión con la masturbación en el siglo burgués entraña dentro de la dialéctica sexo-sociedad (tanto en el siglo XIX como en su modelo antonomástico bíblico) y su condena es comprensible en el contexto de un grupo social regido por normas culturales y judiciales que dependen de la implicación mutua de familia y propiedad.

Sin duda, esta obsesión es parte de la preocupación por la castración, cuya presencia a lo largo del siglo XIX documenta Gay.[34] El miedo a la castración se expresó en ese siglo en las artes literarias y plásticas con frecuencia, muchas veces aprovechando figuras de la Biblia, como muestra Gay: «[...] lo que había sido un hilito en la primera mitad del siglo XIX creció al nivel de una inundación en la segunda, si bien el elenco de personajes no cambia apenas: la hembra vengativa, la cortesana asesina, la vampira inmortal, todas mantuvieron su dominio sobre la imaginación decimonónica. También la hermandad castrante: Salomé decapitando a san

---

* «The persistent panic over maturbation is far easier to document than to explain. Heavily overdetermined, it was a cultural symptom laden with baffling meanings that reached across nineteenth-century society and down into the buried unconscious core of its most troubling preoccupations.»

34. Ver especialmente la sección titulada «The Castrating Sisterhood», 192-213.

Juan Bautista, Judit castigando a Holofernes de la misma irrevocable manera, Dalila, más discreta, aunque no menos eficaz, cortando el pelo de Sansón» (201).*[35]

«¿Dónde está mi cabeza?» es un cuento que expresa uno de los temas obsesivos de la burguesía decimonónica europea, y, por tanto, representa una crítica a esa sociedad, a su mala conciencia[36] y la hipocresía que cuarteaba su ansiosa coherencia. Como indica Todorov: «Le XIXe siècle vivait, il est vrai, dans une métaphysique du réel et de l'imaginaire, et la littérature fantastique n'est rien d'autre que la mauvaise conscience de ce XIXe siècle positiviste» (176-177, cit. en Bessière, 58), postura que prefigura importantes actitudes del existencialismo.[37] Miquis ofrece la pista fundamental cuando

---

* «[...] what had been a trickle in the first half of the nineteenth century rose to a flood in the second half, though the cast of characters did not materially change: the vengeful female, the murderous courtesan, the immortal vampire all retained their grip on the nineteenth-century imagination. So did the castrating sisterhood: Salome beheading John the Baptist, Judith punishing Holofernes in the same irrevocable fashion, Delilah, more circumspect though no less effective, cutting Samson's hair.»

35. Sara López-Abadía Arroita también le sigue la pista al mito de Salomé como figura principal en el movimiento simbolista europeo; ver su estudio «Salomé, un mito finisecular: De Flaubert a Oscar Wilde», *Estudios de Lengua y Literatura Francesa*, 2 (1988), 125-133. Mito insidioso, llegó a ornar las paredes del palacio del señor de la Coreja, como pudo comprobar el valiente Nazarín: «Al quedarse solo el buen padrito examinó con más calma la habitación en que se encontraba; vio en las paredes cuadros antiguos, religiosos, bastante buenos: San Juan reprendiendo a Herodes delante de Herodías; Salomé bailando; Salomé con la cabeza del Bautista [...]» (1.724).

36. Explica Gay que, después de los triunfos de la primera mitad del siglo XIX, hacia la década de los ochenta, la ansiedad burguesa «había sido formada por enérgicos adversarios: las exigencias del movimiento laboral, la aparición de partidos radicales, el desdén de intelectuales vanguardistas. Había otros, notablemente los movimientos feministas y disidentes literarios, elocuentes, airados, no siempre justos, y ya no satisfechos con modestas concesiones. Implacablemente hostiles a la burguesía, todos estos críticos explotaban lo que George Bernard Shaw llamó, en 1891, "la mala conciencia de la clase media"» [had been given shape by energetic adversaries: the demands of organized labor, the appearance of radical parties, the scorn of avant-garde intellectuals. There were others, notably feminist movements and literary dissenters, articulate, angry, not always just, and no longer satisfied with modest concessions. Implacably hostile to the bourgeoisie, all these critics exploited what George Bernard Shaw called, in 1891, "the gulity conscience of the middle class"]» (*Education*, 57). Galdós, después de haber celebrado a la clase media, también mostrará esta mala conciencia en vista de los abusos de ese grupo, como hemos visto, y pasará hacia finales de los ochenta a una solidaridad cada vez más patente con la clase obrera. Ver el cap. I, pp. 25-26 y n. 16 de este libro.

37. Serge Doubrovsky, en su artículo «"The Nine of Hearts": Fragment of a Psychoreading of *La Nausée*», en Edith Kurzweil y William Phillips (eds.), *Literature*

reprueba al protagonista su conducta, asociando la decapitación con una ilícita aventura erótica. El que su amada se haya quedado con su cabeza es una variación del motivo mítico frecuente en el siglo XIX, como hemos visto.

Esa postura crítica del cuento es evidente también en su evolución genérica, desde un relato que quiere ser maravilloso hacia otro fantástico —recordemos con qué lujo de detalles se toma el trabajo el narrador de convencernos de la veracidad «plástica» de esa decapitación. Pero pronto la ambigüedad fantástica se impone gracias al silencio de los otros. Al desplazarse genéricamente, el cuento entra en un discurso subversivo; como señala Rosemary Jackson: «Entre lo maravilloso y lo mimético, [...] lo fantástico es independiente de ambos, y carece de los supuestos de fe o las representaciones de "verdades" autorizadas de aquellos. [...] Al subvertir esta visión unitaria, lo fantástico introduce la confusión y las alternativas; en el siglo diecinueve esto significaba una oposición a la ideología burguesa [...]» (35).*[38]

---

and Psychoanalysis, Nueva York, Columbia University Press, 1983, 378-388, comenta un pasaje de esa novela con evidentes parecidos a este cuento de Galdós: «En el café donde lo hemos dejado, encontramos a Raquentin poseído por la náusea, sacudiéndose sobre el banco: "El fondo de mi asiento está roto... tengo un resorte roto... mi cabeza es maleable y elástica, como si simplemente hubiera sido colocada sobre mi nuca; si la vuelvo, se caerá". Una vez convertido en el "pequeño objeto desmontable", "resortes quebrados", cuya cabeza amenaza con caerse, [él] revela una aguda ansiedad de castración como el origen de la Náusea: vertiginoso, Raquentin efectivamente *experimenta* su cabeza *como un pene* [sic], confrontando así la amenaza de castración que apunta a su identificación narcisista [In the café where we left him, we find Raquentin in the throes of Nausea, flopping on the bench: "The bottom of my seat is broken... I have a broken spring... My head is all pliable and elastic, as though it had been simply set on my neck; if I turn it, it will fall off". Having become the "little, detachable object," the "broken springs", the head of which turns to the point where it risks falling off, reveals severe castration anguish at the source of Nausea: in vertigo, Roquentin actually *experiences* his head *as a penis* [sic], facing the castration threat which takes aim at his narcissistic identification]» (384).

* «Beetwen the marvellous and the mimetic [...] fantastic belongs to neither and is without their assumptions of confidence or presentations of authoritative "truths". [...] Subverting this unitary vision, the fantastic introduces confusion and alternatives; in the nineteenth century this meant and opposition to bourgeois ideology [...].»

38. Jackson se hace eco a su vez de Irene Bessière (*Le récit fantastique: la poétique de l'incertain*), quien apunta: «[...] le récit fantastique ne se spécifie pas par le seul invraisemblable, de soi insaisissable et indéfinissable, mais par la juxtaposition et les contradictions des divers vraisemblables, autrement dit des hésitations et des fractures des conventions communautaires soumises à examen. [...] Le fantastique, dans le récit, naît du dialogue du sujet avec ses propres croyances et leur inconséquences» (12).

Además de este desplazamiento genérico, hay otro: el cuento empieza con la representación de un problema personal, pero gravitará hacia el plano social. Al rogar el protagonista de los demás la verificación de su estado incompleto, con la consiguiente falta de reacción de los personajes circundantes, el cuento se aproxima estrechamente a los sueños de exhibición, y su expresión literaria, el cuento del traje nuevo del emperador. Este relato, luego adaptado por Cervantes con fines radicalmente críticos en su «Retablo de las maravillas», es una fábula moral en contra de la hipocresía y la tiranía de la opinión social, basada en una mala conciencia comunal, postura crítica que comparte, como hemos visto, el cuento de Galdós. En este sentido este relato participa plenamente de la tradición subversiva de los cuentos de mutilación, señalada por Jackson:

> Los numerosos seres parciales, duales, múltiples y desmembrados, dispersos a lo largo de las fantasías literarias, violan la unidad humana más sagrada: la unidad de personalidad [...] Es importante comprender las consecuencias radicales de un ataque a la «personalidad» unificada, porque esta subversión de la unidad del yo es precisamente lo que constituye la función transgresiva más radical de lo fantástico [...]. La «personalidad» es, en sí, un concepto ideológico, que se produce en nombre de una verdadera realidad empírica fuera del texto literario [82-83].*

Es evidente que un estudio psicoanalítico puede transcender el juego biográfico, y señalar significados míticos y —por tanto— comunales en una obra de arte. Como señala Gay, las aproximaciones psicoanalíticas, sus teorías y técnicas, «pueden tender el puente mismo entre las experiencias individual y colectiva» (16).** Se podría mencionar que

---

* «The many partial, dual, multiple and dismembered selves scattered throughout literary fantasies violate the most cherished of all human unities: the unity of character [...]. It is important to understand the radical consequences of and attack upon unified "character" for it is precisely this subversion of unities of "self" which constitutes the most radical transgressive function of the fantastic. [...] Character is itself and ideological concept, produced in the name of a "realistic" representation of an actual, empirical reality outside the literary text.»

** «[...] can build the very bridge beetwen individual and collective experience.»

Freud en *El malestar de la cultura* desarrolla precisamente esa relación.

Para terminar, por tanto, quisiera volver a las tres variaciones del mismo mito decapitador y castrante: Salomé, Dalila y Judit. Para Gay, la recreación de estos mitos es un episodio importante en el miedo secular del hombre a la mujer (200). Sin duda el cuento de Galdós contiene una crítica a este motivo característico de su época. Sin embargo, es importante notar otro sentido en estas tres historias del pueblo judío y cristiano. En cada caso, la mujer actúa como representante de su pueblo, sea el pueblo protagonista (Judit) o antagonista (Dalila, Salomé). Salomé representa a los enemigos del cristianismo. Dalila es agente de los filisteos. Judit —cuyo nombre significa precisamente «judía»— salva a Israel al cortarle la cabeza a Holofernes. Teniendo en cuenta este sentido nacional, o comunitario, que forma parte esencial de las tres variaciones del mito que aducimos, así como la frecuente simbolización de una sociedad nacional por una mujer en la literatura decimonónica, y notablemente en Galdós (Jenara, doña Perfecta, Isidora Rufete),[39] podemos ver que se entraña en la cómica fantasía del cuento galdosiano no sólo la decapitación castradora del protagonista, a manos de su repetida Salomé, sino un enjuiciamiento de la sociedad burguesa española; a fin de cuentas es «ella» la que castra a la persona debido a sus censuras, nacidas de unas contradicciones internas cada vez menos sostenibles. Estas contradicciones, como hemos visto en los cuatro cuentos de este capítulo, imposibilitan la felicidad del hombre en el amor, metáfora para la integración en un «mundo», es decir, en un colectivo realizador y, transcendentalmente, en el orden de la naturaleza.

---

[39]. Stephen Gilman nos recuerda el análisis de Thibaudet, para quien Madame Bovary representa Francia, y demuestra que Isidora, con su avaricia, extravagancia, corruptibilidad y falsas ilusiones, «había representado, desde siempre, a España [had all along represented Spain]» (*Galdós*, 105).

Capítulo V

FINAL QUE VIENE A SER PRINCIPIO

Los dos últimos cuentos de Galdós de los que tenemos noticia parecen invitar al desciframiento parabólico, es decir, unívoco. Pero, mientras el primero, «El pórtico de la gloria», de 1896, se resiste a entregar un «sentido» único, el último, «Rompecabezas», de 1897, cambia de registro bruscamente en la oración final, para convertirse casi en una caricatura política de personajes cabezudos,[1] si bien, como veremos hay una íntima coherencia entre las dos partes.

«El pórtico de la gloria» comparte con «Theros», «Tropiquillos» y «¿Dónde está mi cabeza?» su falta de «clausura», expresada formalmente en una anécdota suspendida. La forma inconclusa es homóloga al sentido también ambiguo, a pesar de provocar un deseo de «traducción».

La anécdota de «El pórtico de la gloria» es tan sencilla como sugerente. En los Campos Elíseos, recinto sin tiempo

---

1. Ambos cuentos fueron mencionados por Weber en una breve noticia, «Galdós' *inédita*: Three Short Stories», *MLN*, 77 (1962), 532-533. «El pórtico de la gloria», publicado en el primer número de *Apuntes*, el 22 de marzo de 1896, fue reeditado con un estudio previo por Leo J. Hoar Jr. en *Symposium*, 30 (invierno de 1976), 277-307. «Rompecabezas», publicado inicialmente en *El Liberal*, el 3 de enero de 1897, fue sacado a la luz por el mismo crítico, con un comentario introductorio, en *Neophilologus* (noviembre de 1975), 522-547. Las citas de ambos se referirán a las ediciones de Hoar.

ni espacio claramente definidos (como metáfora de la difuminacion semántica del relato), se aburren los inmortales paganos y cristianos, hasta tal punto que se sublevan ante la autoridad de su mañoso monarca divino, un tal Criptoas. Éste, tras derrotar a los insurrectos con la ayuda de sus fuerzas de orden público, llamadas *rápitas*, y, tras consultar con su indolente y felina consorte Ops, decide otorgar algunas de las reclamaciones de los sublevados vencidos, especialmente la de poder escaparse de ese limbo alguna vez. Para ejecutar su deseo, hace traérsele los dos cabecillas principales de la revuelta: Fidias y Goya. Ante el orgullo arrogante de ambos, Criptoas les ordena abrir un hueco en la pared que, tras la bruma, separa el Elíseo del mundo de los mortales. Han de mezclar la pintura y la escultura en la construcción de los dos pilares del pórtico uniendo sus estilos en una síntesis perfecta en el frontón. El cuento acaba con la poco prometedora salida de los dos artistas para empezar su trabajo: «Al retirarse Fidias y Goya, encaminándose lentamente hacia el espacio donde debían de emprender su tarea, se miraron ¡ay! con supremo rencor» (301).

Clásicos y románticos

A pesar de la ambigüedad de esta «parábola», Leo J. Hoar Jr. ha desarrollado un «desciframiento» bastante detallado, según el cual los *rápitas* serían los críticos recientemente adversos a los ensayos dramáticos de Galdós, Ops correspondería a Pardo Bazán, y Criptoas a Clarín (295-296). Sin embargo, no encuentra analogías para las figuras de Fidias y Goya (285).

Hoar acierta al considerar la creación artística como tema fundamental del relato, mas no lo es tanto por su vertiente de *roman à clef* de la crítica literaria contemporánea de Galdós, sino por el lado de la creatividad misma, es decir, la naturaleza del arte y su relación con la vida. A fin de cuentas estos Campos Elíseos son el recinto de los artistas plásticos (el narrador nos asegura, curiosamente, que «los artistas de la palabra gozan de un cielo más divertido en otra parte de la inmensidad ultraterrestre» [297]), y su afán es irrumpir en el mundo de la temporalidad humana, histórica.

Fidias y Goya son claramente ejemplos de las actidudes clásica y romántica, dicotomía articulada en España en forma embriónica ya en la polémica Böhl de Faber —Mora,[2] que había tenido sus orígenes europeos en los cursos de A.W. Schlegel sobre el arte dramático y literatura (1808). Hugo, en su influyente prefacio a su obra de teatro, *Cromwell* (1827), y Hegel, en sus cursos de estética (1820-1829), aprovechan esta dicotomía como estructura fundamental de sus observaciones.

Aunque la naturaleza polémica de la comparación entre lo clásico y lo romántico hacía mas de cincuenta años que había sido desplantada por otras «cuestiones palpitanes» (y unos diez o veinte años más en el resto de Europa), cuando Galdós publica este cuento no parece ser ajeno ni a la cultura de buen tono finisecular, ni a la atención exasperada de un tal Torquemada, quien en su galateesco esfuerzo por recrearse según los deseos de Cruz, su Pigmalión, suda horrores ante la misma dialéctica estética, expresada en las páginas de un periódico:

> —¡Ñales! —decía en cierta ocasión—. ¿Qué querrá decir esto de *clásico*? ¡Vaya unos términos que se traen estos señores! Porque yo he oído decir el *clásico* puchero, la *clásica* mantilla; pero no se me alcanza que lo clásico, hablando de versos o de comedias, tenga nada que ver con los garbanzos ni con los encajes de Almagro. Es que estos tíos que nos sueltan aquí tales *infundios* sobre el más o el menos de las cosas de literatura, hablan siempre en figurado, y el demonio que los entienda... Pues y esto del *romanticismo*, ¿qué será? ¿Con qué se come esto? También quisiera yo que me explicaran la *emoción estética* [...] ¿Y qué significa *realismo* [...]? [*Torquemada en el purgatorio*, primera parte, III, 1.023].

Lo que Galdós trata cómicamente en aquella novela de 1894 lo recrea parabólicamente dos años después en «El pór-

---

2. Sobre esta polémica véase Vicente Llorens, *El romanticismo español*, Madrid, Castalia, 1979, cap. I.

tico de la gloria». Lo que ambos tratamientos tienen en común es su condición de pregunta sin respuesta, porque si Torquemada se queda en ayunas, tampoco el lector del relato disfruta de «clausura» alguna. En este sentido esta parábola galdosiana finisecular anticipa las nuevas parábolas y alegorías del siglo siguiente, que señalan el derrotero de un sentido ulterior, sin llegar a él.

Con todo, las posturas enfrentadas de las dos estéticas no dejan de ser pertinentes para la obra de Galdós. Por una parte, esa polaridad implica otra: la división entre el paganismo (clásico) y el cristianismo (romántico).[3] Esta dualidad está presente constantemente en Galdós, desde las comparaciones con la estatuaria clásica que caracterizan a María Egipcíaca, la beata, hasta «Celín», donde vimos cómo nuestro autor une ambas tradiciones en una dialéctica que las transforma en un nuevo enunciado.[4] En «El pórtico de la gloria» Galdós vuelve a mencionar los dos órdenes:

> Bueno, señor... pues falta decir que allí moraban por designio de la divinidad que llamaron *Zeus* o *Theos*, no sólo los que en el mundo gentílico cultivaron las artes de la forma visible, sino los que hicieron lo propio en todo el tiempo que

---

3. Por ejemplo, Hugo: «Une religion spiritualiste, supplantant le paganisme matériel et extérieur, se glisse au coeur de la société antique, la tue, et dans ce cadavre d'une civilisation décrépite dépose le germe de la civilisation moderne. Cette religion est complète, parce qu'elle est vraie; entre son dogme et son culte, elle scelle profondément la morale. Et d'abord, pour premières vérites, elle enseigne à l'homme qu'il a deux vies à vivre, l'une passagère, l'autre immortelle [...]. Elle lui montre qu'il est double comme sa destinée [...]» (*Préface de Cromwell*, 36). Hegel basa su teoría del arte romántico en su esencial cristianismo: «En virtud de este principio, la forma romántica del arte suprime de nuevo la unidad indivisa de lo clásico, pues ha logrado un contenido que va más allá de la forma clásica del arte y de su manera de expresión. Este contenido coincide con la conocida concepción cristiana de Dios como espíritu, a diferencia de los dioses griegos, que eran el contenido esencial y adecuado de la forma clásica» (*Lecciones de estética*, 73-74).

4. Como señala Josette Blanquat en su excelente artículo «Lecturas de juventud», *Cuadernos Hispanoamericanos*, 250-252 (1970-1971), 161-220: «El humanismo considerado como síntesis de los valores metafísicos, morales y sociales de la antigüedad y del cristianismo, he aquí la armazón del pensamiento galdosiano, [...] es Platón y es Erasmo quienes condenan la sociedad española, son las luces conjugadas de la antigüedad y del cristianismo, fundidas en la mirada crítica del humanismo quienes permiten juzgarla» (217-218).

llevamos de ciclo cristiano. Al principio se estableció, con pudibundos temores, una separación decente entre las almas paganas y las cristianas (porque la humanidad vestida no se escandalizara de la desnuda); pero al fin los dioses, más tolerantes que nosotros, mandaron destruir los linderos entre una y otra casta de almas [...] [297].

Igual que en «Celín» el cristianismo «vestido» es rápido para el escándalo, e intolerante, o por lo menos no tan tolerante como aquellos dioses. Nada tiene que ver este cristianismo con el evangelismo activo galdosiano de los noventa, ejemplificado por Nazarín y Benigna.

Otro esencial atributo romántico, frente a la estética clásica, es su preferencia por el contraste. En este sentido, los Campos Elíseos, con su falta absoluta de definiciones, es descrito como morada del «fastidio clásico» [297]:

[...] las almas de artistas inmortales confinadas en ella se aburrían de su vagar sin término por las soledades umbrosas, sin frío ni calor, espacios tan primorosamente tapizados de nubes que nadie supo allí lo que son voces de vestiduras, ni ruidos de pasos, ni ecos de humanas o divinas voces. Allí la media luz desvanecía las imágenes en opacas tintas; allí la suprema calma fundía todos los rumores en una sordina uniforme, sin principio ni fin, semejante al monólogo de las abejas. Confundidos el *aquí* y el *más allá*, atenuadas las relaciones de *cerca* y *lejos*, la distancia era la tristeza vagamente expresada en la perspectiva. Todo estaba en sí mismo y alrededor de sí mismo. Era la claridad obscura, la sombra luminosa, silencioso el ruido, el movimiento inmóvil, y el tiempo... un presente secular [297].

Lo característico de ese verdadero limbo es su falta de definición por la ausencia total del contraste. No hay ni frío ni calor, ni sol ni sombra. Tampoco el ruido puede existir donde no existe el silencio. Al carecer de la ley del contraste, no se puede percibir el aquí y el allá, ni distinguir lo cercano de lo lejano, articulándose este orden de cosas en la asombrosa frase: «la distancia era la tristeza vagamente expresada en la perspectiva». Esta oración, digna de un poeta simbolista, más que romántico, confunde sujeto y objeto, convirtiendo la distancia física en su correlato emocional,[5] y resume perfectamente ese mundo que, al carecer de tiempo, es ambiente impropio para la vida. Como dice: «todo estaba en sí mismo y alrededor de sí mismo» —es decir, nada estaba en ninguna parte específica; donde no hay contraste no puede haber definición; sin «no ser» (la muerte), ser es imposible. Para escapar de ese fastidio clásico, hacen la revolución los moradores de los Campos Elíseos, deseando entrar en un medio ambiente contra el cual contrastarse, y pugnar con el tiempo y vivir.

El contraste es una de las características esenciales del romanticismo, que en su claroscuro por una parte escinde el yo del mundo para provocar su reintegracion dialécticamente, y por otra, interiorizando esa escisión, pudo llegar al enajenamiento interior, que en una «larga búsqueda interior [long inner quest]» (Abrams, 255) anhela la unidad. Para Hegel, el arte romántico se transciende a sí mismo como objeto, precisamente al adentrarse en la conciencia humana y anidar en las emociones: «El arte, medido en este objeto, ya no puede trabajar para la intuición sensible, sino para la interioridad, que se recoge en sí y encuentra el objeto en su propio interior, para la interioridad subjetiva, para el *ánimo*, para el sentimiento, que como espiritual aspira a la libertad en sí mismo y busca y tiene su reconciliación solamente en el espíritu interior. Este mundo *interior* constituye el contenido de lo romántico [...]» (*Leccciones de estética*, 74-75).*
Fausto también interioriza la conciencia de su distancia ante el mundo; como le proclama a su fámulo: «Dos almas viven, ay, bajo mi pecho» (parte I, 1.112, 113).[6] Esta dicotomía es lo

---

5. Ya en *Fortunata y Jacinta* expresa Galdós esta identidad entre sujeto y objeto en la figura de Juanito, quien, en su viaje de novios, mira por la ventana: «En el paisaje veía Juanito una imagen de su conciencia» (primera parte, cap. V, i, 49).

* «It must deliver itself to the inward life, which coalesces with its object simply as though this were none other than itself, to the intimacy of soul, to the heart, the emotional life, which as the medium of Spirit itself essentially strives after freedom, and seeks and possesses its reconciliation only in the inner chamber of spirit. It is this inward or ideal world which constitutes the content of the romantic sphere [...].»

6. Como señala M.H. Abrams en su libro *Natural Supernaturalism*, Nueva York, W.W. Norton, 1973: «El movimiento hacia esta meta [una edad dorada de integración

que se expresa en los claroscuros de Goya, pero sin la esperanza de resolverla, pues para él no hay el salvador «eterno femenino» faustiano. Según Fred Licht, en *Goya, The Origins of the Modern Temper in Art*, en la pintura de Goya «se enuncia un hecho sumamente moderno. El encanto de la experiencia vital [...] se aniquila en vista del conocimiento impasible que todo acabará en nada. El nihilismo que impregna los anales de la historia moderna se prevé y se expresa en Goya» (281).*

En este sentido, Galdós es profundamente «goyesco» (y no en el de los cartones costumbristas) en textos como «Tropiquillos», donde el ideal romántico de abolengo platónico de unión con el mundo a través del amor es frustrado. Sólo a partir de los noventa podrá encontrar una nueva fe de reintegración con la naturaleza gracias al amor, ya no personal, sino multitudinario. Por todo lo visto, no me parece nada arbitrario que Galdós haya escogido precisamente a Fidias y Goya para abrir la brecha hacia la vida desde el limbo de la idea pura. Si Goya representa la mirada hacia dentro de la conciencia, personal y comunitaria, que puede caer en el

---

plena] es una búsqueda y un viaje accidentado que termina con la adquisición del conocimiento de uno mismo, la sabiduría y el poder. Este proceso de aprendizaje es una caída desde la unidad primera hacia la división, la contradicción y el conflicto internos, pero la caída es a su vez considerada como el indispensable principio en la vía hacia una más alta unidad, que justificará los sufrimientos del camino. La dinámica del proceso es la tensión hacia la clausura de las divisiones, contrarios, o "contradicciones" mismas [The movement toward this goal is a circuitous journey and quest, ending in the attainment of self-knowledge, wisdom, and power. This educational process is a fall from primal unity into self-division, self-contradiction, and self-conflict, but the fall is in turn regarded as an indispensable first step along the way toward a higher unity which will justify the sufferings undergone en route. The dynamic of the process is the tension toward closure of the divisions, contraries, or "contradictions" themselves]» (255). Por otra parte, esta dualidad interior es un ejemplo más de lo mucho que el Romanticismo tiene de neoplatonismo, o de platonismo, y por tanto, de aspectos importantes del Renacimiento. Erasmo, quien admiraba vivamente a los «platónicos» (*Enquiridion*, 134), describe esa lucha interior: «Haz agora, pues, cuenta que el pecho o coraçón del ombre es como una ciudad vanderiza y bulliciosa en que ay contino discordia, la qual, por ser poblada de diversas condiciones de ombres, por la diversidad de sus desseos y apetitos, no puede ser menos sino que ha de ser combatida y rebuelta de continos movimientos [...]» (159).

* «[...] a supremely modern fact is stated. The enchantment of living experience [...] is annihilated in view of an impassive knowedge that all must come to nothingness. The nihilism that pervades the annals of modern history is foreseen and expressed by Goya.»

abismo, Fidias es el portaestandarte de la armonía clásica, que permanece como desiderátum paradójicamente deseado, pero inalcanzable. Si bien para Hoar las «identidades» de estos dos artistas eran enigmáticas, no es menos cierto que expresan, aparte de cualquier intento de «traducción» a personalidades contemporáneas del escritor, esenciales posturas de nuestro escritor, que —nos lo está diciendo— están en pugna dialéctica dentro de su conciencia artística.

Espacios y tiempos

No es imposible que alguna intención satírica parecida a la que ofrece Hoar esté cifrada en este cuento, lo que convertiría estos Campos Elíseos en una topografía identificada con la España literaria de la época. Sin embargo, en vista de la interiorización romántica que hemos visto, y que, como dialéctica entre sujeto y objeto, atraviesa toda la obra de Galdós hasta su postrera resolución en un concepto nuevo de la historia, otra topografía se ofrece como paralelo: su conciencia y pre-conciencia artística. Nada hay de extraño en esto; Galdós mismo gusta de describir la conciencia frecuentemente como un interior abovedado, una catedral o unas catacumbas.[7]

Nuestro escritor ofrece una pista preciosa al describir su propia conciencia en términos muy parecidos a la caracterización de estos Campos Elíseos. En sus *Memorias de un desmemoriado*, Galdós empieza el capítulo titulado «Pereda y yo» apelando a su memoria:

> —Ven aquí, memoria mía, auxiliar solícita de mi pensamiento. ¿Por qué me abandonas? ¿Duermes, estás distraída?
> —El distraído eres tú. Años ha que estás engolfado en la tarea de fingir caracteres y sucesos. Apenas terminas una novela empiezas otra. Vives en un mundo imaginario.
> —Es que lo imaginario me deleita más que lo real.
> —Pues, como yo vivo solamente de la realidad, no oculto

---

7. Por ejemplo, en *Rosalía*, cuando la heroína explora su conciencia dentro de la iglesia. Ver mi «Estudio-epílogo» a dicha novela, 414-415.

que me aburro en la cámara tenebrosa de tu cerebro poblado de fantasmas, y por el primer portillo que encuentro abierto me escapo... Me doy el gusto de divagar libremente por los espacios [1.661].

Este «portillo» es la versión familiar del «pórtico» de este cuento. Ambos expresan la necesidad de romper la pared que circunda aquella «cámara tenebrosa». También los revoltosos de los Campos Elíseos vociferan el mismo deseo: «Rómpanse los velos de la eternidad —decían en aquella lengua que en lo humano no tiene expresión posible—, desgárrense los senos blandos de esta mansión vaporosa» (297-298). Y, tras su derrota, Criptoas otorga ese favor:

> Quedamos en que mando abrir la puerta que nos comunicará con la humanidad. Ops y yo acordamos, dsespués de maduro examen, abrir en las grandiosas eternidades de este recinto algunos paréntesis de vida temporal. ¿Veis aquel fondo oscuro de los Campos? Pues allí está el misterioso muro que nos separa de la humanidad a que pertenecisteis. En ese muro abriremos una puerta por la que podréis comunicaros con el llamado *mundo de los vivos* [sic]. Saldréis cuando os llame fuera la inquietud; tornaréis cuando de dentro os atraiga el descanso [300].

De manera semejante sale del éter, para volver luego, otro trocito de la conciencia galdosiana, el amigo Manso, cuyo universo previo al dolor (o sea, a su condición de hombre) es casi idéntico a aquél, como él mismo nos cuenta:

> Quimera soy, sueño de sueño y sombra de sombra [...], y recreándome en mi no ser, viendo transcurrir tontamente el tiempo infinito cuyo fastidio, por serlo tan grande, llega a convertirse en entretenimiento, me pregunto si el no ser nadie equivale a ser todos [...]. [Y describe] el frío aburrimiento de estos espacios de la idea.
>
> Aquí señores, donde mora todo lo que no existe, hay también vanidades, ¡pasmaos! hay clases, ¡y cada intriga...! Tenemos antagonismos tradicionales, privilegios, rebeldías, sopa boba y pronunciamientos [1.185].

Finalmente, ya vimos al comienzo de este libro otro espacio más o menos abstracto donde también se lleva a cabo una sublevación, en «La conjuración de las palabras».

¿Por qué reaparece este limbo tantas veces en la producción galdosiana, y, con bastante frecuencia, acompañado de una revuelta revolucionaria? En cierto sentido, se podría pensar en el fermento psíquico que precede al acto creativo. Pero, más importante, configura una actitud ante la vida basada en la existencia como esfuerzo, es decir, que la validez de la vida estriba no en la residencia en el paraíso, sino, precisamente, en su abandono. Como gritaban los insurrectos de los Campos Elíseos: «Que nos traigan el fuego para restaurar con él en nuestras almas la vida de las pasiones; que nos traigan el barro para amasarnos de nuevo en la miseria humana. Queremos vivir, luchar [...]. Abajo el descanso y esa inmortalidad insípida. Reclamamos el derecho a la existencia bruta» (298). En estas palabras, que podrían hacer pensar en los conflictos sociales y las reclamaciones de una nueva clase ante los muchos «Criptoas» de aquella España finisecular, se configura sin contradicción una conciencia casi existencialista. Es decir, que el acto precede a la esencia; o mejor dicho, ésta se «crea» en aquél. Esta fórmula, desde luego, tiene su analogía en el campo de la historia social y política con sólo poner «privilegio» donde la fórmula filosófica dice «esencia». Por otra parte, ayuda a comprender la naturaleza de la gran tragedia de aquel que no escapó, sino que fue pescado casi con caña, del limbo, Máximo Manso: el no haber podido comprometer «la idea» dentro del azaroso fluir del acto, del tiempo concretizador y destructivamente creador.

Finalmente, es evidente una estructura dialéctica en el cuento. Ante el poder surge la revolución, que aunque vencida, consigue sus propósitos. También la pareja de artistas configura una evidente estructura dialéctica. Goya, representante del ideal romántico, recibe la comisión de colaborar estrechamente con Fidias, paradigma de la visión clásica, hasta el punto de unir ambas artes, la pictórica y la escultórica, y también ambas estéticas mismas. Como les advierte Criptoas:

> Cada uno de vosotros me ha de hacer un pilar, poniendo en la obra todo su ingenio y maestría. Ni a ti, Fidias, te pido obra de escultura exclusivamente, ni a ti, Goya, te pido pintura. Fundidme las dos artes; arreglaos de modo que contorno y modelado, color y anatomía, aparezcan en perfecta síntesis [..]. Y hay más [...]. Es condición, *sine qua non*, que entre los dos pilares, después que hayáis expresado en ellos todo vuestro sentir, resulte una armonía perfecta cual si ambas obras fueran de una misma mano. Enseñaos el uno al otro, haced cambio feliz de vuestras aptitudes y conocimientos, casad y unificad vuestras almas de suerte que Fidias posea todo lo bueno de Goya, y Goya todo lo bueno de Fidias, y ponedme ahí la estética ideal y suprema... [301].

Esta extraordinaria vocación de síntesis, a pesar de la alegría ejecutiva del dictador Criptoas, fracasa, como vimos, con el rencoroso intercambio de miradas de los dos artistas al terminar el cuento. Pero quizás todo sea para bien. ¿No se podría pensar que es gracias a esta ambivalencia interior, a este devenir sin síntesis última, que la voz galdosiana logra su naturaleza dialógica? El narrador galdosiano rara vez es un Criptoas, sobre todo después de *La familia de León Roch*. Esa pluralidad conceptual imposibilitará en Galdós una voz narrativa autoritaria. Y esa pluralidad de discurso arraiga en un concepto de la vida como proceso (esfuerzo, lucha, creación). Así, al considerar este cuento, cobra sentido lo que hace años —si bien con otros criterios— ya vio Sherman Eoff: «El corazón mismo de la vitalidad galdosiana es su visión de la personalidad individual y de la vida en general como un *continuo devenir* [*sic*]» (89).*

Parábola

Si bien «El pórtico de la gloria», por su escenario abstracto y sus figuras arquetípicas, sugiere una interpretación parabólica, pero no obstante se perfila con mayor variedad signi-

---

* «The very heart of Galdós' vitality is his view of individual personality and life in general as a *continual becoming.*»

ficativa en una lectura menos literal, el caso de «Rompecabezas» es distinto. Este cuento, el último en publicarse de los relatos de Galdós, según las noticias disponibles, y fechado el 1 de enero de 1897, termina con un desplante absolutamente alegórico muy bien analizado por Hoar, como veremos.

El cuento empieza ateniéndose al esquema evangélico pero cambia al final, donde, precisamente, se inserta la referencia, bastante transparente, a la historia política española del momento. Por «los llanos de Egipto» van huyendo tres personas «y un borriquillo» (536). Fugitivos, son acogidos por «un buen amigo, mercader opulento» que además les regala dinero. Así provistos, van al mercado, donde el niño escoge, entre muchos juguetes, un surtido variadísimo de figurillas. «En la preciosa colección —reza el cuento— había *de todo mucho*, según la feliz expresión del nene; guerreros arrogantísimos, que por las trazas representaban célebres caudillos, Gengis Kan, Cambises, Napoleón, Aníbal; santos y eremitas barbudos, pastores con pellizos y otros tipos de indudable realidad» (539). Miles y quizás millones de niños les rodean al ver a los tres con los brazos llenos de muñecos, y entonces, el niño «hizo una transformación total de todos los juguetes, cambiando las cabezas de todos ellos, sin que nadie lo notase; de modo que los caudillos resultaron con cabeza de pastores, y los religiosos con cabeza militar.

»Viérais allí también —continúa el cuento— héroes con báculo, sacerdotes con espada, monjas con cítara, y en fin, cuanto de incongruente pudiérais imaginar. Hecho esto, repartió su tesoro entre la caterva infantil, la cual había llegado a ser tan numerosa como la población de dilatados reinos.

»A un chico de Occidente, morenito y muy picotero, le tocaron algunos curitas cabezudos y no pocos guerreros sin cabeza» (539).

La lectura alegórica de este texto es avalada y provocada por el mismo narrador, quien advierte: «Es la tal historia o sucedido de notoria insignificancia, si el lector no sabe pasar de las exterioridades del texto gráfico; pero restregándose con éste los ojos por espacio de un par de siglos, no es difícil descubrir el meollo que contiene» (536). ¿Qué mejor invitación al crítico? Siguiendo este consejo, Hoar hace una lectura convincente de la parábola, según la cual el «niño picotero» sería el niño Alfonso XIII, uno de los caudillos con cabeza de pastor sería Sagasta, quien tenía el apodo del «viejo pastor» (533). Los curas cabezudos representarían la Iglesia entrometida, los guerreros sin cabeza, en vísperas del desastre del 98, una muestra más de la previsión histórica de Galdós. Concluye el crítico: «es una advertencia velada del Rey de Reyes (un regalo de Reyes) al rey de España sobre reinados problemáticos, con Galdós en el papel de facilitador evangélico» (536).*

Pero, ¿qué hacer del resto del cuento, precisamente de su parte principal? ¿Es la historia evangélica tan sólo una larga preparación para el golpe alegórico final? Al considerar esa parte «evangélica», Hoar nota sus aspectos cervantinos, el procedimiento de haber encontrado la historia en un *papirus* (526), la vaguedad espacio-temporal del relato y otros ejemplos de *dubitatio* narrativa (529), y sugiere que esta ambigüedad cervantina sirve para encubrir el mensaje, «para escudarlo contra interpretaciones demasiado fáciles y por tanto una mayor reacción crítica contra él mismo» (526).** También nota Hoar la relación entre el tema cristológico y la producción novelística de su autor (527), para concluir al respecto: «[...] especialmente *Misericordia* junto con *Rompecabezas* son muestras de la fascinación intensificada de Galdós con la inherente naturaleza cristológica-quijotesca de sus protagonistas y su misión benefactora, parecida a la de un salvador» (527).***

Desde luego, el cuento sugiere que las acciones de ese niño tienen un alcance universal, no sólo por la divinidad de la criatura, sino también gracias al hipérbole con que traza ambientes y multitudes. «El *papirus* describe hiperbólicamente [la plaza del mercado donde van de compras] como

---

* «[...] it is a hinted warning from the King of Kings (a kind of Reyes gift) to the King of Spain about troublesome reigns, with Galdós acting as Evangelical middleman.»
** «[...] to shield it from too facile interpretation and more open reactive criticism of himself as a result.»
*** «[...] especially *Misericordia* with *Rompecabezas* are demonstrative of Galdós' intensified fascination with the inherent Christ-Quijote natures of their protagonists and their missions as savior-like benefactors to mankind.»

del tamaño de una de nuestras provincias [...]» (537). Al invitar a jugar a los niños, el tiempo pasa sin límite: «alborotaron durante largo tiempo, que no puede precisarse, pues era día, y noche, y tras la noche, vinieron más y más días, que no pueden ser contados» (539). El número de niños es enorme: «(un historiador habla de millones)» (539). De esa manera, dilatando espacios y poblaciones, se propicia una interpretación «nacional», como la que realiza Hoar.

Ya hemos contestado parcialmente a la pregunta planteada anteriormente pues, como Hoar indica, la parte principal del cuento puede servir para suavizar los contornos demasiado acerados de la parábola, con su alusión directa al rey, sus curas y sus generales. Pero hay otra posible relación entre la parte «evangélica» y el final cifrado, entre la huida de Egipto y la advertencia contra los posibles estropicios de una soldadesca y un clero que han asumido papeles impropios dentro de la nación, colectivo sugerido por el uso de la hipérbole. Ya Hoar nota, de pasada, la mezcla de documentación bíblica, fe y leyenda del cuento (529). Efectivamente, el cuento como género está muy cerca de la leyenda, según enseña Baquero Goyanes (73). Por ello, terminaremos este ensayo recordando una tradición legendaria, no porque creemos que Galdós necesariamente la conociera, sino, quizás, como metáfora apropiada para comprender, en general, la labor cuentística suya, veteada de profundos minerales del sueño colectivo.

Precisamente la leyenda de la fuga de Egipto es una de las historias evangélicas más relacionadas con el concepto de nación o, mejor dicho, de la tierra misma. Como muestra Pamela Berger en su fascinante libro *The Goddess Obscured*, ese pasaje cristiano es la recreación de un mito pagano milenario. El paso de la Virgen fugitiva con Cristo en brazos suele ocurrir, según el folklore europeo (dentro del ámbito ibérico, Berger ofrece ejemplos de Cataluña y Portugal, 139-141), en la vecindad de un trigal, u otro campo de cereal. Al pasar por allí los fugitivos, el campo recién sembrado brota y se alza espigado. Cuando luego llegan los perseguidores, el labriego les dice que la mujer y el niño han pasado cuando apenas sembraba, por lo cual, ante la vista del trigal maduro, los soldados abandonan la búsqueda (Berger, 49-76). Esta historia retiene varios elementos del culto de Deméter y otras diosas clásicas y paganas del cereal principal de una región, como indica Berger: «[...] El núcleo del fenómeno permanece intacto: el suceso ocurre en tiempos de siembra y en un ámbito rural; una mujer importante pasa cerca o alrededor de un campo sembrado y estimula el crecimiento de la semilla, provocando una cosecha abundante; las fuerzas del mal son frustradas; y la vida humana es protegida» (55).* Aunque la historia que Galdós recrea ha desplazado el poder mágico de la madre al niño, es heredera directa de la fiesta pagana de la tierra madre. En ese sentido, la primera parte del relato galdosiano es, como palimpsesto mítico, perfectamente relacionado con el final alegórico, que advierte contra la posibilidad de pisotear estúpidamente el trigal bajo botas y sandalias.

¿Qué conclusiones se podrían formular tras este periplo por los doce cuentos inverosímiles de Benito Pérez Galdós? La relación con las novelas y el teatro de su autor es uno de los aspectos más importantes. Parangonándolos con sus obras mayores, se notan en seguida estrechas relaciones y reveladoras diferencias. También es importante recordar la convivencia de estos cuentos con los sueños y con los mitos, lo que llevaría a desarrollar el tema anterior, de parecido y diferencia frente al resto de su obra. Finalmente, ¿cómo se relaciona esta imaginación, que podríamos llamar «mitológica», con la temática galdosiana, con la visión del mundo de Galdós? Si se considera el mito como forma, ¿qué relación tiene esa forma con aquella visión?

Estos doce cuentos publicados entre 1865 y 1897 tienen una relación morfológica y semántica con el resto de la producción galdosiana. La ironía ante la propia escritura, como por ejemplo en el caso de «La conjuración de las palabras» o «La novela en el tranvía», aparece en Galdós por vías de Cervantes constantemente en sus obras mayores, como *El amigo Manso*, *Fortunata y Jacinta* y en todas donde está Ido del Sagrario, por citar algunas. Vimos las

---

* «[...] the core of the phenomenon remains intact: The event occurs at sowing time and in a rural ambience; a female of importance goes by or around a field and stimulates the growth of the seed; a bountiful harvest ensues; the forces of evil are foiled; and human life is protected.»

implicaciones de esta metaficción en Galdós, la esencial afirmación de una voz alternativa ante el discurso autoritario, el cuestionamiento, en última instancia, de la autoridad como tal. Esta actitud se nota en la reescritura que hace Galdós de los mitos clásicos y bíblicos, cambiándolos a voluntad, como el mismo niño Jesús de su propio cuento, que quita y pone cabezas entre risas de jolgorio. Esto mismo hizo Don Quijote, por supuesto, al no dejar títere con cabeza en el retablo de maese Pedro: no expresaba sólo una confusión entre vida y arte con el fin de poner en tela de juicio la no-facticidad de éste, sino que era un acto iconoclasta contra la tradición popular mayoritaria. Metaficción es el simultáneo rompimiento del cerco del texto y de los iconos de una civilización, y se consigue no sólo cuando el texto explícitamente se cuestiona a sí mismo a partir de su narratividad (como las referencias a narradores y traductores), sino que es expresado también en la parodia (palabra «alrededor» de otra). Metaficción es el acto surrealista de pintar bigotes en la cara de la Gioconda, o de reescribir la historia del Edén, como lo hace Galdós en «Celín», o la de Pigmalión, como ocurre en «La princesa y el granuja», y en varias novelas suyas que consideramos en su momento, en tanto en cuanto reconsidera un discurso heredado.

Si bien la parodia del folletín es evidente en la novela galdosiana, es en estos cuentos donde también se revela en su condición más desnuda la constante «parodia» del texto mítico; una vez visto en los cuentos, es fácil encontrarlo por doquier en su novela. Ícaro, Eros, Odiseo (sin su Ítaca), Adán y Eva y su jardín señoreado por dos árboles mágicos, que Galdós ve como uno solo («Celín»), son algunas de esas historias nucleares en la conciencia de Occidente, que nuestro soñador en público repalabrea en voz alta. No es que grite, mejor sería decir que habla en tonos de charla a los corrillos que se forman en la plaza a su alrededor. Joseph Campbell caracteriza el mito como un sueño público,[8] y lo es sin duda: tiene la forma de los sueños, de actos emblemáticos —que

---

8. Ver el capítulo introductorio, «Myth and Dream», de su libro *The Hero With a Thousand Faces*.

no emblemas—, de sentido en movimiento; también lo son estos cuentos galdosianos.

No es extraño, pues, que estos cuentos, tan parecidos a los sueños, como vimos en varias ocasiones, incidan con predilección en los mitos de nuestra cultura. Pero también el nexo con el inconsciente personal es fundamental en ellos, pues una diferencia importante de estos relatos inverosímiles frente al resto de la producción de su autor es que son una vía directa para el conocimiento de la simbología nuclear galdosiana. Vimos cómo responden estos cuentos a una lectura psicoanalítica para revelar, precisamente, su reescritura del discurso heredado o su enjuiciamiento de una cultura enferma («¿Dónde está mi cabeza?», «Tropiquillos», «Theros»). Efectivamente, ambos gestos, «parodia» y cuestionamiento, como vimos, son el mismo.

El sueño y el mito son desplazamientos, devenir, frente a la «cifra» estática de la alegoría (Gilman, *Galdós*, 103); se podría decir, pensando precisamente en el doble sentido del verbo, que son actos de «contar», cuya suma (cifra) no es dada de antemano. Vimos («Theros», «Celín») cómo Galdós se desplaza al mito a partir de la alegoría, y cuando hace alegoría la deja abierta. Esta tendencia pone de manifiesto la relación que existe entre forma y sentido en los relatos galdosianos (y en el resto de su obra), pues ese devenir es una fundamental afirmación de libertad creadora, es decir, vida. Galdós abandona el emblema como Adán y Eva el Edén, u Odiseo su Ítaca, o Colón su mundo, o Nazarín su ciudad, para andar y hacerse camino. Entre muchos beneficios y placeres que debemos a estos cuentos, es su utilidad para conocer la escritura de Galdós en general, en especial su imaginación mitológica..., pero ese principio galdosiano lo ha de ser también de otro camino.

OBRAS CITADAS

I. **Obras de Galdós**

Las referencias a las *Obras completas* —excluyendo los *Episodios nacionales*— se basan en las siguientes ediciones:

Tomo IV: Madrid, Aguilar, 1969.
Tomo V: Madrid, Aguilar, 1967.
Tomo VI: Madrid, Aguilar, 1951.

El amigo Manso, IV, 1.185-1.310.
«Celín», en *Los meses*, Barcelona, Heinrich y Cía., 1889, 229-267; en *La sombra*, Madrid, La Guirnalda, 1890, 143-204; y en *Obras completas*, VI, 399-416.
«La conjuración de las palabras», *La Nación* (Madrid) (12 abril 1868); en *Torquemada en la hoguera*, Madrid, La Guirnalda, 1889, 207-219; y en *Obras completas*, VI, 452-455.
«¿Dónde está mi cabeza?», *El Imparcial* (Madrid), número especial (30-31 diciembre 1892), 6; y en *Obras completas*, VI, 1.647-1.650.
Doña Perfecta, en *Obras completas*, IV, 415-511.
Electra, en *Obras completas*, VI, 848-897.
Fortunata y Jacinta, en *Obras completas*, V, 13-548.
La incógnita, en *Obras completas*, V, 687-787.
Memorias de un desmemoriado, en *Obras completas*, VI, 1.655-1.698.
Miau, en *Obras completas*, V, 551-689.

«La Mula y el Buey [sic] (Cuento de Navidad)», *La Ilustración Española y Americana* (Madrid), 47 (22 diciembre 1876), 383-386; en *Torquemada en la hoguera*, Madrid, La Guirnalda, 1889, 145-168; y en *Obras completas*, VI, 436-443.

Nazarín, en *Obras completas*, V, 1.679-1.768.

«La novela en el tranvía», *La Ilustración de Madrid* 2, 46 y 47 (30 noviembre y 15 diciembre 1871), 343-347 y 366-367; y en *Obras completas*, VI, 485-497.

«Las obras de Bécquer», *El Debate* (13 noviembre 1871); reeditado por Gisèle Cazottes, «Une jugement de Galdós sur Bécquer», *Bulletin Hispanique*, 77 (1975), 140-153.

«Observaciones sobre la novela contemporánea en España. *Proverbios ejemplares y Proverbios cómicos* por don Ventura Ruiz Aguilera», *Revista de España*, 15, 57 (13 julio 1870), [162]-172; reeditado por José Pérez Vidal, *Madrid*, Madrid, Afrodisio Aguado, 1957, 223-249.

«La pluma en el viento, o el viaje de la vida», *La Guirnalda* (Madrid), 149 (1 marzo 1873), 25-27; 150 (16 marzo 1873), 33-35; 151 (1 abril 1873), 41-43; en *Torquemada en la hoguera*, Madrid, La Guirnalda, 1889, 171-204; y en *Obras completas*, VI, 443-452.

«El pórtico de la gloria», *Apuntes* (22 marzo 1896); y en Leo J. Hoar (ed.), *Symposium*, 30, 4 (invierno 1976), 277-307.

Prim, en *Episodios Nacionales*, IV, Madrid, Aguilar, 1974, 9-119.

«La princesa y el granuja», *Revista Cántabro-Asturiana* (Santander), I (1877), 87-92, 126-128, y 137-145; en *Torquemada en la hoguera*, Madrid, La Guirnalda, 1889, 279-314; y en *Obras completas*, VI, 470-479.

Lo prohibido, en *Obras completas*, IV, 1.687-1.901.

«Rompecabezas», *El Liberal* (3 enero 1897); y en Leo J. Hoar (ed.), *Neophilologus*, 59 (noviembre 1975), 522-547.

La sombra [con «Celín», «Tropiquillos» y «Theros»], Madrid, La Guirnalda, 1890.

«Theros» [Publicado inicialmente con el título de «El verano»], *Almanaque de la Ilustración Española y Americana para 1878*, V (Madrid, Aribau [suces. de Rivadeneyra]) (1877), 54-57 y en *La sombra* [con «Celín», «Tropiquillos» y «Theros»], Madrid, La Guirnalda, 1890, 233-257; y en *Obras completas*, VI, 422-429.

Torquemada en la hoguera [con «La conjuración de las palabras», «La pluma en el viento», «La Mula y el Buey», «La princesa y el granuja», «El artículo de fondo», «Un tribunal literario» y «Junio»], Madrid, La Guirnalda, 1889; y en *Obras completas*, V, 906-936.

Torquemada en el purgatorio, en *Obras completas*, V, 1.018-1.111.

«Tropiquillos» [publicado inicialmente con el título de «Fantasía de otoño»], *La Prensa* (Buenos Aires) (12 diciembre 1884); en *La sombra*, Madrid, La Guirnalda, 1890, 207-229; en *El Imparcial* (18 diciembre 1893); [publicado parcialmente con el título de «Boceto Vino»] en *El Diario de Las Palmas* (2 noviembre 1895); y en *Obras completas*, VI, 416-422.

«Una industria que vive de la muerte», *La Nación* (Madrid) (2 y 6 diciembre 1865); en José Pérez Vidal (ed.), *Anuario de Estudios Atlánticos* (Madrid-Las Palmas), 2 (1956), 495-507; y en José Pérez Vidal (ed.), *Madrid*, Madrid, Afrodisio Aguado, 1957, 197-220.

II. Bibliografía general

ABRAMS, M.H., *Natural Supernaturalism: Tradition and Revolution in Romantic Literature*, Nueva York, W.W. Norton & Company, 1973.

ANDREU, Alicia, «El folletín como intertexto en *Tormento*», *Anales Galdosianos*, 17 (1982), 55-61.

—, *Modelos dialógicos en la narrativa de Benito Pérez Galdós*, Amsterdam/Filadelfia: John Benjamins Publishing Company, 1989.

—, *La «mujer virtuosa»: Galdós y la literatura popular* (Tesis doctoral), Univ. of Oregon, 1978; y en Ann Arbor, UMI, 1979.

APTER, T.E. *Fantasy Literature: An Approach to Reality*, Bloomington, Indiana University Press, 1982.

AUSTIN, Karen Odell, *The Supernatural in the Novels of Benito Pérez Galdós* (tesis doctoral), Univ. of Kentucky, 1977.

BACHOFEN, J.J., *Mitología arcaica y Derecho mateno* (ed. de Andrés Ortiz-Osés trad. de Begoña Ariño), Barcelona, Anthropos, 1988.

BAKHTIN, Mikhail, *The Dialogic Imagination* (trad. de Caryl Emerson y Michael Holquist), en Michael Holquist (ed.), Austin, University of Texas Press, 1988.

BALZAC, Honoré de, *Illusions perdues*, en *La comédie humaine*, vol. V, 12 vols., París, Gallimard, 1977, 109-732.

BAQUERO GOYANES, Mariano, *El cuento español en el siglo XIX*, *Revista de Filología Española* (Madrid, CSIC), Anejo L (1949).

BARRENECHEA, Ana María, «Ensayo de una tipología de la literatura fantástica (A propósito de la literatura hispanoamericana)», *Revista Iberoamericana*, 38 (1972), 391-403.

BARTHES, Roland, *Le degré zéro de l'écriture - Élements de sémiologie*, Utrecht, Gonthier, 1971.

BELLEMIN-NÖEL, Jean, «Des formes fantastiques aux thèmes fantasmatiques», *Littérature*, 2 (mayo 1971), 103-118.
—, «Notes sur le fantastique (textes de Theóphile Gautier), *Littérature*, 8 (diciembre 1972), 3-23.
BERKOWITZ, H. Chonon, *La biblioteca de Benito Pérez Galdós*, Las Palmas de Gran Canaria, Ediciones El Museo Canario, 1951.
—, *Pérez Galdós: Spanish Liberal Crusader*, Madison, University of Wisconsin Press, 1948.
BESSIÈRE, Irène, *Le récit fantastique: la poétique de l'incertain*, París, Librairie Larousse, 1974.
BLANQUAT, Josette, «Lecturas de juventud», *Cuadernos Hispanoamericanos*, 250-252 (1970-1971), 161-220.
BLEIBERG, Germán (dir.), *Diccionario de historia de España*, 3 vols., Madrid, Alianza, 1979.
BLOOMFIELD, Morton W. (ed.), *Allegory, Myth, and Symbol*, Cambridge, Harvard University Press, 1981.
BRILL, A.A., Introducción a su traducción de *Leonard Da Vinci*, de Sigmund Freud, Nueva York, Vintage Books, 1947.
BUSTO, María del, *La mujer liberada en la obra de Galdós* (tesis doctoral), University of Miami, 1974.
CAILLOIS, Roger, *Au coeur du fantastique*, París, Gallimard, 1965.
CAMPBELL, Joseph, *The Hero With A Thousand Faces*, Princeton, Bollingen/Princeton University Press, 1973.
CARDONA, Rodolfo, «Galdós and Liberation Theology», *Ideologies and literatures: Journal of Hispanic and Lusophone Discourse Analysis*, 3 (1988), 9-22.
—, y ZAHAREAS, Anthony, *Visión del esperpento*, Madrid, Castalia, 1982.
CASALDUERO, Joaquín, *Vida y obra de Galdós*, Buenos Aires, Losada, 1943.
CASTEX, P.G., *Le conte fantastique en France*, París, José Corti, 1951.
CAZOTTE, Jacques, *Le diable amoureux*, París, Librairie de la Bibliothèque Nationale, 1884.
CAZOTTES, Gisèle, «Une jugement de Galdós sur Bécquer», *Bulletín Hispanique*, 77, 1-2 (enero-junio 1975), 140-153.
CERVANTES, Miguel de, *Don Quijote*, en *Obras completas*, Madrid, Aguilar, 1970, 1.211-1.773.
—, «Rinconete y Cortadillo», en *Novelas ejemplares*, en *Obras completas*, Madrid, Aguilar, 1970, 990-1.011.
CHANADY, Amaryll Beatrice, *Magical Realism and the Fantastic: Resolved Versus Unresolved Antinomy*, Nueva York, Garland Publishing, Inc., 1985.

CLAVERÍA, Carlos, «Sobre la veta fantástica en la obra de Galdós», *Atlante*, 1, 2 (abril 1953), 78-86; y en 1, 3 (julio 1953), 136-143.
CLIFFORD, Gay, *The Transformation of Allegory*, Londres/Boston, Routledge & Kegan Paul, 1974.
COLERIDGE, Samuel Taylor, *Miscellaneous Criticism*, Thomas Middleton Raysor (ed.), Londres, Constable & Co., 1936.
CON DAVIS, Robert (ed.), *The Fictional Father: Lacanian Readings of the Text*, Amherst, The University of Massachusetts Press, 1981.
CORREA, Gustavo, «Galdós y el platonismo», *Anales Galdosianos*, 7 (1972), 3-17.
—, *Realidad, ficción y símbolo en las novelas de Pérez Galdós: ensayo de estética realista*, Madrid, Gredos, 1977.
DE MAN, Paul, «The Rhetoric of Temporality», en *Blindness and Insight: Essays in the Rhetoric of Contemporary Criticism*, Minneápolis, University of Minneapolis Press, 1983, 187-228.
DIEL, Paul, *El simbolismo en la mitología griega* (trad. de Mario Satz), Barcelona, Labor, 1976. (Trad. de *Le symbolisme dans la mythologie grecque*, París, Payot, 1966.)
DONOVAN, Josephine, *After the Fall: the Demeter-Persephone Myth in Wharton, Cather, and Glasgow*, University Park/Londres, The Pennsylvania State University Press, 1989.
DOUBROVSKY, Serge, «"The Nine of Hearts", Fragment of a Psychoreading of *La Nausée*», en Edith Kurzweil y William Phillips (eds.), *Literature and Psychoanalysis*, Nueva York, Columbia University Press, 1983, 378-388.
EOFF, Sherman, *The Novels of Pérez Galdós: The Concept of Life as Dynamic Process*, San Luis, Washington University Studies, 1954.
ERASMO DE ROTTERDAM, *El Enquiridión o manual del caballero cristiano* (trad. de Alonso Fernández de Madrid, Arcediano de Alcor, 1526; ed. de Dámaso Alonso, con prólogo de Marcel Bataillon), Madrid, CSIC, 1971.
EXTRAMIANA, José, «"La novela en el tranvía": une nouvelle oubliée de Pérez Galdós», en *Hommage des hispanistes français à Noël Salomón*, Barcelona, Laia, 1979, 273-278.
FERNÁNDEZ CIFUENTES, Luis, «Signs for Sale in the City of Galdós», *MLN*, 103 (marzo 1988), 289-311.
FLETCHER, Angus, *Allegory: The Theory of a Symbolic Mode*, Ithaca/Londres, Cornell UP, 1964.
FRAIBERG, Selma, «Kafka and the Dream», en *Modern Literary Criticism* (edición de Irving Howe), Boston, Beacon Press, 1958, 197-218.
FREUD, Sigmund, *La interpretación de los sueños* (trad. de Luis López-Ballesteros y de Torres), 3 vols., Madrid, Alianza, 1986.

—, *Una teoría sexual*, en *Obras completas*, vol. I (trad. de Luis López-Ballesteros y de Torres), Madrid, Biblioteca Nueva, 1948, 767-818.

—, *Un recuerdo infantil de Leonardo de Vinci*, en *Obras completas*, vol. II (trad. de Luis López-Ballesteros y de Torres), Madrid, Biblioteca Nueva, 1948, 365-401.

—, *Moisés y la religión monoteísta*, en *Obras completas*, vol. III (trad. de Ramón Rey Ardid), Madrid, Biblioteca Nueva, 1968, 181-285.

—, *El malestar de la cultura* (trad. de Ramón Rey Ardid), Madrid, Alianza, 1987.

—, *New Introductory Lectures on Psychoanalysis* (trad. de W.J.H. Sprott), Nueva York, W.W. Norton & Company, Inc., 1933.

—, *Psicopatología de la vida cotidiana* (trad. de Luis López-Ballesteros y de Torres), Madrid, Alianza, 1987.

FUENTES, Víctor, «El desarrollo de la problemática político-social en la novelística de Galdós», *Papeles de Son Armadans*, 192 (marzo 1972), 228-240.

GAY, Peter, *The Bourgeois Experience: Victoria to Freud*, vol. I: *Education of the Senses*, Nueva York/Oxford, Nueva York/Oxford UP, 1984.

—, *Freud, A Life for Our Time*, Nueva York, Doubleday, 1989.

GHIRALDO, Alberto (comp.), *Benito Pérez Galdós. Política española*, en *Obras inéditas*, vol. III, Madrid, Renacimiento, 1923.

GILMAN, Stephen, «The Birth of Fortunata», *Anales Galdosianos*, I (1966), 71-83.

—, *Galdós and the Art of the European Novel: 1867-1887*, Princeton, Princeton University Press, 1981.

—, «Judíos, moros y cristianos en las historias de don Benito y don Américo», en *Homenaje a Sánchez Barbudo*, Madison, Dept. of Spanish & Portuguese, Univ. of Wisconsin, 1981, 25-36.

—, «La novela como diálogo: *La Regenta* y *Fortunata y Jacinta*», *NRFH*, 24 (1975), 438-448.

GIRGUS, SAM B., «R. D. Laing and Literature, Readings of Poe, Hawthorne, and Kate Chopin», en Joseph Natoli (ed.), *Psychological Perspectives on Literature, Freudian Dissidents and Non-Freudians*, Hamden, CT, Archon Books, 1984, 181-197.

GOETHE, Johann Wolfgang, *Fausto* (trad. y prólogo de Norberto Silvetti Paz), Buenos Aires, Ed. Sudamericana, 1970.

GOYTISOLO, Juan, prólogo a *Blanco White, Obra inglesa*, Barcelona, Seix Barral, 1972.

—, *Contracorrientes*, Barcelona, Montesinos, 1985.

—, *Señas de identidad*, Barcelona, Seix Barral, 1988.

GULLÓN, Germán, «Tres narradores en busca de un lector», *Anales Galdosianos*, 5 (1970), 75-79.

GULLÓN, Ricardo, «Lo maravilloso en Galdós», *Ínsula*, 10, 113 (15 mayo 1955), 1 y 11.
—, Introducción a su edición de *Miau*, Madrid, Alianza, 1988.
HEGEL, G.W.F., *Lecciones de estética* (trad. de Raúl Gabás), 2 vols., Barcelona, Península, 1968.
HERNÁNDEZ SUÁREZ, Manuel, *Bibliografía de Galdós*; Vol I., Las Palmas, Ediciones del Excelentísimo Cabildo Insular de Gran Canaria, 1972.
HOAR, Leo J. Jr., «"Dos de mayo de 1808, dos de septiembre de 1870" por Benito Pérez Galdós, un cuento extraviado y el posible prototipo de sus *Episodios nacionales*», *Cuadernos Hispanoamericanos*, 250-225 (1970-1971), 312-339.
—, «Galdós Counter-Attack on his Critics, the "Lost" Short Story, "El pórtico de la gloria"», *Symposium*, 30 (1976), 277-307.
—, «"Rompecabezas", Galdós' "Lost" *Cuento*; A pre-98 Christmas *Esperpento*», *Neophilologus*, 59 (noviembre 1975), 522-547.
HONIG, Edwin, *Dark Conceit: The Making of Irony*, Evanston, Northwestern University Press, 1959.
IRWIN, John T., «The Dead Father in Faulkner», en *The Fictional Father: Lacanian Readings of the Text* (ed. de Robert Con Davis), Amherst, The University of Massachusetts Press, 1981, 147-168.
JACKSON, Rosemary, *Fantasy: The Literature of Subversion*, Londres/Nueva York, Methuen, 1981.
KOELB, Clayton, *The Incredulous Reader: Literature and the Function of Disbelief*, Ithaca/Londres, Cornell University Press, 1984.
KRONIK, John W., «Galdosian Reflections, Feijoó and the Fabrication of Fortunata», *MLN* 97 (marzo 1982), 272-310.
LACAN, Jacques, *Écrits*, I, París, Seuil, 1966.
LLORENS, Vicente, «Galdós y la burguesía», *Anales Galdosianos*, 3 (1968), 51-59.
—, *El romanticismo español*, Madrid, Castalia, 1979.
LÓPEZ-ABADÍA ARROITA, Sara, «Salomé, un mito literario finisecular, De Flaubert a Oscar Wilde», *Estudios de Lengua y Literatura Francesa* (Universidad de Cádiz), 2 (1988), 125-133.
MARTÍN SANTOS, Luis, *Tiempo de silencio*, Barcelona, Seix Barral, 1981.
MCFARLANE, James, «The Mind of Modernism», en Malcolm Bradbury y James McFarlane (eds.), *Modernism*, Sussex, The Harvester Press, 1978, 71-93.
MIGNOLO, Walter, *Teoría del texto e interpretación de textos*, cap. 3: «El misterio de la ficción fantástica y del realismo maravilloso», México, Universidad Nacional Autónoma de México, 1986, 112-159.

MOLHO, Mauricio, «El nombre tachado», folleto impreso por el autor en la Faculté des Lettres et des Sciences Humaines de Limòges, 1989.

MONCY GULLÓN, Agnes, «The Bird Motiff and the Introductory Motiff, Structure in *Fortunata y Jacinta*», *Anales Galdosianos*, 9 (1974), 51-75.

MONTESINOS, José F., *Galdós*, 3 vols., vol I, Madrid, Castalia, 1968.

MURRAY, Krieger, «"A Waking Dream", The Symbolic Alternative to Allegory», en Morton W. Bloomfield (ed.), *Allegory, Myth, and Symbol*, Cambridge, Harvard University Press, 1981.

NODIER, Charles, «Du fantastique», *Revue de París*, 20 (1830), 205-226. (Reimpreso en Ginebra, Slatkin Reprints, 1972.)

NUEZ, Sebastián de la, «Génesis y estructura de un cuento de Galdós», en *Actas del Segundo Congreso Internacional de Estudios Galdosianos*, I, Las Palmas de Gran Canaria, Cabildo Insular de Gran Canaria, 1979, 181-201.

OLIVER, Walter Carl, «Galdós' "La novela en el tranvía": Fantasy and the Art of Realistic Narration», *MLN*, 88 (1973), 249-263.

—, *The Short Stories of Benito Pérez Galdós* (tesis doctoral), Univ. of New Mexico, 1971; y en Ann Arbor, UMI, 1971.

PALUMBO, Donald, *Erotic Universe, Sexuality and Fantastic Literature*, Nueva York, Greenwood Press, 1986.

PARDO BAZÁN, Emilia, *La madre naturaleza*, Madrid, Alianza, 1972.

PÉREZ VIDAL, José, *Madrid*, Madrid, Afrodisio Aguado, 1957.

—, Estudio preliminar y edición de «Una industria que vive de la muerte», *Anuario de Estudios Atlánticos*, 2 (1956), 475-507.

POE, Edgar Allan, *Nouvelles histoires extraordinaires* (trad. de Charles Baudelaire), París, Michel Lévy Frères, 1857.

RODGERS, Eamonn, «Galdós y Quevedo, modernizadores de mitos antiguos», en Claude Dumas (ed.), *Les mythes et leur expression au xixe siècle dans le monde hispanique et ibéro-américain*, Presses Universitaires de Lille, sin fecha [1988], 105-120.

RODRÍGUEZ, Alfredo, «Ido del Sagrario, notas sobre el otro novelista en Galdós», en *Estudios sobre la novela de Galdós*, Madrid, Porrúa, 1978, 87-103.

RODRÍGUEZ-PUÉRTOLAS, Julio, Introducción a *El caballero encantado*, Madrid, Cátedra, 1982. (Ensayo publicado originalmente en *Galdós: burguesía y revolución*, Madrid, Turner, 1975, 93-176.)

—, *Galdós: burguesía y revolución*, Madrid, Turner, 1975.

ROSOLATO, Guy, *Essais sur le symbolique*, París, Gallimard, 1969.

SCHNEIDER, Marcel, *La littérature fantastique en France*, París, Fayard, 1964.

SCHRAIBMAN, José, «Variantes de "La novela en el tranvía" de Galdós», *La Torre*, 48 (1964), 149-163.
SCHULMAN, Marcy, *Ironic Illusion in the Brief Narratives of Benito Pérez Galdós* (tesis doctoral), Brandeis University, 1982.
SHOEMAKER, William H., *Los artículos de Galdós en «La Nación»*, Madrid, Ínsula, 1972.
—, *Las cartas desconocidas de Galdós en «La Prensa» de Buenos Aires*, Madrid, Ediciones Cultura Hispánica, 1973.
— (ed.), *Crónica de la quincena*, Princeton, Princeton University Press, 1948.
—, *Los prólogos de Galdós*, Urbana (IL) / México, University of Illinois Press/Ediciones de Andrea, 1962.
SMITH, Alan, «Estudio-epílogo» a su edición de *Rosalía* de Benito Pérez Galdós, Madrid, Cátedra, 1983, 385-440.
SOTELO, María Luisa, «*La quimera* de Emilia Pardo Bazán, autobiografía y síntesis ideológico-estética», *Homenaje al profesor Antonio Vilanova*, Barcelona, Universidad de Barcelona, 1989, 757-775.
SPIRES, Robert C., «Violations and Pseudo-Violations, *Quijote*, *Buscón*, and "La novela en el tranvía"», en *Beyond the Metafictional Mode; Directions in the Modern Spanish Novel*, Lexington, The University Press of Kentucky, 1984, 18-32.
TIMMERMAN, John H., *Other Worlds: The Fantasy Genre*, Bowling Green, OH, Bowling Green University Popular Press, 1983.
TODOROV, Tzvetan, *Introduction à la littérature fantastique*, París, Seuil, 1970.
UBIETO, Antonio et al., *Introducción a la historia de España*, Barcelona, Teide, 1970.
UTT, Roger L., «El pájaro voló, observaciones sobre un leitmotiv en *Fortunata y Jacinta*», *Anales Galdosianos*, 9 (1974), 37-50.
VALLEJO, César, *The Complete Posthumous Poetry* (trad. de Clayton Eshleman y José Barcía), Berkeley, University of California Press, 1978.
VANN, Joretta Joyce, *Ghosts Upon the Daylight: Fantasy and Realism in Nineteenth-Century Britain* (tesis doctoral), University of Massachusetts, 1982.
VAX, Louis, *L'art et la littérature fantastique*, París, PUF, 1960.
WAUGH, Evelyn, *Brideshead Revisited*, Boston, Little, Brown & Co., 1973.
WEBER, Robert J, «Galdós *inédita*, Three Short Stories», *MLN*, 78 (1962), 532-533.
WELLER, Krisztina, «The Mysterious Lady, An Enigmatic Figure in the Fantastic Short Story of Nineteenth-Century Spain», *Scripta Mediterranea* 8-9 (1987-1988), 59-68.

WRIGHT, Chad C., «"La eterna mascarada hispanomatritense": Clothing and Society in *Tormento*», *Anales Galdosianos*, 20, 2 (1985), 25-37.

YNDURAIN, Francisco, «Sobre *El caballero encantado*», en *Actas del I Congreso Internacional de Estudios Galdosianos*, Las Palmas, Ediciones del Excmo. Cabildo Insular de Gran Canaria, 1977, 336-350.

ÍNDICE DE NOMBRES

ABRAMS, M. H., 154, 192 y n.
ADÁN, 104, 158, 202, 203
Afrodita (Venus), 115, 132
ALAS, Leopoldo (Clarín), 16 n., 19, 61 n., 139, 188
—*La Regenta*, 119
  —Fermín de Pas, 119
ALEMÁN, Mateo, 127
Amor (Cupido, Eros), 97, 115, 202
ANDREU, Alicia, 65 n., 76, 162 n.
ANÓNIMO
—*Amadís de Gaula*
  —Amadís, 91
  —Don Galaor, 91 y n.
—*Lazarillo de Tormes*, 126, 127
—Romancero, 131
—«Thomas the Rhymer», 123
—«El traje nuevo del emperador», 185
Apolodoro, 115
APTER, T. E., 178 n.
Apuleyo, 115
ARIOSTO, Ludovico
—*Orlando furioso*
  —Orlando, 16
AUSTIN, Karen Odell, 24 n.
Atalanta, 159 n.
Auxesia, 120 n.
BACHOFEN, J.J., 100, 101, 109, 120 n., 146
BAKHTIN, Mikhail, 104 n., 149, 159 y n.-161, 162 n., 168 y n.
BALZAC, Honoré de, 16 n., 65, 115, 116, 162 n.
—*Illusions perdues*, 115
  —Lucien, 115, 116
  —Vautrin, 116

—*La peau de chagrin*, 65
  —Raphael, 65
BARTHES, Roland, 59
BAQUERO GOYANES, Mariano, 15 y n.-17, 18 y ns., 19 n., 21, 23, 136, 140, 200
BARRENECHEA, Ana María, 31 n., 33
BAUDELAIRE, Charles, 15 y n., 150 y ns., 151
BÉCQUER, G.A., 16 y n., 19, 123
—«Los ojos verdes», 123
BEETHOVEN, Ludwig van, 163
BELLEMIN-NÖEL, Jean, 35, 37, 39
BERCEO, Gonzalo de, 34
BERGER, Pamela, 124, 200, 201
BERKOWITZ, H. Chonon, 150, 157 n.
BESSIÈRE, Irene, 29, 37-39, 137, 184 n.
BLANCO WHITE, J.M., 112 n., 113 n.
BLANQUART, Josette, 190 n.
BLEIBERG, Germán, 55, 57
BOEHL DE FABER, Juan Nicolás, 189
BORGES, Jorge Luis, 29
BOURGET, Paul, 17 y n.
BRADBURY, Malcolm, 17 n.
BRANDY, Jerome K., 106 n.
BRILL, A.A., 106 n., 117
BÜLOW, Hans von, 140
BUSTO, María del, 116 n.
CALDERÓN DE LA BARCA, Pedro, 70 n.
CALLOIS, Roger, 30 n.
CAMPBELL, Joseph, 202 y n.
CAMPOAMOR, Ramón de, 136
—«El tren exprés», 136
CAMUS, Albert, 176
CAMUS, Alfredo Adolfo, 159 n.
El cantar de los cantares, 100
CARDONA, Rodolfo, 9, 17 n., 131

215

CASALDUERO, Joaquín, 16 n., 26 n., 27
CASTEX, P.G., 30 n.
CASTRO, Américo, 112, 113 y n.
CAZOTTE, J., 29 y n., 140, 141, 143
—*Le diable amoreux*, 140, 143
CAZOTTES, Gisèle, 16 n., 20
CENTENO, Augusto, 26 n.
CERVANTES, Miguel de, 16 n., 24, 26, 54, 59-61 y n., 62 y n., 67, 98, 104 n., 108, 113 n., 126, 127, 163, 168, 185, 199, 201
—«El coloquio de los perros»
  —Berganza, 107 n.
  —Cipión, 107 n.
—«El licenciado Vidriera», 108 n.
  —el licenciado Vidriera, 107
—*El Quijote*, 16, 19 n., 26 n., 98, 104 n., 108 n., 131
  —Grisóstomo, 98
  —Marcela, 98, 99
  —Sancho Panza, 98
  —maese Pedro, 202
  —don Quijote, 16 y n., 53, 54, 70, 99, 104 n., 107, 202
—«Rinconete y Cortadillo», 60
  —Monipodio, 60, 61, 126
  —Cortadillo, 125, 126
  —Rinconete, 60, 125, 126
CHANADY, Amaryl, 37
CHARCOT, Jean Martin, 105 y n.
CLAVERÍA, Carlos, 24 n.
CLIFFORD, Gay, 143 n.
COLERIDGE, S.T., 121 n., 138, 143 n.
CORREA, Gustavo, 24, 65 n., 78, 79 n., 86, 156 n., 168 n.
CORTÉS, Cayetano, 15
DALILA, 123, 179, 186
Damia, 120 n.
DANTE ALIGHIERI, 35
DE MAN, Paul, 143 n.
Deméter, 124, 144-146, 201
DICKENS, Charles, 162 n.
DIEL, Paul, 78
DONOVAN, Josephine, 146
DOUBROVSHY, Serge, 183 n.
Edén, 35, 78, 103, 114, 115, 117 n., 202, 203
Edipo, 131 n., 179
ENGELS, 93 n.
EOFF, Sherman, 197

ERASMO, 60 n., 68, 190 n., 193 n.
—*Enquiridión*, 60 n., 193 n.
Espíritu Santo, 105 n., 115, 116, 118
Eurídice, 144, 145
EVA, 202, 203
Éxodo, 104 n.
EXTRAMIANA, José, 19 n., 62, 65, 67
FAULKNER, William, 105 n.
FERNÁN CABALLERO (Cecilia BÖHL DE FABER), 21
FERNÁNDEZ CIFUENTES, Luis, 19 n., 67
FERNÁNDEZ DE MADRID, Alonso, 60 n.
FERNÁNDEZ DE ITURRALDE, E., 15 n.
FERNANFLOR (Isidoro FERNÁNDEZ FLORES), 20
FIDIAS, 188, 189, 193, 194, 196, 197
FLAUBERT, Gustave, 16 n., 183 n.
—*Madame Bovary*
  —Emma Bobary, 186 n.
FLETCHER, Angus, 95, 138, 143 y n.
FRAIBERG, Selma, 176, 178 n., 181
FREUD, S., 36, 37, 40, 41, 76, 84, 85, 103 n., 104, 105 n., 107 n., 108, 109, 112 n., 116 n., 117, 121 n., 175, 176 y n., 177, 178 n., 179, 180 y n.
FUENTES, Víctor, 26 n.
Gaia, 145
GAUTHIER, Théophile, 35
GAY, Peter, 93 n., 105 n., 108 n., 109, 121 n., 134, 140, 142 n., 173 n., 178 n., 180, 182, 183 n., 185
Génesis, 182
GHIRALDO, Alberto, 14 n., 26
GILMAN, Stephen, 9, 16 n., 26 n., 42 n., 61 n., 69, 79 n., 80, 98, 113 n., 135, 139, 162 n., 167, 186 n., 203
GIRGUS, Sam B., 151, 153
GOETHE, Johann Wolfgang, 121 n.
—*Fausto*, 174
—Fausto, 192
GOGOL, Nikolai Vasilevich, 176
GONCOURT, Edmond, 180
GONCOURT, Jules, 180
GOYA Y LUCIENTES, Francisco de, 84, 155, 188, 189, 193, 196, 197
GOYTISOLO, Juan, 112 y n.
—*Contracorrientes y disidencias*, 112 n.
—*Crónicas sarracenas*, 112 n.
—*El furgón de cola*, 112 n.

—*J.M. Blanco White: obra inglesa* (prólogo), 112 n.
—*Señas de identidad*, 111, 112
GULLÓN, Germán, 65 n.
GULLÓN, Ricardo, 24 n., 34 n.
Hades, 145
HEGEL, G.W.F., 68, 189, 190 n., 192
HERBART, Johann Friedrich, 121 n.
Hércules, 97, 115
HERNÁNDEZ SUÁREZ, Manuel, 14 n., 136 y n., 147
HERODES, 183 n.
HERODÍAS, 183 n.
HERODOTO, 120 n.
HESÍODO, 159
HOAR, Leo J., 19 n., 187 n., 188, 194, 198-200
HOFFMAN, E.T.A., 15 y n., 29, 50 y n., 65
HOLOFERNES, 186
HONIG, Edwin, 143 n.
HUGO, Victor, 162 n.
«Prefacio» a *Cromwell*, 189, 190 n.
Ícaro, 51, 70, 78, 87, 158 n., 202
IRWIN, John T., 105 n.
JACKSON, Rosemary, 40, 41, 141, 178 n., 184 n., 185
JESÚS, 17, 105 n., 117, 118, 163, 171, 200, 202
JUAN BAUTISTA, san, 183 n.
JUDIT, 179, 186
KAFKA, Franz, 29, 32, 33, 176, 181
—*Metamorfosis*, 32, 34
KEATS, John, 123, 142 n.
—«La belle dame sans merci», 123, 141, 142 n.
KIERKEGAARD, Sören, 151
KOCK, Paul de, 67 n.
KOELB, C., 49 y n., 85, 137 n., 175
KRISTEVA, Julia, 66 n.
KRONIK, John, 135 n.
KROW-LUCAL, Martha, 178 n.
KURTZWEIL, Edith, 183 n.
LACAN, Jacques, 103 n.
LE GUIN, Ursula K., 178 n.
LICHT, Fred, 193
LLORENS, Vicente, 189 n.
LÓPEZ-ABADÍA ARROITA, Sara, 183 n.
LÓPEZ-BALLESTEROS Y DE TORRES, Luis, 108 n.

MADRID, Francisco, 131 n.
MAGDALENA, 118
MARÍA (Virgen), 124, 200
MARTÍN GONZÁLEZ, Salustiano, 180 n.
MARTÍN SANTOS, Luis, 108
MANN, Thomas, 175
MAUPASSANT, Guy de, 29
MAZZINI, Giuseppe, 25
MCFARLANE, James, 17 n.
Medea, 131 n.
MENÉNDEZ Y PELAYO, Marcelino, 112 n.
MESONERO ROMANOS, Ramón, 50 n.
Midas, 158 n.
MIGNOLO, Walter, 29 n.
MOISÉS, 104 n.
MOLHO, Maurice, 104 n.
MONCY GULLÓN, Agnes, 42 n.
MONTÉPIN, Xavier de, 67
MONTESINOS, José F., 16 n., 19 n., 24, 27, 50 n., 51 n., 71
MORA, José Joaquín de, 189
MURRAY, Krieger, 143 n.
NIETZSCHE, Friedrich, 17 n., 32, 121 n.
NODIER, Charles, 28, 29 y n., 39
NUEZ, Sebastián de la, 19 n., 31 n., 90 n., 92, 94, 114
ODISEO, 202, 203
OLIVER, Walter Carl, 14 n., 19 n., 50 n., 51 n., 68, 70 y n., 71, 82, 95, 144
ONÁN, 182
Orfeo, 145
PABLO, san, 117
PALACIO VALDÉS, Armando, 19
PALUMBO, Donald, 41
PARDO BAZÁN, Emilia, 18, 23, 97, 102, 158 n., 188
—*La madre naturaleza*, 103 n.
 —Manuela Moscoso, 103 n.
 —Perucho, 103 n.
—*La quimera*
 —Silvio Lago, 158 n.
Peleo, 159 n.
PÉREZ, José Carlos, 112 n.
PÉREZ ESCRICH, Enrique
 —*La esposa mártir*, 26
PÉREZ GALDÓS, Benito
—*El amigo Manso*, 134, 201
 —Máximo Manso, 134, 195, 196
 —Irene, 134

—*Ángel Guerra*, 17
—Ángel Guerra, 87
—«El artículo de fondo», 14, 18, 68
—*El audaz*, 61
—Muriel, 54, 128
—*El caballero encantado*, 17 n., 24, 146, 161
—La Madre, 69, 124, 146
—«Celín», 13, 18, 19 n., 31 y n., 87, 95, 99, 100, 112, 116 n., 118, 138, 149, 164, 190, 191, 202, 203
—Celín, 88-90, 94, 96-98, 102-104, 107, 110, 114, 115 y n., 119
—Gaspar Díez de Turris, 106, 107, 119
—Maese Kurda, 91, 119
—Don Beltrán de Pioz, 91
—Diana de Pioz, 88-99, 101, 102, 104, 105 n., 106, 107, 109, 110, 112-116, 118, 119, 121, 138
—El marqués de Pioz, 113
—Don Galaor de Polvoranca, 88, 89, 91, 102, 110
—«La conjuración de las palabras», 13, 18, 45, 51-61, 68, 196, 201
—*Crónica de la quincena*, 25
—*La desheredada*, 19 n., 67, 69, 78, 86
—Isidora Rufete, 65 y n., 69, 70, 78, 79 y n., 87, 186 y n.
—«¿Dónde está mi cabeza?», 13, 14 n., 31, 64, 148, 154, 158, 169-178 y n., 179-187, 203
—El doctor Miquis, 171-173, 177, 179
—«El don Juan; burla de un don Juan fracasado», 14
—*Doña Perfecta*, 16 n., 61, 71, 160
—Liccurgo, 161 n.
—Pepe Rey, 161 n.
—Perfecta, Viuda de Polentinos, 146, 186
—«Dos de mayo de 1808, dos de septiembre de 1870», 14 y n., 19 n.
—«En un jardín» (parte principal de «El mes de junio»), 14 n.
—«Entre copas» (comienzo de *Tormento*), 15 n.
—*Episodios Nacionales*, 16 n., 19 n.
—Jenara Baraona, 186

—«El espiritista; sobre el loco que había hablado con Julio César, Luciano Francisco Comella y Tomás de Torquemada», 14
—*La familia de León Roch*, 133, 197
—María Egipcíaca, 105, 133, 190
—León Roch, 43, 128, 133, 134
—«El filósofo materialista; sátira científica», 14
—*La fontana de oro*, 61
—Paulita Porreño, 105
—*Fortunata y Jacinta*, 16 n., 26, 34 y n., 42, 69, 74, 98, 135, 166, 192, 201
—Jacinta Arnaiz de Santa Cruz, 157
—Segismundo de Ballester, 69, 70, 74, 78
—Fortunata (Izquierdo), 69, 70, 79 y n., 80 y n., 87, 96 n., 134, 157
—José Ido del Sagrario, 62, 65 y n., 201
—Manuel Moreno Isla, 43, 149, 165, 177 n.
—Guillermina Pacheco, 135, 157
—Maxi Rubín, 69, 70, 96 n., 108, 134
—Nicolás Rubín, 101, 105
—Doña Lupe Rubín de Jáuregui, 135 n.
—Juanito Santa Cruz, 135, 165 y n., 192 n.
—*Gloria*, 86, 160
—Gloria de Lantigua, 79 n.
—Daniel Morton, 128
—*La incógnita*, 98, 99
—Carlos Cisneros, 99, 100
—«Una industria que vive de la muerte», 13, 20, 19 n., 31, 45-47 y n., 48-51, 68, 148
—*La de Bringas*, 128
—Isabelita Bringas, 128
—Rosalía Pipaón de la Barca de Bringas, 79
—«Manicomio político-social», 13
—«Manicomios», 14 n.
—*Memorias de un desmemoriado*, 194
—«El mes de junio», 14 n.

—*Miau*, 34, 35, 80 n.
  —Argüelles Mora, 35
  —Luisito Villaamil, 80 n.
  —Ramón Villaamil, 35, 80 n.
—*Misericordia*, 26 n., 27, 158 n., 199
  —José María Almudena (Mordejai), 51, 158 y n.
  —Benigna de Casia (Benina), 51, 124, 146, 191
—«La mujer del filósofo», 14
—«La Mula y el Buey», 13, 18, 31, 79-87
  —Celinina, 80 y n., 82, 83, 85, 87
—*Nazarín*, 17 n.
  —Beatriz, 105
  —Pedro de Belmonte (señor de la Coreja), 183 n.
  —Nazarín (Nazario Zaharín o Zajarín), 17 n., 105, 183 n., 191, 203
  —Manuel Pinto (el Pinto), 105
—«El neo: sátira política», 14
—«La novela en el tranvía», 13, 19 n., 31, 45, 62 y n.-68, 148, 201
  —Dionisio Cascajares de la Vallina, 67
—«Observaciones sobre la novela contemp. en España», 66, 70 n.
—«Pereda y yo», 194
—«La pluma en el viento», 13, 18, 32, 51, 70-78, 86, 87
—«El pórtico de la gloria», 13, 19 n., 32, 47, 187 y n., 188-197
  —Criptoas, 188, 195-197
  —Ops, 188, 195
—*Prim*, 58
—«El 1.º de mayo», 25
—«La princesa y el granuja», 13, 18, 31, 124-137, 156, 202
  —Pacorrito Migajas, 123-134, 136
  —La Princesa, 123, 124, 129, 131, 133
—*Lo prohibido*, 139, 153, 178 y n.
  —Eloisa Bueno de Guzmán, 156, 178 n.
  —José María Bueno de Guzmán, 43, 153, 155, 156, 165, 178 n.
  —Rafael Bueno de Guzmán, 153-154
  —Kitty, 155, 156, 157 n.
—*Prólogos*, 21, 22, 23 y n, 24, 86
—*La razón de la sinrazón*, 17 n., 27
—«Rompecabezas», 13, 19 n., 32, 47 n., 187 y n., 198-201
—*Rosalía*, 65 y n., 194 n.
  —Charo, 65 y n.
—*La sombra*, 15 n., 18, 21, 23 n., 24, 86, 87, 89, 136, 147
—«Theros» («El verano»), 13, 14 n., 18, 19, 32, 95, 100, 123 n., 136 y n.-147, 149, 156, 187, 203
—*Tormento*, 15 n., 98
  —Agustín Caballero, 98
—*Torquemada en la cruz*, 91 n.
  —Rafael del Águila, 91 n.
—*Torquemada en la hoguera*, 17 n., 18, 21, 52, 53, 70, 72, 124, 147
  —José Bailón, 17 n.
—*Torquemada en el purgatorio*, 189
  —Cruz del Águila, 189
  —Fidela del Águila, 105
  —Francisco Torquemada, 189
—*Torquemada y San Pedro*, 131 n.
  —Padre Luis de Gamborena, 131 n.
—«Un tribunal literario», 14, 18, 68
—*Tristana*, 86
  —Tristana Reluz, 79 n.
—«Tropiquillos» («Fantasía de otoño»), 13, 15 n., 18, 31, 147-169, 187, 193, 203
  —El maestro Cubas, 148, 149, 155, 159-161 y n.
  —Ramoncita Cubas, 148
  —Zacarías Tropiquillos, 148-150, 152-157, 158 n., 159, 160, 162, 164, 165 y n., 166-169, 177 n.
PÉREZ VIDAL, José, 19 n., 20, 25, 46 y n., 47 n., 50 n., 51
PÉSEUX-RICHARD, H., 18
Perséfone, 144-146
PHILLIPS, William, 183 n.
PICÓN, Jacinto Octavio, 18 n.
Pigmalión, 103, 132, 134, 135, 156 n., 189, 202
PINTO, Francisco María, 23, 26, 27
PLATÓN, 68, 121 n., 168 n., 190 n.
PLUTARCO, 101
Plutón, 51

219

POE, Edgar Allan, 15 y n., 16, 150 y n., 159, 162
—«The Fall of the House of Usher», 150
  —Madeline Usher, 152
  —Roderick Usher, 151-153, 157, 168
—«The Pit and the Pendulum», 151
PONSON DU TERRAIL, Pierre Alexis, 67
POUSSIN, Nicolás, 96 n.
Procusto, 136
Prometeo, 117
Psique, 115
QUEVEDO Y VILLEGAS, Francisco de, 35, 62 n., 128
—*El Buscón*, 19 n.
—*La hora de todos*, 128
RICHARDSON, Samuel
  —*Clarissa*, 132
RODGERS, Eamonn, 129
RODRÍGUEZ, Alfredo, 65
RODRÍGUEZ PUÉRTOLAS, Julio, 17 n., 24, 26 n., 135, 146, 165 n., 168
ROJAS, Fernando de
—*La Celestina*, 123
—Calisto, 123
ROSOLATO, Guy, 105 n.
RUIZ AGUILERA, Ventura
—*La arcadia moderna*, 96 n.
—*Proverbios*, 17
RUSKIN, John, 151
SALAVERRÍA, José M., 86
SALOMÉ, 123, 179, 183 n., 186
SALOMÓN, Nöel, 19 n.
SÁNCHEZ BARBUDO, Antonio, 113 n.
SANSÓN, 180 n.
SANTO TOMÁS, 171
SARTRE, Jean-Paul
—*La nausée*, 183 n.
—Raquentín, 184 n.
SCHELER, Max, 167
SCHLEGEL, August Wilhelm, 189
SCHNEIDER, Marcel, 30 n.
SCHOPENHAUER, Arthur, 121 n.
SCHRAIBMAN, José, 19 n., 62 n.
SCHULMAN, Marcy, 14 n., 19 n., 51, 56, 59, 71, 77, 79, 108 n., 117, 144, 149, 163
SHAKESPEARE, William, 163
SHAW, George Bernard, 183 n.

SHOEMAKER, William, 21, 23 n., 25, 86 n., 96 n., 159 n.
SILBERSTEIN, Eduard, 107 n.
SMITH, Alan E., 23 n., 65 n., 194 n.
SMITH, W. Robertson, 112 n.
SOTELO, María Luisa, 158 n.
SPIRES, Robert, 19 n., 62 n.
STENDHAL (Henri BEYLE), 162 n.
STOKER, Bram
—*Drácula*, 141 n.
  —Lucy, 141 n.
SUE, Eugène, 67 n.
SWINBURNE, Algernon Charles, 142 n.
TELLADO, Corín, 132
THIBAUDET, Albert, 186 n.
THORWALDSEN, Albert Bertel, 138
TIMMERMAN, John, 178 n.
TIRSO DE MOLINA,
—*El burlador de Sevilla*
  —Don Juan, 167
TODOROV, T., 29 y n., 31 y n., 32, 33, 35-37, 62, 84, 137, 171 n., 174, 176
TRUEBA, Antonio de, 21
TUÑÓN DE LARA, Manuel, 27 n.
UBIETO, Antonio, 57
UNAMUNO, Miguel de, 134
—*Niebla*, 134
UTT, Roger, 42 n.
VALLE-INCLÁN, Ramón del, 131 y n.
VALLEJO, César, 128
VANN, Joretta Joyce, 141 n.
VAX, Louis, 30 n.
VELÁZQUEZ, Diego RODRÍGUEZ DE SILVA Y, 125, 131
VERNE, Jules, 63
VIRGILIO, 35, 160, 162, 163
—*Geórgicas*, 159 n.
WALPOLE, Horace, 29 n.
WATTEAU, Antoine, 96 n.
WAUGH, Evelyn, 169 n.
—*Brideshead Revisited*,
  —Charles Ryder, 169
WEBER, Robert J., 19 n., 187 n.
WELLER, Krisztina, 19 n., 123 n.
WILDE, Oscar, 183 n.
WILSON, Edmund, 168
WRIGHT, Chad, 98
ZAHAREAS, Anthony, 131 n.
Zeus, 145
ZOLA, Emile, 16

ÍNDICE

Agradecimientos 9
Nota previa 11

Capítulo I. Introducción 13
Texto y contexto 13
Teoría de lo fantástico 28
Temas y formas 41

Capítulo II. En busca del cuento 45
«Una industria que vive de la muerte:
   episodio musical del cólera» 45
«La conjuración de las palabras» 51
«La novela en el tranvía» 62

Capítulo III. Alas (del deseo) 69
«La pluma en el viento» 70
«La Mula y el Buey» 79
«Celín» 87

Capítulo IV. *La belle dame sans merci* 123

«La princesa y el granuja» 124
«Theros» 136
«Tropiquillos» 147
«¿Dónde está mi cabeza» 169

Capítulo V. Final que viene a ser principio 187

Clásicos y románticos 188
Espacios y tiempos 194
Parábola 197

Obras citadas 205

Ídice de nombres 215